千古人物 唐太宗

# 李世民传

中国圣明的『天可汗』君主

郭艳红 ◎ 编著

内蒙古出版集团
内蒙古文化出版社

图书在版编目(CIP)数据

唐太宗李世民传 / 郭艳红编著 .-- 呼伦贝尔 : 内蒙古文化出版社，2016.6
（古代帝王传记丛书）
ISBN 978-7-5521-1110-1

Ⅰ.①唐… Ⅱ.①郭… Ⅲ.①李世民（599-649）—传记Ⅳ.① K827=421

中国版本图书馆 CIP 数据核字（2016）第 146705 号

## 唐太宗李世民传
TANGTAIZONG LISHIMIN ZHUAN

郭艳红　编著

| | |
|---|---|
| 责任编辑 | 姜继飞 |
| 装帧设计 | 鸿儒文轩 |

| | |
|---|---|
| 出版发行 | 内蒙古文化出版社 |
| 地　　址 | 呼伦贝尔市海拉尔区河东新春街4－3号 |
| 直销热线 | 0470－8241422　　邮编　021008 |

| | |
|---|---|
| 排版制作 | 大华文苑（北京）图书有限公司 |
| 印刷装订 | 三河市华东印刷有限公司 |
| 开　　本 | 710mm×1000mm　1/16 |
| 字　　数 | 280千 |
| 印　　张 | 20 |
| 版　　次 | 2016年6月第1版 |
| 印　　次 | 2022年4月第2次印刷 |
| 印　　数 | 8001—13000 册 |
| 书　　号 | ISBN 978-7-5521-1110-1 |
| 定　　价 | 39.80元 |

# 前 言

　　浩浩五千年的中华历史长河，涌现出了许多帝王，他们曾经煊赫一时，有的是历史长河中的顺风船，有的是中流石，有的似春汛，有的如冬凌，有的是与水俱下的泥沙，有的是顺流而漂的朽木……总之，浩浩历史千百载，滚滚红尘万古名，史海钩沉，各领风骚，承继着悠久的中华历史。

　　在我国，帝王是皇帝和君王的统称，是封建王朝的最高统治者，拥有至高无上的权力。在周朝之前，"帝"与"王"字义相近。而在秦朝以前，帝王是至尊君主，等同"天子"。自秦嬴政称"皇帝"后，"王"与"皇"有了区别，"王"成为地位仅次天子而掌控一方之诸侯的称呼了。

　　在我国历史上，"皇帝"这个名称是由秦嬴政最先确定的，也是他最先使用的。"皇帝"取"德兼三皇、功盖五帝"之意。秦嬴政创建了皇帝制度，并自称第一个皇帝，称为"始皇帝"。皇帝拥有法律制定权、行政决策权和军事指挥权。自此，我国开始了长达两千多年的封建皇帝制度。

　　我国从公元前221年秦始皇称帝起，到1911年宣统帝退位止，在2100多年的时间里，共产生了230位皇帝。第一个皇帝是秦始皇，最末一个皇帝是清朝宣统帝。其中，在位时间最长的皇帝是清朝康熙帝，在位61年；在位时间最短的皇帝是明朝明光宗，在位仅1个月。当然，关于皇帝数量还存在多种说法。

　　这么多帝王，我们细细思量他们在历史上的价值和分量，还是有轻有重的。他们有的文韬武略兼备，建有盖世奇功，开创了辉煌历史，书写了宏伟的英雄史诗，成为民族的自豪，千古赞颂；有的奸猾狡诈，就是混世枭雄，糟蹋了乾坤历史，留下了千古骂名，永远被人们口诛笔伐；有的资质平平，没有任何建树，在历史上暗淡无光，如过眼云烟，不值一提……

但是，无论怎样，帝王是我国古代中央政权的突出代表，是最高的当权者，是政府和社会的核心，享有最高的权力和荣誉。作为历史的重要角色之一，帝王是当时左右和影响国家、民族命运的关键人物。因此，有人忠从，有人利用，有人艳美，有人嫉妒，有人觊觎，有人怒斥。他们充满了谜一般的神奇诱惑力，我们能够从他们身上，集中感受到历史的丰富内涵与时代的沧桑变化。特别是历朝皇帝的贤愚仁暴、国运的兴衰更迭、政治的清浊荣枯、民生的安乐艰辛，都能给后世以镜鉴。乃至帝王本人的成长修养、家庭的维系安顿、处世的进退取予、行事的韬略谋断等，我们都可以从中受到震撼，获得巨大的启示。

为此，我们根据最新研究资料，在有关专家指导下，特别推出了本套书系，向读者介绍我国历史上十大著名帝王——他们都有运筹帷幄的雄才伟略，曾经叱咤风云，纵横天地，创造着辉煌，书写着历史，不断开创中华民族的辉煌篇章，不断推动我国历史的飞速发展，为我们留下了许多宝贵的精神财富和物质财富。

当然，这些帝王作为历史杰出人物也难免具有历史局限性，在他们身上也有许多封建、腐朽、落后、残酷等糟粕，这些都需要广大读者摒弃。而我们在讲述他们的人生事迹时，综合参考了大量史料，尽量挖掘他们优秀、积极、阳光、励志的正能量。因此，我们取其精华，去其糟粕。这样难免会出现挂一漏万等现象，也请广大读者理解。

总之，我们主要以这些帝王的人生轨迹为线索，并以真实历史事件贯穿，尽量避免冗长的对日常琐事的叙述和演绎戏说，而是采用富于启发性的历史故事来讲述他们的人生与时代，尤其着重描写他们所处时代的生活特征和他们建功立业的艰难过程，以便广大读者产生共鸣并有所启迪。

# 目 录

# 父子起兵

　　太原城的百姓们似乎早就得到了消息，一大早便扶老携幼拥进了校场，抬头看看校场中央高高飘扬的书写着"李"字的那面大旗，禁不住想起了"李姓之人当有天下"的那则传闻，一个个激动得心头嘣嘣乱跳，不停地交头接耳，议论纷纷。

　　突然，随着一阵急骤的马蹄声，太原留守唐公李渊，银盔铁甲，身披一袭猩红色战袍，带领十几骑人马，威风凛凛地急速驰入校场。来到正北点将台处腾身下马，左有李建成、李世民、李元吉、柴绍，右有裴寂、刘文静、刘弘基、长孙顺德，前呼后拥登上了点将台。

# 武功别馆诞生神婴

　　在我国的西部地区，有一处名叫渭河平原的地方。渭河平原又称关中平原或渭河盆地，介于秦岭和渭北山系老龙山、嵯峨山、药王山、尧山、黄龙山等之间。

　　渭河平原西起宝鸡，东至潼关，因在函谷关和大散关之间，所以被称为"关中"。这里曾经是春秋战国时期秦国的故地，东西长约三百五十千米，平均海拔约五百米，西窄东宽，号称"八百里秦川"。

　　在关中平原的西部，有一座小城，名叫武功。武功境内，有一条小河，名叫漆水河。隋开皇十八年十二月二十二日，漆水河按平时的河道从乾县流入武功，过了游凤、苏坊后，正要穿过武功镇中心直达渭河，突然，引水的龙王发现天降祥瑞，随即传来玉帝的声音："此地将有天子降生，赶快改道拐弯而行吧！"

　　于是，漆水河来了一个急转弯，河水顺着东坡蜿蜒流去，武功城现出"金龟戏水"的形状。而就在这时，一个新生儿的啼哭声，打破了渭水之畔武功别馆的寂静。

在小男孩出生时，有两条龙来到他家的门前，游走嬉闹，连续三天才离开。神迹的出现，预示了这名男孩不平凡的人生，更寄托了普通人对于非凡人物的幻想。

这个武功别馆的男主人名叫李渊，字叔德，陇西成纪人，祖籍邢州尧山。李渊是十六国时期西凉开国君主李暠的后裔，世代显贵。他的祖父李虎在西魏时官至太尉，这是当时最高的武官官职。后来，李虎跟宇文泰一起打天下。因为辅佐有功，被封为西魏"八柱国"之一，成为显赫的大贵族，死后被追封为唐国公。

李渊的父亲李昞，在北周时历任御史大夫、安州总管、柱国大将军，袭封唐国公。李渊的母亲是隋文帝独孤皇后的姐姐。

北周天和元年，李渊出生在长安。李渊七岁时，父亲李昞英年早逝，于是李渊就继承了他父亲的爵位。李渊长大后，为人洒脱，性格开朗，待人宽容。

李渊的妻子窦氏是京兆平陵人，出身于鲜卑贵族。她父亲窦毅在北周时官拜上柱国，继母则是北周武帝宇文邕的姐姐襄阳公主。隋灭周自立之后，窦毅被封为定州总管和神武公。

据说，窦氏在出生的时候，头发下垂超过了脖子，三岁的时候，头发就长得与身体一样长了。窦氏自幼异常聪颖，习读《妇诫》《列女传》等书，能够过目不忘。

窦氏自小聪明伶俐，很受舅舅周武帝宠爱，经常在宫中居住。当时，周武帝出于政治需要，与突厥联姻，娶了一个突厥女子做皇后，但却很少宠幸她。年幼的窦氏居然告诫皇上说："四方还没有平定，突厥还很强大，舅舅应该多为老百姓想一想。虽然你不喜欢舅母，但是你毕竟娶了人家，怎么好老是让人家独守空房呢？只要能够得到突厥的帮助，有了这个强大的靠山，江南和关东也就称不上什么问题了。"

周武帝万万没有料到，这样关乎江山社稷的深谋远虑居然出自一个年幼的孩子之口，当时觉得特别惊讶，但马上转惊为喜，欣然采纳了。

窦氏的父亲窦毅听说这件事后，也觉得自己的女儿真是非同一般。

开皇元年，隋文帝接受北周静帝禅让，建立隋朝。这时窦氏还待字闺中，她听到这个消息后，在家中痛哭流涕地说："我真恨自己不是个男子，不能在国家有危难的时候出手相救。"

一番话可是把她父亲吓坏了，这话要是传出去，拉出去砍十次头都不够。于是，窦毅和襄阳公主慌忙捂住自己女儿的嘴说："千万别瞎说，这可是会遭满门抄斩的！"

可见，如果有机会，窦氏会是历史上第二个花木兰！窦氏长大之后，不仅聪慧异于常人，而且容貌端庄美丽，光艳照人。窦毅常常与妻子襄阳公主商量："这孩子相貌出奇，又见识不凡，不可随意嫁人委屈了她，一定要为她选一个德才俱佳、品貌双全的乘龙快婿。"

为了择婿，窦毅命人在门屏上画了两只孔雀。前来求婚者，每人给两支箭，须从门屏背后射中孔雀眼睛，方可与窦氏见面，是否被选中，还须窦氏自己点头认可。

这窦氏艳冠群芳，才名远播。消息传出之后，求婚者接踵而至。经过几十轮试射，可能是过于紧张的缘故，这些求婚者纷纷落马，竟无一人能双箭"中目"。

这时李渊来了，这位风流倜傥的少年公子，本是将门出身，又自幼从名师习武，早就以"百步穿杨"的精湛箭术蜚声遐迩。他这次前来比箭求亲，倒不全是为了娶得一个美貌女子，更重要的是为了在众位善射者面前献艺扬名，一显身手。李渊上前领取了两支翎箭，走到门屏背后百步开外，凝神屏息，端详了一下门屏，然后稳稳地拉弓搭箭，轻喝一声，嗖嗖射出双箭。众人围拢观看，禁不住高声喝彩。两支箭不偏不倚，恰恰射中左右门屏上两只孔雀眼睛。

窦毅大喜，连忙带领李渊来到后房，与窦氏见面。两人一见钟情，郎才女貌，堪称天作之合。窦氏出嫁后，靠着自己的聪明贤惠，把李家打理得井井有条，跟丈夫李渊的感情也非常好。窦氏天资聪明，工于文章，也写得一手好字，把她的手书与丈夫李渊的手书混杂在一块，别人竟然很难辨认。更为难能可贵的是，她还是一位颇具见识的巾帼英雄。在婚后，窦氏辅助李渊，成为丈夫政治方面的高级内参。

隋文帝杨坚建立隋朝后，任命李渊为皇宫的禁卫武官。由于李渊的姨母是隋文帝的独孤皇后，所以隋文帝特别亲近、器重李渊，连任李渊为谯州、陇州、岐州三州刺史。

有一个名叫史世良的人，善于给人相面，他告诉李渊："您的骨骼惊奇，必为一国之主，愿您自爱，不要忘记鄙人说的话。"

于是，李渊便有了远大的目标。不过，隋文帝在位期间，政治清明，社会安定，李渊也不可能有过多的政治想法。日子就这样一天天平淡地过去了。李渊婚后，不能再像以前那样人在哪儿家就在哪儿了，于是，他在武功建立了一个别馆，其实主要是窦氏住，李渊在公务闲暇的时候，就来和妻子团聚。李渊的别馆，其实非常简陋，院后为一凸起的山包，形似龟盖。在龟盖西南角下，借着坡势，挖有一座大而且深的长方形地窖，窖深约五米，东西宽约六米，南北长约八米。地窖北崖凿进一孔窑洞，洞口向南，高、宽各约三米，深约五米。再往前，则为一个狭窄得仅可容两三人进入的小洞，简直深不可测。

隋开皇九年，李渊的大儿子李建成降生。隋开皇十八年，李渊的二儿子来到人间，这就是那个一出生就天现神迹的小男孩。小男孩四岁的时候，来了一位神秘的算命先生，他看见李渊说："你可是贵人啊！贵人必有贵子！"

李渊听后非常高兴，就让自己的儿子们出来给算命先生看。当算命先生见到李世民时，立刻神情肃然，十分惊异地说："这个孩子不得了，他的姿态如龙凤一样，是太阳的化身，等到了二十岁，必能济世安民。"

算命先生的意思是说这小男孩有天子之命。李渊一听，喜忧交加，他怕这话传出去招来大祸，就想杀掉算命先生。可是神奇的事情再次发生了，转眼一看，算命先生忽然不见了。李渊以为是天机神授，所以就给二儿子取名叫"世民"，寄托着"济世安民"的意思。

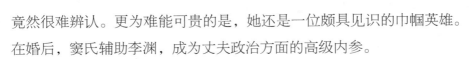

父子起兵

# 自古英雄出少年

　　那是仁寿四年，李世民已是七岁。这一年，隋文帝杨坚患病住在仁寿宫，尚书左仆射杨素、兵部尚书柳述、黄门侍郎元岩都进入仁寿宫侍病。杨坚召杨广入内居住在大宝殿。杨广考虑到如果杨坚去世，必须预先做好防备措施，他亲手写了一封信封好，派人送出来询问杨素。杨素把情况一条条写下来回复杨广。宫人误把回信送到了杨坚的寝宫，杨坚看后极为愤怒。

　　天刚亮，宣华夫人出去更衣，为杨广所逼迫。宣华夫人拒绝了他才得以脱身。她回到文帝的寝宫，杨坚觉得她神色不对，问什么原因，宣华夫人流着泪说："太子无礼！"

　　杨坚愤怒，捶着床说："这个畜生！怎么可以将国家大事交付给他？！独孤误了我！"于是他叫来柳述、元岩说："召见我的儿子！"

　　柳述等人要叫杨广来。杨坚说："是杨勇。"柳述、元岩出了杨坚的寝宫，起草敕书。杨素闻知此事，告诉了杨广。

　　杨广假传杨坚的旨意将柳述、元岩逮捕，关进大理狱。他们迅速调来东宫的裨将兵士宿卫仁寿宫，宫门禁止出入，并派宇文述、郭衍进入调度指挥，命令右庶子张衡进入仁寿宫侍候杨坚。后宫的人员全被赶到别的房间去了。随后，杨坚在大宝殿驾崩，庙号高祖，谥号文皇帝，葬于泰陵。杨广篡夺了帝位，即隋炀帝。李渊和杨广是姨表兄弟，李渊比杨广年长三岁，他的外甥女王氏又是杨广的后妃，因此，杨广称帝之后，李渊的优越地位并没有发生改变。

　　大业初年，李渊被任命为荥阳、楼烦太守，后来又召为殿内少监。殿内省属于隋王朝中央政府核心机构的五省之一，而殿内少监为殿内省长官，专门掌管朝廷供奉等事。

　　李渊喜爱良马，并常在家中圈养。隋炀帝即位之后，窦氏曾经对丈夫说："当今皇上的脾气您是知道的，他也喜好这些良马，您为何不挑选几匹献给他？如果将这些马匹留在家里，只会招来罪过，不会有什么好处。"

　　但李渊舍不得，他不屑地说："他也爱马？那不过是叶公好龙。他懂得什么是良骥，什么是驽马？"

　　李渊没有把夫人的劝说当回事儿，果然，不久就遭到隋炀帝的训斥。后来，李渊看到隋炀帝治国混乱，动辄滥杀无辜大臣，为了确保自身的安全，就多次向隋炀帝进献鹰犬名驹，隋炀帝果然十分欢喜，还提拔他做了将军。然而，这个时候，妻子窦氏已经因病去世。

　　李渊曾动情地对儿子们说："若是当年听你母亲的劝告，这将军之职怕早就得到了。"说着，不禁潸然泪下。

　　大业九年，李渊升任卫尉少卿，掌管朝廷宫殿的禁卫。这时的李世民，已经是一个十六岁的翩翩少年了。受家庭的影响，李世民自幼尚武，爱好骑马射箭，经常驰骋猎场，是一位意志坚强、性格豪放的贵族子弟。由于身强力壮，他所用的箭比一般人大一倍。他的箭法高超，在百步之外就能射中门扇。

　　习武之余，研读兵书也是李世民幼年生活的一个重要部分。李世民对《孙子兵法》非常感兴趣，据说能够倒背如流，他还时常就《孙子兵法》的理论同父亲进行探讨，这使李渊意识到他在众兄弟中确实有着超群的见识。

在隋末的动荡岁月中，李世民正是从家族传统的教育中培育了卓越的政治见识和军事才能，从而使他在日后的夺权斗争和统一全国的斗争中，成为出类拔萃的风云人物。十六岁时，李世民与十三岁的长孙氏结婚。长孙氏的先世源于北魏时的皇族拓跋氏，因为曾担任宗室长，故改姓长孙氏。长孙氏的祖父长孙兕曾在北周时担任左将军，长孙氏之父长孙晟则是隋朝的右骁卫将军，也有尚武家风。

长孙晟不仅弓马娴熟，而且身怀轻功绝技，出使突厥时，在可汗帐前一箭射中双雕。长孙晟的哥哥长孙炽，是隋朝的尚书，三品大员，对李世民的母亲窦氏幼年的故事早有耳闻。他对弟弟长孙晟说，这样的女子一定会培养出不寻常的孩子，应该跟他们联姻。于是，长孙晟的女儿嫁给了李渊的二儿子李世民，她就是后来的长孙皇后。

长孙炽的确有识人之力，眼光真的没错，李世民后来果然成为优秀的政治家。两家军事贵族的联姻，可谓门当户对。有的学者认为，自李虎开始，李氏家族大多与胡族联姻，其尚武精神对李世民的成长产生了潜移默化的影响。

人们常说乱世出英雄，李世民生逢大动乱的隋朝末年，时势为他提供了展露才华的大好机会。隋炀帝即位以后，大兴土木，四处巡游，穷兵黩武，加上连年水灾，天下大乱，农民起义风起云涌，统治集团内部也矛盾重重。

大业九年春，隋炀帝征伐高丽时，李渊在怀远镇督运粮草。同年农历六月，杨玄感利用民愤举兵反隋，李渊奉隋炀帝之命镇守弘化郡，兼知关右诸军事。在此期间，李渊广交天下豪杰，遭到隋炀帝的猜疑。恰好有诏书命李渊去隋炀帝巡行所到之地，李渊因病没有去。当时李渊的外甥女王氏在后宫，隋炀帝问王氏："你的舅舅怎么迟迟不来？"

王氏回答说李渊病了，隋炀帝又问："病得要死了吗？"李渊知道以后日益恐惧，因此无节制地饮酒、收受贿赂自污以自保。

大业十一年四月，隋炀帝任命李渊担任山西、河东抚慰大使，李世民随父至河东。李渊父子到达龙门时，遇上了母端儿农民起义，李渊父子领兵击败了起义军，收编万余人，实力大增。又攻击绛州叛贼柴保昌，降其众数万人。

不久，李渊升为右骁卫将军。这时，北方的突厥人趁隋王朝内乱之际迅速发展起来，时常骚扰边地，是隋王朝的一大边患。于是隋炀帝便让他和马邑郡守王仁恭一同北击突厥。但他们的兵马很少，李渊便选出擅长骑射的两千骑兵，吃住骑射仿效突厥兵，给突厥人看他们闲暇时的射猎驰骋。另外又挑选善于射箭的士兵作为埋伏，等和突厥兵遭遇时李渊便下令攻击，结果大败突厥。

这年八月，隋炀帝巡视北部边境，突然遭到突厥首领始毕可汗数十万骑兵的围攻。始毕可汗攻陷了雁门郡四十一座城池中的三十九座，仅剩雁门和崞县未被攻破。

隋炀帝被困雁门城中，城内有军民十五万人，储存的粮食仅够吃半个月，人心惶惶，形势十分危急。大臣樊子盖建议守城以消耗敌人的锐气，同时征招四方兵士增援。

但由于突厥兵层层包围，隋炀帝与外界失去了联系，只好把征集援军的诏书系在一块木头上，投入汾河，使之顺流南下，以便传出诏书，引来援兵。

募兵勤王的诏书传出以后，河东地区的军民纷纷开赴雁门。李世民当时十八岁，正跟随担任山西、河东抚慰大使的李渊驻扎河东，募兵勤王之事让李世民热血沸腾，兴奋不已。他毅然告别家人，应召入伍，留在屯卫将军云定兴的大营中。

李世民详细分析了时局，向云定兴提出建议说："始毕可汗发动全国的兵力围困天子，一定是认为我们仓促之间没有办法找到援军。我们可以白天摇旗呐喊，数十里不断；夜间则击鼓相应，以迷惑敌人。只要我们摆开阵势，让敌军错误地认为我们有很多人，他就会望风而逃。否则，我军寡不敌众，是无法战胜他们的。"

云定兴采纳了这个建议，让士兵多拿旗帜，四处敲鼓，果然引起突厥人的疑虑，加之各地援军陆续逼近，突厥的义成公主也派人奏告国内告急，导致始毕无心恋战，撤兵北归。

雁门被围三十三天后，隋炀帝终于躲过一劫，得以返回洛阳。在这次战役中，李世民初露锋芒，显示了他不凡的军事眼光和英雄胆识。同时，初试身手即获成功，也极大地鼓舞了李世民的斗志，增强了李世民的自信心。他称帝以后，还曾向大臣夸耀道："朕年仅十八岁时，便开始经营霸王之业。"

大业十二年，李渊奉诏担任太原留守，奉命镇压当地的农民起义军。当李世民跟随父亲来到晋阳时，农民起义已席卷三晋大地。在镇压农民起义的过程中，李世民的人生发生了重大的转折。

李渊担任太原留守时，面临南北两大威胁，南有号称"历山飞"的魏刀儿农民起义军，北有蠢蠢欲动的突厥军。

李渊对李世民说："我们的祖先被封于唐，就是太原这个地方。如今我又到这里做官，真是上天的恩赐。上天给予而不争取，祸患就会降临。'历山飞'不能消灭，突厥不能讲和，就难以兴邦济世。'历山飞'人多势众，劫掠多年，巧于攻城，勇于力战，南侵上党，北犯太原，实为心腹之患。"

当魏刀儿部将甄翟儿率两万余人骚扰太原时，隋朝将领潘长文被杀，李渊带领李世民率兵五六千人前往征讨。军至西河郡永安县雀鼠谷时，与敌军相遇，双方发生了激烈战斗。

在敌强我弱的形势下，李渊让老弱病残的兵士居于阵容的中央，舞动旌旗，造成兵士众多的假象，然后率领精兵杀入阵中。由于农民军人多势众，李渊陷入阵内，不得脱身。

危急时刻，李世民率轻骑突围，搭弓连射，所向披靡，将李渊救出，并与适时赶到的步兵联合，将农民军打败。接着，李渊父子收编农民起义军甄翟儿余部，势力逐渐壮大。在这次战役中，李世民镇定自若，骁勇善战，所到之处，敌人望风披靡。

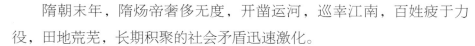

隋朝末年，隋炀帝奢侈无度，开凿运河，巡幸江南，百姓疲于力役，田地荒芜，长期积聚的社会矛盾迅速激化。

大业十三年，农民起义的烈火，以燎原之势，席卷全国，最终形成三支大的起义力量：一是中原一带李密、翟让领导的瓦岗军，二是窦建德领导的河北义军，三是杜伏威、辅公祏领导的江淮义军。

同时，隋朝统治集团内部也分崩离析，许多豪强拥兵割据，称霸一方。另外，走向败落的西关中地区贵族后裔、南朝覆灭政权的后代等，也都加入了反隋的行列。

这一切，预示着隋王朝走向灭亡的大势已不可阻挡。暂时留在隋统治集团内的李渊父子在镇压农民起义的过程中招降纳叛，不断扩充自己的实力，静观风云变幻。

当隋朝的大厦即将倾覆之时，李世民也在谋划自己的前程：是继续充当隋炀帝的枪手，镇压农民起义军呢，还是决然投入反隋的洪流建功立业呢？

现实使他领会到了农民起义军的巨大威力，感到各地起义军已经形成了不可阻挡之势，单靠镇压无济于事。他对李渊说："您受诏讨伐起义军，能讨伐得尽吗？如果不能，最终也不免获罪。"

一个曾经积极应募勤王的士兵，此时已经萌生了夺取天下之心。李世民知道隋朝必亡，于是也在暗中结交豪杰，招纳逃亡之人，网罗各种人才，像长孙顺德、刘弘基、窦琮等，都是从这一时期开始跟随李世民的，这些人后来为李唐王朝的建立立下汗马功劳。特别是晋阳县令刘文静，与李世民结识后，成为忘年之交，而且成了后来晋阳起兵的关键人物。而隋朝末年的大动乱以及动乱中的战争经历，成为一笔宝贵的财富，为李世民日后的征战和治国生涯奠定了基础。

# 李世民力促反隋

旧历四月中旬，正是草长莺飞、蜂绕蝶舞的春末夏初。晋阳宫的后苑里，竹木蓊郁，生机勃发，百卉争艳，五彩纷呈。雕梁画栋、亭台楼榭都掩映在绿荫丛中。人工湖里假山突兀，怪石峥嵘，碧波荡漾，涟漪阵阵。

从湖中蜿蜒伸展出的石渠里，小桥流水，游鱼嬉戏追逐。青翠如茵的草地上，曲径飞花，这里那里点缀着一丛丛一蓬蓬艳紫的丁香、藤萝，火红的月季，嫩黄的迎春……

夜幕降临之后，无数的纱灯更为这里染上了一层橘红色的神秘色彩，阵阵花香，扑鼻而来，清冽宜人。花丛间、草棵里虫鸣蝶舞，弹琴鼓瑟，为这座落寞空旷的离宫平添了不少生气。

在后苑的几间布置优雅的客室里，副宫监裴寂正与唐公李渊围着一张漆金小桌，对坐畅饮。从下午开始，李渊便被裴寂邀到这里，一面弈棋，一面品茶，你来我往地拼杀了整整一个下午，只杀得天昏地暗，难分难解。

　　看看天色将晚，李渊便要告辞回府。裴寂却执意不放他走，说："今日与唐公对弈未分胜负，夜间由我做东，再与大人在酒桌上论个输赢如何？"

　　李渊略觉诧异，以前两人常常聚饮，以为人生一大乐事，但不是在李渊府上，就是在裴寂家中，却从未在这晋阳宫里喝过酒。

　　这晋阳宫可不是一般的地方。东魏孝静帝武定三年，权臣高欢开始在晋阳县修筑晋阳宫，并在天龙山开凿石窟，建避暑宫。隋文帝开皇九年，晋王杨广扩建晋阳宫，并在晋阳宫外筑上长七里、高四丈的宫墙，初名"宫城"，隋文帝更名为"新城"，以区别于原有的大明城。

　　开皇十六年，杨广又下令建筑仓城，城周八里、高四丈，东城墙与新城西城墙相连。杨广继位后，大业三年北巡路经晋阳，下诏重建东魏晋阳宫，并设晋阳宫监管理，有正监、副监各一名。

　　隋炀帝大业十三年，李渊拜太原留守，领晋阳宫监，裴寂为副监。这一年四月，李世民的密友、晋阳县令刘文静因与瓦岗寨起义军首领李密联姻而被捕入狱，李世民前去探望，趁机商讨起兵方案。

　　刘文静说："如今天下大乱，没有商汤、周武那样的才能和汉高祖、光武帝那样的志向，是不能挽救危局的。"

　　李世民便向他说出了共图大计的意思："你怎么知道没有这样的人才呢？只是一般人不能觉察罢了。我来探望你，就是要与你共图大计，请你统筹谋划。"

　　于是，刘文静就分析了天下的形势："如今李密的瓦岗军围攻洛阳，隋炀帝避难江南，起义军大者攻城陷郡，小者入山泽自保，他们各自为战，势单力薄，需要一个英明之主来驾驭。"

　　刘文静还对晋阳一带的局势作了精辟分析："我刘文静在晋阳多年，了解当地豪杰的情况。如果举旗召集，可以立即得到十余万人。令尊大人为太原留守，领兵数万，您若出面号令，谁敢不从？"

　　接着刘文静胸有成竹道："如今关中空虚，趁机入关，号令天下，不出半年，帝业可成。"

李世民听完刘文静的分析大喜，他笑着说："您的话正合我意！"起兵计划，就此拟订。

这个起兵计划虽好，但如果没有太原留守李渊的支持和参与，是不会成功的。为了弄清李渊的态度，刘文静将裴寂介绍给李世民，参与谋划。

晋阳宫是皇帝的行宫，皇帝如果到太原，就住在晋阳宫中。皇帝虽然很少来，但是皇帝的威仪不可少，时刻准备着迎驾。因此，晋阳宫在太原实际上是一个小皇宫。

裴寂与李渊交情深厚，两人常在一起宴饮通宵，无话不谈。为了拉拢裴寂，李渊不惜拿出自己的数百万积蓄，让他的密友高斌廉与之博弈赌钱，故意让裴寂赢钱数百万。

唐太宗李世民传

裴寂得知原委后，与李世民关系日益亲密。待时机成熟时，李世民便将起兵计划全部告诉了他，请他帮助做李渊的工作。裴寂心领神会，决定邀请李渊到晋阳宫进行试探。

当天两个人在这里下棋，裴寂乘机邀请他留下饮酒。李渊当然知道问题的严重性，便正色说："这是什么地方，也是我辈饮酒之处？若是酒后口无遮拦，有失检点，岂不徒惹祸事？"

裴寂却笑道："唐公也太过小心。你是留守兼宫监，堂堂三品大员。我虽官职卑微，好歹也身居副监。你我二人在这里喝顿酒算得了什么？再说我们只管饮酒，不谈国事，能惹出什么祸事？我已命厨下烹制了大人最爱吃的几样好菜，还请大人赏脸。"这样说着，太监们早已端上了一桌丰盛的肴馔。

李渊也不好再推托，于是两个人你一杯、我一杯，一面喝酒，一面说古道今，东拉西扯，除了不言国事，家长里短，奇闻趣事，乡间绯闻，几乎无所不谈。

说来说去，两个人就谈到了英雄美人的话题。裴寂说："唐公说到英雄美人，倒使裴某想起来了，大人您与嫂夫人那段充满传奇色彩的金玉良缘，实在称得上是一段英雄美人的佳话。"

提起这段往事，李渊激动得脸颊发红，两眼放光，他抿口酒咽下去，不无自豪地说："我李渊宦海浮沉三十多年，屡经风浪，不如意事十之八九。只有这段姻缘，却让我如鱼得水，从心底里感谢上苍。"说着，他双眼微眯，眼神变得渺茫空蒙起来，陷入了一种短暂的沉思。

想起往事，李渊的双眼仍有些发潮，神色黯然，好久以后，他长长地叹口气道："家有贤妻，男儿不遭官司！可惜啊，天予其德才而不假其寿，我李渊中年丧妻，鸿雁失伴，也算是人生一大不幸。"

一看李渊突然变得哀伤颓丧起来，裴寂慌忙说："都是裴某该死，不该提起这些往事，徒惹唐公伤心。来，咱们喝酒，一杯解千愁。"

李渊喝过一杯酒，冲裴寂不自然地笑笑说："这没什么，你也不必自责，都是几年前的事了。唉，人生在世，谁不经受个七灾八难。大丈夫应拾得起、放得下，以事业为重才是。"

裴寂忙接口道："唐公虽是性情中人，但毕竟是心胸豁达、可包容天地的当世豪杰，岂能长久沉湎于丧偶失伴的哀伤之中？对了，今日咱们在这儿饮酒，当有红粉佳人侍酒作陪才是。"

李渊听他突然转了话题，稍稍一怔，但此时，酒精在他浑身的血液中流动、燃烧，正是一半清醒一半醉、极度亢奋的时候，也不推拒，只顾独自饮酒。

裴寂见李渊已经默许，于是便转身走了出去，一会儿领来了两个年轻俏丽的美人儿。面对美酒佳人，李渊一会儿就被灌得酩酊大醉，不省人事。

等他一觉醒来，已经是第二天早上，当他看到身边躺着的两个美人儿时，脑子一下子清醒了。这时，突然"哐啷"一声，房门大开，裴寂一步闯了进来。

裴寂大声惊呼道："唐公，这……这可如何是好？这两个女子，可是当今皇上的心尖子，你倒好，只顾自己快活，却害我裴寂犯下了灭门之罪。"

李渊可不傻，他怪眼看看裴寂，哂笑道："裴寂，你用美人计，陷我于不忠不义，如今还在这里演戏、撇清。你且到外面等我，我正有话要说呢。"裴寂见自己的把戏早被李渊看破，略显尴尬，只好讪讪地退了出来。

李渊穿好衣服走出外间，对裴寂说："你如此费尽心机，不就是要逼我举兵吗？好了，你的目的达到了，我李某如今是反也得反，不反也得反。"

裴寂却笑着说："唐公过奖了，只我裴寂，哪有如此胆识？这其实都是令郎世民安排的。这几个月来，世民暗交豪杰，密聚兵马，欲举大事，急切间又不知唐公意向，才恳请裴某居中劝说。裴某不得已以二妃侍公，正是要唐公快刀斩乱麻，痛下决心。今普天之下，皆是盗贼，若守小节，且夕危亡，若举义兵，必得大位。"

听说是自己儿子李世民参与筹划此事，李渊长叹一声说："这小子胆识过于乃父。罢了，就依他的，家破人亡由他，化家为国也由他。你速去告知世民，今日夜间，带上他的那班朋友，悄悄去我府上议事，切勿走漏风声。"

这天夜里，留守府议事厅里灯火通明，人影幢幢。仆役、侍婢们一律回避，前后大门皆由亲信侍卫把守，陌生人等一个不得放入。裴寂先到，他是府上的常客，用不着避嫌，此时正坐在那里慢慢地品茶。

当天色变得越来越浓重，大街上的行人渐渐稀少之后，长孙顺德、刘弘基、唐俭、武士彟等先后来到了府上。最后到来的，是李世民和刘文静。李世民带着李渊的手令，刚刚去太原大狱中放出了刘文静，二人一路轻声密谈着，快步来到留守府。

待众人到齐，各自坐好之后，李渊面色平静地看看大家，从容说："当今天子杨广无道，江山板荡，四方豪杰纷纷起兵，天下生灵涂炭。为除暴虐，伐无道，扫荡妖氛，解民倒悬，我李渊决计于近日起兵，匡扶社稷。诸位皆胸藏丘壑之当今俊彦，今日共聚一堂，我等该如何行事，可畅所欲言。"

李渊说完之后，李世民应声说："欲图大事，当务之急是招兵买马，仅靠现有兵马难以成事。对于招募之事，我与刘公文静已多次密商，可由文静伪造当今皇上的敕书，谎称欲征发太原、西河、雁门、马邑等郡，年二十以上、五十以下男子全部为兵，定于岁暮在涿郡集结，再次东征高丽。敕书一发，必定人心大忧，思乱者益众。我等乘此混乱起兵，兴正义之师，张救民之旗，必定从者如云，招得十万兵马当不在话下。"

刘文静说："凡举大事者，天时地利人和缺一不可。如今万事俱备，天意人心皆归唐公。唯副留守王威、高君雅乃当今皇上的两条狗，不能不防。若有必要，应相机除之。"

李渊点头道："文静所言极是，此事我已记在心里。"

裴寂说："唐公的长子建成、四子元吉及众家眷尚在河东，女儿女婿皆居长安，起事之前，应派人急召他们前来太原。"

李渊道："我早已命令建成、元吉秘密聚集豪杰之士，这次派人前往，可命他们一并前来。就由世民安排可靠之人分往河东、长安走一趟，速去速回。"

武士彠说："唐公举大事，少不得钱财粮草。虽说晋阳宫里不乏金银珠宝，但十几万人马一聚集，军需不是小数。我武士彠累年经商，集得万贯家财，今日情愿举家变卖，以供军饷。"

听他说完，众人一片啧啧称叹。李渊欣然道："万众一心，力可断金。有众位义士如此竭诚相助，何愁大事不成？"就这样，李世民父子决定起兵反隋，战争一触即发。

# 李渊父子起兵晋阳

　　李渊父子决计起兵后不久，由刘文静伪造的皇上敕书以布告的形式，贴满了大街小巷和各大路口。二十岁以上、五十岁以下的成年男丁都要去当兵征高丽的消息，像一阵阴风，迅速刮遍了城乡四野的角角落落，刮得人们心里发毛，周身发冷。太原城里立时像开了锅，人心惶惶，群情汹汹。街谈巷议、亲友聚会的话题无不是这件事。

　　"我看这皇帝老儿是疯了，一次又一次地征高丽，除了让咱老百姓去送死，能有什么好处？"

　　"男人们都去当兵，谁来种地？家里就剩些老幼病残，还不得伸着脖子等死？"

　　"他不让咱活，咱也不让他安生，干脆拉杆子上山，反了算了！来个鱼死网破！"

　　不少人已做好准备，征兵一旦开始，便结伙造反，啸聚山林。太原城里的人们，又不约而同地唱起了当年王薄起义时的那首《无向辽东浪死歌》："譬如辽东死，斩头何所伤……"

而在此时，在太原留守署衙内，留守李渊和副留守王威、高君雅却正在商议着另一件大事。

"刘武周在马邑举旗造反，北联突厥，攻城略地。目下已攻下雁门、楼烦等郡城，且以美女金银贿赂突厥。贼势凶悍，兵强马壮。我等受命镇守太原，却不能歼灭反贼，制止动乱，罪当灭族，你们看该怎么办才好？"李渊满面忧戚，问王、高二人道。

王威、高君雅亦深感忧惧，却不知计将安出，便请李渊早拿主意。

李渊道："自古兵来将挡，水来土掩。但朝廷用兵，一举一动皆受兵部节度。如今贼兵在数百里之内，而皇上却在数千里之外的江都，再加上道路险阻，沿途又有各地反贼扼守，如何请旨调兵？只以太原城里这点兵马，去抵挡刘武周与突厥人的磅礴之势，莫说消灭贼众，就是自我保全都很难，如今进退维谷，我也无可奈何。"

王威亦感到形势危急，事态严重，焦急地说："唐公既是国之栋梁，又是皇室近亲，与江山社稷共休戚。如今时势紧急，若等奏报朝廷，必贻误军机。自古将在外，君命有所不受。要想平息叛乱，在此非常时期，唐公完全可以自作主张，独断专行。"

李渊心中暗笑："鱼儿既已咬钩，我可就要张网了。"

"既然二位将军同意，那我就行使守护边疆的职权。为今之计，必须尽快招募兵马，扩大队伍，准备与刘武周决战于太原城下。"

于是，李渊下令在太原及附近各郡征集士卒，招兵买马。四方百姓，已对隋朝廷恨入骨髓，更怕被掳去东征高丽。既要当兵，何不投到唐公麾下？于是纷至沓来，踊跃应征，连各处山林中的起事豪勇，也闻风来投奔。不过十几天的时间，便募集兵马五六万之多。李渊命李世民、长孙顺德、刘弘基等将所募集的人马分别编成队伍，发放兵械军饷，日夜抓紧操练。

王威、高君雅出于无奈，同意了李渊招兵买马。但他们毕竟是隋炀帝派来暗中监视李渊的，疑心极重。这些日子见应募者如潮涌般而来，李渊又将这些兵勇让长孙顺德、刘弘基分别统率，便疑窦丛生。另外，刘文静乃是朝廷钦犯，竟被李渊背着他们私自释放，因而更加狐疑。随着时间推进，王、高二人已经察觉李氏父子密谋起义的事，于是两人暗中策划了一场晋祠祈雨大会，想哄骗李渊前来，将他杀害。一天夜里，王威和高君雅来到武士彟的住处，想拉拢他一同做事。

王、高二人神秘兮兮地说："长孙顺德和刘弘基为逃避辽东之役，隐匿太原，所犯皆为死罪。而唐公却让他们手握重兵，依为干城，真不知出于何意？对此二人，我等欲借祈雨大会的时机再对他们捕拿，你看如何？"

王、高二人几年来与武士彟过从甚密，以为是可以推心置腹的生死之交。岂不知这武士彟乃是八面玲珑之人，平时经商，为了寻求庇护，与官府中人都相处得很好，与李渊更是气味相投，无话不谈。

唐太宗李世民传

武士彟听了二人的话，便笑着劝道："这些人都是唐公的客人，若是那样做，岂不惹翻了唐公，引出大麻烦来？"王、高二人一听话不投机，虽然心中疑虑，也只好作罢。

第二天一早，武士彟便将两个人的话告诉了李渊。李渊苦笑道："看来纸是包不住火的。如今已是箭在弦上，不得不发。二贼既已窥破端倪，自来找死，就怪不得我李渊心狠手辣了。"

到了祈雨的那一天，李渊来到晋祠与王、高会面，这时长孙顺德、刘弘基等人在殿廷之内俟机待发，而李世民又伏兵晋阳城外，严密封锁，以备不测。在祈雨会上，李渊正和王威、高士雅说着话，忽然听到大堂外一片嚷叫声，随即，刘文静带领刘政会急步闯进大堂。

刘政会大声说："唐公，我听说有人欲反叛朝廷，所以特意持密状奏禀。"

李渊示意王威去接密状，不料刘政会却说："我所告的正是这两个副留守的反情，这密状只有唐公能看。"

李渊接过密状，匆匆看了一遍，顿时脸色铁青，眼光变得凶残狞厉，死死地盯着王、高二人说："好啊，汝二人原来早有反心，居然暗中勾结突厥，里应外合，想要居中取事。"

一听此话，高君雅就像被马蜂狠狠地蜇了一下子，猛地从座椅上跳了起来，尖声喊道："贼喊捉贼！这是谋反者欲杀我等！"

李渊却不听他乱喊乱叫，徐徐地站立起来，冷笑一声，暴雷般喝道："来人，将这两个乱臣贼子拿下，送入大牢候审。"

王、高二人怎肯束手就擒，发疯似的向大堂外跑去。不料刚出门口，便见长孙顺德带着数十名兵士，各持明晃晃的刀剑，早已迎候在那里。长孙顺德大喝了一声，众人一拥而上，将高、王二人捆成旱鸭子似的，推推搡搡送往大狱。谁也不曾料到，就在李渊将王威、高君雅以勾结突厥的罪名逮捕下狱的第二天，竟真的有数万名突厥兵马，风驰电掣一般来到太原，恰像是如约而至一般。太原城里虽然有新募兵丁五六万人，但多是刚刚扔下镬头铁锹的农家子弟，未经训练，更缺乏攻城守阵的实践经验，上上下下不免大为慌乱。

李渊急召众人商议对策，李世民力排众议，请父亲以"空城计"智退敌兵。他说："突厥人突兀而至，志在寇掠财物牲畜，并无攻城占地之心。我们一方面将军队严密部署在各街巷，严阵以待；另一方面洞开四门，敌军不辨虚实，必不敢贸然入城。纵使入城，地形不熟，方位不明，其数万马队在长街短巷中也会尽失剽悍迅捷的优势。我城中军民数是敌人的好几倍，与敌人短兵相接，展开巷战，必能大获全胜。"

李渊认为世民所言有理，随即下令大开城门，撤去城上旗帜，不准任何人登上城墙观望。突厥兵马风卷而来，却见太原城各门洞开，城中偃旗息鼓，寂无声息，竟如一座死城、空城一般。其先头马队冲进北门，见内城仍然吊桥平铺，城门四开，绝无一兵一卒把守，不知李渊用的是什么计，迟疑徘徊了许久，终不敢进城，又从东门悄悄退了出去，在城外乡村中大肆抢掠一阵，撤兵北去。这样一来，城中军民都认为突厥人果然是王、高二人密谋引来的，皆咬牙切齿，必欲杀此二人。李渊见民心可用，决计抓住这一天赐良机，杀贼祭旗，乘势起兵。

五月甲子日，晨光熹微。东方天际淡青色的鱼鳞云被染成了橘红色，一轮暗淡无光的残月正在渐渐隐去。平日空空荡荡的太原大校场，突然变得嘈杂起来，旌旗飞扬，鼓角鸣响，人喊马嘶，万头攒动。一队队新换上军衣铠甲的年轻兵士，自四面八方络绎不绝地赶赴校场，在场内东、西、南列成了三支大方队，人人昂首挺胸，肃然而立。

太原城的百姓们似乎早就得到了消息，一大早便扶老携幼拥进了校场，抬头看看校场中央高高飘扬的书写着"李"字的那面大旗，禁不住想起了"李姓之人当有天下"的那则传闻，一个个激动得心头嘣嘣乱跳，不停地交头接耳，议论纷纷。突然，随着一阵急骤的马蹄声，太原留守唐公李渊，银盔铁甲，身披一袭猩红色战袍，带领十几骑人马，威风凛凛地急速驰入校场。来到正北点将台处腾身下马，左有李建成、李世民、李元吉、柴绍，右有裴寂、刘文静、刘弘基、长孙顺德，前呼后拥登上了点将台。场内军民不下十余万人，在这一刻突然同时瞪大了眼睛，屏住了呼吸，一切说笑声、喧嚷声甚至连万千战马的嘶鸣、咆哮、打喷嚏的声音，都一下子戛然而止，空气就像凝滞了一般。

李渊跨前数步，双手抱拳于胸，对场内军民人等团团一揖，以洪钟般的嗓音高声喊道："弟兄们、将士们、太原城的父老们，当今天子无道，荒淫乱国，盗贼蜂起，民不聊生。我李渊不才，却不能眼看着江山社稷日趋沦丧，庶民百姓啼饥号寒，尸填沟壑。为挽救江山于败亡之中，拯救万民于水火之中，决定即日起兵，拥代王杨侑为新帝。从今日起，各郡县均宜改旗易帜，杂用绛白之色。"

话音刚落，校场里立时响起雷鸣般的欢呼之声。因为举兵犯上，造反叛逆，千百年来总归被认为是大逆不道之事。若真还保留他杨家的江山，何须改旗易帜？李氏父子必欲易姓革命的企图，已经昭然若揭，路人皆知了。但愿唐公李大人此去旗开得胜，早坐龙庭，受尽了离乱之苦的百姓们也好早日跳出火坑。场内无数民众在心中祷告，相互议论着。

这时候，便听晋阳宫副监裴寂尖着嗓子喊道："将密通突厥的乱臣贼子王威、高君雅拖出来，杀贼祭旗开始！"这就是著名的晋阳兵变，是李渊父子公开反隋的标志。

# 首战胜利　攻克西河

　　李渊以勾结突厥人的罪名杀了王威、高君雅，而自己却为情势所逼，不得不卑辞厚礼，遣使与突厥人通好。就在起兵的前一夜，李渊与李世民相对而坐几乎通宵未眠。

　　李渊沉吟半晌说："不过，这样做便有里应外合之嫌，会失掉中原人心，我父子岂不成了刘武周第二？"

　　"成大事者不拘小节，大丈夫能屈能伸。我们出使突厥，可暗中进行，世人并不知晓。再说，我们这不过是权宜之计，仅以财物相赠，与刘武周的俯首称臣，完全依附于突厥人截然不同，怎么能说是里应外合呢？"

　　"好吧，此事就这么办，你看该派谁前往突厥呢？"

　　"刘文静有胆有识，又能随机应变，足以担当此任。"

　　"我想也是此人最能胜任，就派他去吧。另外，还有一股势力也是极大的威胁，万万不可忽视。"

"父亲可是指李密所率领的瓦岗军？"

李渊笑了："看来你也想到了，父子所见略同。"

"与突厥人相比，瓦岗军更加危险。李密乃当世枭雄，文韬武略独步一时。其所率兵马已逾三十万之众，是当今海内群雄中的佼佼者。更重要的是，他的周围聚集了一大批或智略过人或骁勇无敌的文臣武将，像魏徵、徐世勣、秦叔宝、程咬金、罗士信等，皆是不可多得的精英名士。李密一心要做中原霸主，决不甘心我等直取京都长安。待我挥师西下，他若从大军背后追击，无异于后院失火，我军将处于腹背受敌的危险境地。"

"李密自恃兵强，妄自尊大。我想修书一封，推他为天下盟主，并邀他共取长安。如此谦辞以骄其志，或可消除来自东面的威胁。"

"父亲所言极是，刘文静也曾说过，李密其人恃才傲物，刚愎自用。若能谦逊，推他为盟主，必能使他麻痹懈怠于一时。更何况，他现在忙于进攻洛阳，已被王世充的隋军困住，待他清醒过来，腾出手脚来对付我们时，说不定我军已拿下长安，稳居关中了。"

说到此处，父子二人同时大笑。李渊又说："去瓦岗送信的人选，我想派你的好友唐俭前往，你看如何？"

"唐俭鼓动如簧之舌，保管让李密一头雾水。"李世民笑答。

太原起兵后的第二天，刘文静、唐俭分头出发。天尚未亮，刘文静便带上两名侍卫，瞒过众人，骑快马向北疆悄悄奔去。而唐俭则带上数十名随从，由李渊亲送至太原城东门，大摇大摆地向东进发。瓦岗军声势浩大，横行于黄河以南，与隋军主力展开了大小数十场战争。最近又率兵逼近洛阳，决心拿下东都，称霸中原，然后四面扩张，扫荡群雄以谋取天下。距洛阳城尚有四五十里，唐俭已远远看见，满山遍野，寨栅环列，旌旗高扬，冈阜上、丛林中，正在演练的步骑人马，杀声阵阵，嘶鸣萧萧。

唐俭自报来历之后，在一名侍卫军校的引领下，来到中军大帐。见过瓦岗军首领李密，施礼已毕，便呈上了唐公李渊的书札。李密仔细

唐太宗李世民传

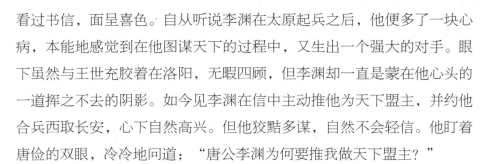

看过书信，面呈喜色。自从听说李渊在太原起兵之后，他便多了一块心病，本能地感觉到在他图谋天下的过程中，又生出一个强大的对手。眼下虽然与王世充胶着在洛阳，无暇四顾，但李渊却一直是蒙在他心头的一道挥之不去的阴影。如今见李渊在信中主动推他为天下盟主，并约他合兵西取长安，心下自然高兴。但他狡黠多谋，自然不会轻信。他盯着唐俭的双眼，冷冷地问道："唐公李渊为何要推我做天下盟主？"

这原是在意料中的问题，唐俭随口答道："魏公雄才大略，当世无双。又拥兵数十万，麾下兵精将勇，人才济济，身居四海群雄之冠。今日天下为牧，非魏公而谁？"

"不然。自古唯江山、美人，从无禅让之理。唐公亦是雄视天下之人杰，此次挥兵西进，夺取长安不为难事，为何不自登大宝，南面称尊？"

"王者天命，非人力可致。魏公姓名合于图谶，正是上应天命之人，唐公不是糊涂人，岂敢与天争命？"

李密忽然哈哈大笑，突然又收敛了笑容，铁青着脸说："此系妄语，欺人之谈。若说图谶，前几年倒是有个方士安伽陀，诬陷皇上，说是将有李姓人当做天子，害李浑全家被杀。且不说此话荒诞不经，就是真的这样，难道李渊父子们不也姓李吗？李渊欲用缓兵之计，休想瞒过我去。"

"魏公此话大错。天下李姓之人多于繁星，难道各个能当天子？这几年民间流传的《桃李章》唱道：'桃李子，皇后绕扬州，宛转花园里。莫浪语，谁道许。'这'桃李子'，是说李姓之子在逃亡，与魏公这几年为避祸而颠沛流离、四处逃匿的经历暗合。皇上与皇后，皆是人君。'宛转花园里'，是说天子困于扬州，再无北还之日。而'莫浪语，谁道许'，更结结实实是一个'密'字。魏公姓与名皆合于图谶，这是毋庸置疑的事实。杨广不懂'王者不死，多杀无益'的道理，妄自杀害了李浑全家。唐公李渊多次说过，李浑不过是替李密枉死的一个冤鬼。对魏公将来拥有天下，唐公深信不疑，因此，才愿意推魏公做天下盟主。"

"既如此，李渊又何必冒险起兵呢？"

"魏公知道，近来刘武周勾结突厥，于马邑起兵，攻占汾阳宫。唐公身为太原留守，在其辖地内发生了这样的事，其失职之罪，必无赦理。更何况唐公因为姓李，早已受皇上猜忌。自度继续为隋王朝卖命，迟早有一天必遭杀身之祸，因而才铤而走险，断然举事。在下临来之时，唐公一再嘱咐，要在下禀明魏公，他已年逾知命，衰老之躯，唯图自保，断无觊觎大宝之志。他年若能辅佐魏公成就帝业，仍能封他为唐国公，于愿足矣。"

话说得实实在在，入情入理，不由得李密不信。他看看唐俭，微微笑道："唐公不愧当世俊杰，真识时务者也。足下可速去回复唐公，让他挥师径取长安。待我拿下洛阳之后，再分兵往援。"

唐
太
宗
李
世
民
传

刚说到这里，却听有人冷笑一声说："唐俭好一张利口，竟能将我主公蒙蔽！"

唐俭看时，却认得是李密的幕僚魏徵，心中不禁咯噔一下，暗忖道："说了半天，到底没有瞒过此人，这件事八成要败坏在他的手里。"

便听李密问道："依先生之见呢？"

"关中乃天府之国，皇城之门所在的富庶险要之地，岂能眼看着被李渊轻易得去？魏公应暂时撤掉洛阳之围，移师西征，等到夺取长安之后，再东向以争天下。这不正是您当年为杨玄感所定的中策吗？今日万不可重蹈玄感之覆辙。"

李密却不以为然："时移世易，情势异矣。如今天下之势，与数年前已大不相同。隋兵主力，多在中原，洛阳更是朝廷中枢所在。夺得洛阳，便等于在杨广的心脏上猛插一刀，可置大隋王朝于死地。至于唐公，就让他暂时前往，攻取长安。此公乃仁义君子，想来不会自食其言，有负于我。退一步说，纵使他言而无信，待我攻克洛阳之后，再与他在战场上一决高低，到时该谁主神器，自有天定。"说完，不再理会魏徵，直接将唐俭亲自送出大寨。

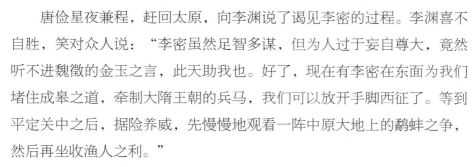

　　唐俭星夜兼程，赶回太原，向李渊说了谒见李密的过程。李渊喜不自胜，笑对众人说："李密虽然足智多谋，但为人过于妄自尊大，竟然听不进魏徵的金玉之言，此天助我也。好了，现在有李密在东面为我们堵住成皋之道，牵制大隋王朝的兵马，我们可以放开手脚西征了。等到平定关中之后，据险养威，先慢慢地观看一阵中原大地上的鹬蚌之争，然后再坐收渔人之利。"

　　自太原起兵以来，周围各郡县纷纷倒戈，前来归附唐公。只有西河郡丞高德儒公然对抗，拒不降顺。西河与太原近在咫尺，是下一步出兵南下西进的必经之地。李渊决定先拔掉身边的这颗钉子，作为大军进击关中之前的小试锋芒。这是起兵之后的第一场战役，虽然面对的只是一个小的郡邑，李渊也不敢大意，而把它看成是事关夺取天下的关键一仗。他命长子建成、次子世民为统兵将领，又派太原令温大有同往参谋军事，对他说："眼下咱们兵马尚少，一定要善于经略，让你参谋军事，还望多费心智，以建功名。若能顺利攻克西河，则帝业可成。"

　　随即又告诫两个儿子道："尔等年少，少不更事。先以攻打此郡看看你兄弟临战如何。须知三军上下都在看着你们，一定要勉力为之。"

　　兄弟二人恭恭敬敬地听完父亲的话，急忙跪倒在地，向父亲发誓道："儿等自幼便聆听父亲训诫，早已谨记在心。今日大战，事关家国忠孝，儿等哪敢懈怠？一定遵循严令，攻克西河。若不能成功，请军法处置。"

　　出师之前，建成、世民和温大有三人聚在一起商议。世民问道："依大哥之见，我等此次用兵，何事最为紧要？"

　　建成道："自然是挑选精兵良将，多备攻城器具，鼓舞士气，力争一战而克，早日凯旋。"

　　世民却微微一笑，慢慢说："依小弟之见，严明军纪才是今日急务。我们率领的，多是新近招募而来，未经严格训练的新兵，军中各级官吏又不齐整。若不严肃军纪，一旦交战，便成一盘散沙，形同行尸走肉，还谈什么攻城略地？更重要的是，此次出兵，不仅仅是为了一座西河城，更是为了传布唐军威德仁义之名，收拢天下人心，军中将士且不可扰民害民，否则与盗贼无异。要做到这一点，没有严明的军纪怎么能行？"

对世民的话，温大有极为赞许，建成也颇觉有理。于是，三人连夜草拟军法，第二天一早便颁布军中。

六月三日，大军开始向西河进发。一路之上，将士们畏惧军纪，果然秋毫无犯。沿路有许多卖瓜果熟食的，士兵们有想吃的，都掏钱去买。六月的天气，燥热难当，赤日炎炎，如烈火一般。将士们一路急行军，早已湿透军衣，饥渴难耐，一个个嗓子像冒烟似的。天近巳时，距离西河尚有数十里，路边出现了一片桃园。密密层层的绿叶之中，无数艳红鲜美、又大又肥的桃子挂满枝头，像是在冲着兵士们点头媚笑。

走在后队中的头领雷永吉，本是太原附近山林中的匪盗，归附唐公不久。往日里在山寨中劫富济贫，拦路抢劫，大碗喝酒，大块吃肉，何曾受过如此苦楚？他终于经不住路边鲜桃的诱惑，强咽下一股口水，对身边的几名弟兄使个眼色。十几个人悄悄地离开队伍，猴子一般灵巧地攀到树上，专拣熟透了的大个桃子，大嚼大咽，饱餐一顿。

这事儿很快便传到李世民的耳朵里，刚刚颁布了军令，便有人公然违犯，此事非同小可。世民令建成继续带队前进，自己却打马奔向了那片桃园。他找到了桃园的主人，上前施礼道："都怪我治军不严，属下偷吃了你的桃子，在下特来赔罪。"说着，从怀中掏出了五两银子递过去，"这算是我们买桃子的钱，还请老丈恕罪。"

那老头儿惊得目瞪口呆，这可是日头从西边出的新鲜事。自从隋末变乱以来，兵来匪往，你抢我掠，别说是吃几个烂桃子，就是宰杀了你的牛羊猪三牲，有谁肯付你钱？老头儿哪里敢接这银子，慌忙推拒道："这位军爷说笑了，几个桃子能值几个钱？自己树上长的，就算是小老儿孝敬大军的。"

世民笑着把银子塞到了老头儿的怀里，说："老人家能不怪罪，我们已经感激不尽。白吃白拿与土匪贼寇何异？我们唐公的军队，不兴这个。"说着就冲老头儿抱拳一揖，转身跨上马背，飞奔而去。

雷永吉怎么也没有想到，李世民对这样一件小事会如此认真，如此看重。他吓得心头怦怦直跳：坏了，公然违忤将令，触犯军纪，这位爷要是较起真儿来，非得砍自己的脑袋不可，怎么办？伺机逃跑，组织哗变，还是等着杀头？雷永吉吓得六神无主，浑身上下早已经冷汗淋漓。

雷永吉正在胡思乱想的当儿，忽听得前面传下军令，队伍原地休息，埋锅造饭。他心里咯噔一下，看来今日是在劫难逃，这个二将军拿着棒槌认了针，为了执行他的军纪，果然要杀鸡给猴看了。趁将士们吃饭的时候，李世民登上一个高坎，对众人喊道："将士们、弟兄们，刚才行军路上，有些人成群结伙，偷吃百姓的桃子。军法颁行不出三日，便有人公开违犯。你们说，该怎么办？"

一些人立即喊道："自古军法如山，既然有人敢于蔑视军法，就该杀无赦。"

"没错，这些人依律当斩。不过，念在此次西河之役，乃是我们举大事以来的第一仗，开战之前，先杀自己人，实非吉兆。好在我已经替这些人付了买桃子的钱，尚未造成扰民害民的恶果，这次便暂且饶过他们。他们是谁，本将军并不知道，也不想再追究。但是，"说到此处，李世民忽然变得声色俱厉，执剑在手，猛地一挥，将身边一棵小杨树齐齐地拦腰斩断，"以后倘若有人再敢违我军令，犹如此树。"

雷永吉听到此处，不觉又惊又喜，顿时热血奔涌。他知道，李将军这是在变着法子回护自己，等于给了自己第二条性命。自己也算是个七尺汉子，岂能当个缩头乌龟，为一条性命而毁了大军法纪？他突然站出来，直奔到李世民面前，扑通一声跪下，颤声说："李将军，我雷永吉就是那个偷吃桃子的人。请将军以军法处置，以警示来者。"

李世民不曾料到有这一幕，他稍稍一愣，突然哈哈大笑："好，敢做敢当，是真男子汉。不过，本将军说了，今日之事不再追究。到了西河，你可与弟兄们英勇杀敌，将功折罪。"

父子起兵

雷永吉急忙磕头谢恩，激动地说："谢将军不杀之恩，从此以后，俺这条命就是将军给的，任凭将军驱遣，上刀山下火海，万死不辞。"

大军来到西河城下，已是第二天傍晚，暮色苍茫，鸟雀归林。城中守军没料到唐军会来得如此神速，仍是吊桥平铺，城门洞开，白天出城砍柴、放牧、经商或走亲串友的百姓们，正在向城中走去。恰是攻城的大好时机。李世民大喊一声，带领四五百骑旋风一般冲向城门。

城门处立时炸了窝。回城的百姓们像没头苍蝇一般，你拥我挤地向城内拥去。年轻力壮的拥上了吊桥，老人、妇女和孩子们却被挤到了一边，有的被踩倒在地，有的掉进了护城河里，哭喊之声惊天动地。城上的守军管不了这么多，正在不顾一切地绞动缆绳，要收起吊桥。一个年轻的妇人怀里抱着孩子，紧张地站在护城河边，睁大了泪眼看着飞驰而来的骑兵，正在迟疑是否投河自尽。看着这惨不忍睹的一幕，李世民心里猛地一缩：自己的马队一旦冲过去，这数百名百姓不分老幼，都会立时死于乱刀、马蹄之下。

唐太宗李世民传

李世民立马收住缰绳，以长剑指着城上的守军，高声喝道："城上听着，为了城外这些无辜百姓免遭屠戮，本将军今日暂不攻城。明日一早，大军围城，告诉高德儒，叫他好生守护。"

第二天早晨，天刚微亮，大军云集城外。随着一声响亮的号炮声，千军万马像潮水一般涌到城下。雷永吉带着他那帮弟兄们，居然打了赤膊，不要命地冲到了最前头。建成、世民兄弟身先士卒，冒着飞蝗流萤般的矢石，来回督战。将士们越过护城河，把云梯搭上城墙，奋勇攀缘。城上守军亦在拼死抵抗，滚木、礌石如瓢泼大雨一般纷纷坠落。

攻坚战如火如荼，紧张而又惨烈。攻守双方都杀红了眼，陷入了相持不下的胶着状态。正在此时，城东门轰隆隆打开，吊桥不知被谁放了下来。李世民以为城中要有人马杀出，正欲组织迎敌。不料城门处有人高举着白旗，大声呼喊着："唐军弟兄们快进城，我们反戈了。"

李建成、李世民大喜，率领骑兵将士，一马当先冲进了城去，然后扼守住城门、吊桥，指挥大队人马陆续进城。守城的兵士见唐军已大批拥进城来，大势已去，便纷纷缴械投降。李世民正指挥将士们前往郡衙搜捕郡丞高德儒，却有郡衙中的朱知谨前来求见。他一见到李世民，双膝跪下说："李将军救了我全家，大恩如同再造，朱某此生没齿不忘。"

李世民深感惊讶："我与先生素昧平生，何恩之有？"

原来，昨日那个抱着婴儿欲投河自尽的年轻妇女，正是朱知谨的妻子，怀中的婴儿，则是他不到两岁的儿子，也是他们朱家三代单传的一棵独苗。昨日妻子抱着儿子去城外二十里堡娘家，回来适逢唐军攻城。因怕遭乱兵侮辱，正打算投河自尽，以全名节。不料唐军因顾念百姓性命，停止攻城。回到家后，朱知谨的老父亲抱着小孙子放声大哭，要是这个小孙子死了，老人家也断不肯再活于世上。

晚间，老父亲对朱知谨说："唐公大军，乃为父平生未见过的仁义之师。隋朝气数已尽，你不能再愚昧无知。要设法在城中做内应，引义师入城。"

于是，朱知谨当天晚上便联络军民数百人，在唐军发起攻城后，突然斩杀东门守兵，大开城门……听朱知谨说明缘由，李世民深受震撼。民心不可违，得人心者得天下，真是至理名言。昨日一念之间下令收兵，不过是可怜那些手无寸铁的庶民百姓，何曾想到会凭空赚来一座城池，从而避免了多少将士的伤亡！

李世民随即下令，除了斩杀郡丞高德儒之外，不杀一人。郡中原有各级官佐，一律恢复原职。对城中百姓，不得有任何侵扰，要多加抚慰，让他们各复其业。远近百姓闻知，尽皆欢喜。城头易帜，城池易主，而郡中百姓竟如平时一样安然度日，没有丝毫的惊惧和恐慌。

李建成、李世民分拨一支人马驻守西河，然后率军回师太原。整个西河之役，连去带回总共才用了九天的时间。看着凯旋的儿子们，李渊喜不自胜，拍着同往参谋军事的温大有的肩膀说："西河之战的顺利，始料未及。如此用兵，虽横行天下可也。"

# 再次胜利　攻下霍邑

　　拔掉了西河这颗钉子，扫清了南下西进的第一道障碍，该是乘虚进兵关中，夺取长安，号令天下，向着建立新王朝的目标挺进的时候了。为此，李渊在下一步行动之前，开始组建和完善自己的政治、军事组织。

　　李渊首先建置大将军府，自任大将军。大将军府下辖三军：李建成为陇西公，左领军大都督，统率左三军；李世民为敦煌公，右领军大都督，统率右三军；李元吉为太原郡守，留守晋阳府。裴寂为长史，执掌军中所有文书；刘文静为军司马，执掌军务；唐俭、温大雅及其弟温大有为记室，同掌机密；武士彟为铠曹；刘政会、崔善为、张道源为户曹；姜暮为司功参军；长孙顺德、刘弘基、窦琮、王长谐、姜宝谊分别为左右统军、副统军。

　　在完善军政组织的同时，李渊还效法李密当年的做法，在太原大开粮仓，赈济贫民，以收拢人心。四近百姓欢欣异常，踊跃应募从军，数月之内，又增兵员三万余。

大业十三年七月，李渊亲率十万大军，誓师出征。太原百姓夹道相送，祈祷上苍庇佑，让唐公出师大捷，早定天下。

西取长安的进军路线是，沿汾河东岸南下，直捣潼关，然后再由潼关取道西进。而横亘于进军途中的第二道大障碍便是霍邑。霍邑北临汾水，东依霍山，形势十分险要。

此时守卫霍邑的，是以骁勇著称的隋朝虎牙郎将宋老生，部下拥有两万之众。同时，又有左武侯将军屈突通率三万人马驻守河东，与之遥相呼应。

当大军行至霍邑西北五十里的雀鼠谷一带，适逢天降大雨，雷鸣电闪，雨脚如麻，天空中阴云密布，像倒扣了一个黑锅，竟一连二十多天不肯放晴。

进军的路上，积水成坑，泥泞不堪，车马践踏，早就轧成了糨糊一般的淤泥。单人走在上面，两脚粘成了个泥疙瘩，一步一跋涉，十分吃力。而车马辎重，深陷于泥淖之中，根本无法前进。

唐军为大雨所困，只好在地形较高处安营扎寨，暂时滞留在这旷野之中，等待雨停天晴。然而，大军的给养已经不足，李渊派到太原增运粮草的队伍至今未归。

恰在此时，军中又悄悄地流传起一股谣言，说是刘武周联合突厥兵正在南下，意在乘虚攻取太原。一时军中人心惶惶，惊悸不安。是继续前进，还是回师太原，李渊有些举棋不定，便召集众将领至中军大帐议事。

大家坐稳之后，李渊说明意图，裴寂率先说："宋老生、屈突通联兵据险，我们很难迅速攻下霍邑。东面李密虽说口头上答应联合，但此人翻云覆雨，奸谋难测。近来军中又盛传突厥人与刘武周联兵南下，未知虚实。太原乃是一方都会，又是我军根本之地，义军家眷都在那里。依在下之见，不如先守住太原，以后再徐图大事。"

其他许多将领都纷纷附会裴寂，李渊也赞同裴寂等人的意见，打算暂时回太原。

只有李世民不同意，他急忙说："刘武周称帝之后，位极而自满，他暂时无力也无意南下。突厥人多疑而贪利，虽与刘武周勾结，不过是互相利用，内心却各有猜忌。那突厥人怎么可能近舍马邑而远图太原呢？刘武周深知此情，未必与之同谋。而且朝廷既听说我等起兵，正调兵遣将，纷纷赶至通往西京的路上。我若一鼓作气，挺进长安，则只有迎面的守军相拒。若是此时退兵，突厥人、刘武周反而会不谋而至，宋老生、屈突通也会追奔而来，我军必陷于首尾受敌、四面被围的窘境。进无所入，往无所之，害怕溺水却先被淹死，如此后果，让人不寒而栗。"

李建成、唐俭、长孙顺德等人极力赞同李世民之见，力主义无反顾，长驱西进。

见李渊多时沉吟不语，李世民又说："如今满山坡都是庄稼，不愁人马缺粮少草。李密在洛阳一带，既为隋军所牵制，又恋着宛洛一带的几个大粮仓。而宋老生此人，骁勇有余，却暴躁无谋，破之不难。是西进而成就霸业，还是退缩而身败名裂，在此一决。有人保家爱命，所以请归。儿等愿捐躯力战，鼓噪而前。还请父帅切勿犹豫，雨停之后，即发兵霍邑。儿等若不杀宋老生以取霍邑，情愿以死谢罪。"

尽管李世民说得慷慨激昂，口干舌焦，但老成持重的李渊，还是要以保住太原为根本。他认为裴寂说的有一点十分重要，那就是万千将士的家眷都在太原。至于李世民的话，虽说也有几分道理，但毕竟是初生牛犊不怕虎，凭着年轻人的热血，将复杂纷纭的战事看得太简单，勇气有余，而稳健不足。

李渊不再理会李世民和李建成他们，看看众人说："不要再争了，我意已决。今日傍晚，大军便拔寨回师。西取长安，也不在这一朝一夕，以后可慢慢图之。"

晚饭之后，雨势略减，但还在淅淅沥沥地下个不停。李建成的左军已陆续拔营，踏着泥泞，垂头丧气地向北迤逦而返。

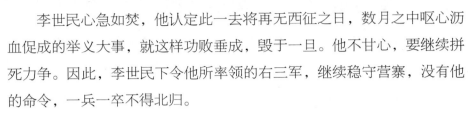

　　李世民心急如焚，他认定此一去将再无西征之日，数月之中呕心沥血促成的举义大事，就这样功败垂成，毁于一旦。他不甘心，要继续拼死力争。因此，李世民下令他所率领的右三军，继续稳守营寨，没有他的命令，一兵一卒不得北归。

　　当天夜里，李世民又来到了父亲李渊的营帐。李渊装睡不肯见他。李世民在帐外雨中徘徊，他想到这次撤军而去，不仅仅是举义大事将化为泡影，弄不好还会全军覆没，不禁乱箭穿心，失声痛哭起来。

　　李渊蒙眬中突然听到哭泣之声，故意问左右："是谁在帐外啼哭？"

　　"回唐公，二公子。"一个侍卫答道。

　　李渊大惊，霍地翻身坐了起来，让人把李世民召进帐来。

　　"男儿有泪不轻弹。汝身为大将，堂堂七尺须眉，因何事深更半夜在帐外哭泣？"

　　"孩儿一时情急，不能自抑，惊扰了父帅，还请恕罪。不过，我等为伸张大义发兵，义旗一举，万民翘盼，天下倾动。当此之时，只有勇往直前，攻战不停，才能有望成功。一旦退缩，则将士丧志，百姓寒心，四方打算前来归顺的义军也会望而却步，心灰意冷。到那时，我军兵士溃散于前，而敌军乘势追击于后，上天无路，入地无门，只能是死路一条。孩儿一念及此，怎么能不悲伤？"

　　听到这里，李渊似乎有所醒悟，不禁为之动容，说："大军已向北出发，如何是好？"

　　李世民马上接口道："孩儿所率右军未发。左军虽已开拔，想必所去不会太远，孩儿愿意快马追之。"

　　李渊看看儿子，叹口气说："我之成败，皆在于你。好吧，不必再说了，由你自行决断吧。"

　　李世民大喜过望，急忙辞别父亲，带上几个亲兵，快马加鞭，向北疾驰而去。

　　八月初一这天，一连下了二十多天的大雨终于停了。雨过天晴，将士们的心情也像这天气一样，阴霾顿消，清新愉悦。

李渊下令，让将士们晾晒铠甲行装，准备继续西进。正在此时，有人来报，刘文静从突厥出使归来，而且带来了一队突厥人马。

李渊大喜，急忙将刘文静接入帐中，详细询问他出使突厥的经过。刘文静此次出使，开始并不顺利。后来他利用突厥始毕可汗贪利嗜财的弱点，假意给出了一个肥美的钓饵，说："唐公许诺，等到与可汗兵马同入长安之后，百姓土地归唐公，而财帛金宝归突厥。"

始毕可汗果然满心欢喜，当即设宴款待刘文静。不仅答应不趁火打劫，而且还派大将康鞘利率领骑兵两千跟随刘文静同来参战，另外资助战马一千匹。

听刘文静说完，李渊大喜。立即接见康鞘利，好言抚慰，并派往右军，由李世民统一指挥。军中所传突厥人联合刘武周进攻太原的谣言不攻自破。

八月初三凌晨，乘着漫天大雾，李渊率领大队人马，从东南山小路进军，神速地出现在霍邑城下，在城东五六里处安营扎寨。

霍邑临山傍水，易守难攻。宋老生采取坚守不出的战略，唐军又缺乏攻城战具，若是久攻不下，长期拖延在这里，不能迅速西进，对唐军将极为不利。

李渊对此深为忧虑。李世民献计道："宋老生勇而无谋，以轻骑挑衅他们，他自会出战。只要将这条老蛇引出洞来，再截断其后路，则杀之不难。"

李渊说："你说得不错，前些日子我们被大雨困在雀鼠谷，他不知乘势出兵偷袭，坐失良机，可见也并非什么大将之才。不过，他毕竟带兵多年，有些战守经验，只凭激将之法，他未必上当。"

李世民道："此事我已思虑再三，我们可先放出谣言，就说宋老生与我军早有勾结，因此不肯出兵截击，眼看着放我们挺进关中。他当然知道杨广性好疑忌，害怕下属参奏他通敌，朝廷治他叛乱之罪。到那时，看他还能坐得住？"

李世民刚刚说完，李渊连连点头："这倒是一条妙计，可以一试。"

当天晚上，李世民挑选了数十名弓弩手，将写着谣言的书札绑在箭杆上，从四面八方射入城中。

第二天，霍邑城中果然谣言四起，军民们一传十、十传百，都说主将宋老生已生叛逆之心，暗中勾结唐军，顿时人心大乱。

宋老生听了这些谣传，气得暴跳如雷。正在此时，李世民、李建成带领大队人马，从城下大路上招摇西行。李世民在马上向城头守军拱手说："多谢宋老将军借道之美意。他日攻克长安，另立新主，我李世民定会为将军请立头功。"

宋老生正站在城上瞭阵，闻听此言，顿时勃然大怒：这小子太轻狂！他决意亲自领兵出战，杀杀唐军的气焰。更重要的是，他已经被逼上悬崖，必须大杀一阵，才能洗清自己"通敌"的罪名，即使兵败，也能落个清白之身。于是，宋老生命人打开城门，亲率三万人马，倾巢而出。

这时，李渊在城东列阵，将士们高声叫骂。宋老生挺枪纵马，指挥大军掩杀过去。双方交战不久，李渊下令收缩阵地，宋老生误以为唐军败退，率队紧追不舍。

趁此机会，李世民、李建成引领西去的大军，急速回师，直逼城下，先占领了东门和南门外的高地，截断了宋老生的退路。

李世民挥舞双刀，两腿轻轻拍打马腹，一阵风似的从背后杀入了隋军阵地，将士们见主将如此神勇，各个奋勇争先，以一当十，隋军后队登时大乱。李世民命令将士们大声呼喊："已生擒宋老生！""宋老生已成战俘，隋军弟兄们不要再抵抗了！"隋军将士们听说主帅已被生擒，也不知是真是假，一时人心惶惶，争相向城门处奔去。

李世民、李建成的军队早已守候在城门处，见溃军如一窝蜂似的乱糟糟蜂拥而来，便抖擞起十分精神，奋力斩杀。

宋老生见三万人马霎时溃散，变成了无法控制的散兵游勇。孤掌难鸣，只好打马向城中奔去。但见城门紧闭，又有唐军在外，只好向西落荒而逃。此时，城上守军看到主帅，连声大呼，并从城头上放下一条绳索。宋老生连忙扔掉马匹，奔至墙下，双手挽住绳索，噌噌噌向上攀登，眼看就要登上城头女儿墙的洞口。

唐军中有人惊呼："莫放跑了宋老生！"

李世民见状，一面取弓搭箭，一面拍马向前冲去。在战马扬开四蹄、风驰电掣般的狂奔之中，一支长箭飞射而去，不偏不倚，正中宋老生后颈。"好箭法！""李将军神箭！"唐军将士亲眼看到这精彩的一幕，禁不住齐声欢呼。

此刻，暮色降临，城头上守军的面孔变得模糊起来。数十只昏黄暗淡的灯笼陆续点亮，在晚风中有气无力地晃动着，像守城的隋军一样无精打采。李渊下令乘胜登城。军头雷永吉口咬短刀，冒着不断飞来的流矢，第一个登上城头，他挥刀奋力砍斫，连杀数人。已经没有了主帅的守城隋军群龙无首，还能有什么斗志？至此便一哄而散。

唐太宗李世民传

雷永吉带领弟兄们飞快地跑下城墙，打开南门，放下吊桥，大队人马蜂拥而入。占领霍邑城，西征路上的又一大障碍被扫清了。霍邑大捷之后，李渊一面打开粮仓，分发给城中百姓；一面以库中金银绢帛，奖赏有功将士。

李世民在大军进与退的关键时刻，力排众议，据理力争，坚持南下西进，从而避免了战略决策上的一次重大失误，甚至可以说在生死存亡的关键时刻挽救了全军。对这一点，李渊和众位将领都十分清楚。论功行赏，李世民毋庸置疑当属头功。李渊下令，奖赏其黄金五百两。

众将领纷纷来贺，李世民淡淡一笑："攻城略地，冲锋陷阵，都是弟兄们冒死在前，没有他们，我李世民何功之有？霍邑大捷，是他们用血肉之躯换来的。"说罢，他把雷永吉叫来，将五百两黄金全部交给他，叮嘱道："你把这些黄金全部分给营中弟兄们。他们在这里打仗卖命，家中父母妻儿说不定还在忍饥挨饿。记住，特别是那些阵亡的弟兄，要给他们家中多捎带一些去。"

雷永吉手捧着黄金，忽然双膝跪下，嘴角哆嗦了许久，没说出一句话来，而一大串热泪，却从眼眶中急速地滚落下来……

# 各路军马围攻京城

霍邑大捷之后，唐军马不停蹄，乘胜南下，攻下临汾郡，接着又攻克绛郡。攻下绛郡的第二天，关中一股义军的首领孙华，率领一万人马带着大批辎重，前来归顺。

唐军此时已有十二万之众，声势大涨。兵精马肥，民心所向，正是一鼓作气，直下长安的大好时机。不料在这个关键时刻，李渊的属下将领们，却在是否攻打河东郡的问题上产生了严重的分歧。

河东郡依山傍水而建，城池异常坚固，眼下由隋朝左武侯将军屈突通率兵据守。屈突通乃是大隋王朝的名将，不仅骁勇异常，而且谋略过人。在霍邑被唐军围攻失陷的时候，他隔岸观火，不肯发一兵一卒前往救援，只坚守河东郡城以图自保。

李渊召集众将领商议对策，裴寂说："屈突通拥有精兵三四万之众，我们若不攻下此城，舍之而去，日后倘若进攻长安不克，前有朝廷大兵拒挡，后有屈突通率领河东之兵来援，将腹背受敌。以在下之见，不如先集中兵力，攻克河东，然后再挥师西进。长安依仗屈突通作为外援，屈突通一旦败亡，则长安必破无疑。况且，河东乃是重镇，若不攻克，如何扬我军威，让群雄来归？"

裴寂说完，众将领纷纷求战。自攻下霍邑城之后，唐军又连克临汾郡、绛郡，一路势如破竹，所向披靡。连续胜利已使将领们头脑发热，以为小小河东城可以轻取，都想趁热打铁，夺下河东，以绝后顾之忧。

李世民听众人说完，才说："众位将军欲攻打河东，心情原可理解，但眼下却不合时宜。兵法历来重视权变，而权变关键在于神速，所谓'兵贵神速'。我们的目标是攻取长安，现在正应挟屡胜之威，抚归顺之众，鼓行而西。若是为了一座河东小城，在此纠缠不休，坐费日月，士气丧失，必误了大事。况且关中一带，有无数豪杰义士无所归属，正盼着我们早日前往招抚。时日一久，也会离散。至于屈突通其人，并非隋朝的心腹之将，如今局促一隅，不过是为了保存实力，以观风向。倘若我进军顺利，攻克长安，他断不会继续与我为敌。以此来看，我大军渡河西进，直接攻入长安，陷入腹背受敌之境的可能性微乎其微。'功者难成易败，机者难遇易失'，当此之时，我等万万不可'失机'。"

唐太宗李世民传

李世民说完，刘文静、王长谐等人极表赞同，其余众将则一时默然。李渊认为李世民所言切中要害，且有胆有识，颇具兵家之战略眼光，他为儿子的越来越成熟感到骄傲。但是，为了以防万一，他还是决定听取双方面的意见，留下部分兵力，由姜宝谊、姜宝琮率领，作为偏师，继续围攻河东，牵制屈突通。而自己却与李建成、李世民，统率主力，渡过黄河，向西南进发。李世民的分析果然不错，唐军主力过河之后，屈突通带一万人马出城，假装进行追击，但是一遇到姜宝谊率军来战，便急忙缩进城去，坚守不出。

李渊率大军渡过黄河之后，向西南挺进，一路再未遭到什么像样的军队抵抗。九月中旬，大军抵达朝邑。李渊住进长春宫，下令兵分两路，以李世民所率领的西路为主力，从北、西、南三面包抄京师长安。

然后，再让李建成所率东路军西进，对长安形成合围之势。

李世民率军西下，一路攻城如拾草芥，各地官府纷纷献出城池。另外，分散于长安周围的那些大大小小的义军，听说李唐大军已到，也都望风归顺，每天都有数千人来降。其中规模较大的，有李仲文、何潘仁、向善志等股义军，皆一二万人不等，而且战马甲仗甚多，装备精良。这样，仅李世民所率西路军，数十日内便扩大至十三万人马。

占领泾阳、云阳、武功之后，李世民分兵据守，又亲率大军掉头向南，准备夺取周至和户县。这两座县城位于长安西南，对将来围攻占领长安至关重要。大军行至半路，忽见前面大道上尘土四起，旌旗飘动，人喊马嘶，一彪人马飞驰而来，迎头拦住去路。李世民大感意外，自入关中以来，还未碰上过一支敢于公然拦路交战的劲旅，这是从何处飞来的人马？正在迷惑，忽然听有人喊道："来者可是唐公李渊的队伍？"

长孙顺德马上粗声地回答道："正是。我们乃唐公麾下大将军李世民所率义师。汝等何方贼寇，还不赶快归降？！"

"二哥——是我，我来了！"随着一声银铃般的娇呼，一员银甲素袍的年轻将领，乘一匹如火团般的枣红骏马，从对面疾驰而来。

听了那一声十分耳熟的呼叫，李世民已猜到是谁来了。但他心中疑惑："怎么像妹妹的声音？她怎么会在这里？"

及至走到近前，李世民仔细看时，果然是三妹平阳公主。李世民慌忙下马，将小妹拥在怀里，激动得眼圈都有些发热。从小一块长大的亲兄妹，已经三年不曾见面了，想不到会在这种情况下久别重逢。

"妹子怎么会是这身装扮？这是哪儿来的人马？你这是要去哪里？"李世民忍不住连珠炮般地发问。

"二哥先别问这个，这事说起来话太长。父亲和大哥、四弟在哪里，他们可都好？"

"都好都好，小弟留守太原，父帅和大哥现都在进军途中。"

"二哥今日欲领兵何往？"

"奉父帅之命，前去攻占户县、周至。"

平阳公主嘻嘻笑道："杀鸡焉用牛刀。两座弹丸小城，何须劳烦二哥大驾？小妹已将它们拿下了，现在已经由我们的兵马据守。"

"真的？想不到小妹如此了得。几年未见，当年的小姑娘竟一跃而为巾帼英雄！"李世民大喜过望。

"二哥谬奖了。区区两座小城，连同这几万人马，就算是小妹送与父亲和哥哥的见面礼了。"

李世民欣喜地看看妹妹，再看看妹夫柴绍，三个人不禁同时大笑。周至、户县那边不用再去，李世民立即下令队伍转回武功，杀牛置酒，为妹妹庆功，为她带来的数万将士接风洗尘。

当天夜里，李世民与平阳公主、妹夫柴绍住进了他们李家建于武功的别馆里。对这座久违了的别馆，兄妹二人都有着十分特殊的感情，这里的一草一木，都留着他们孩提时代的记忆。二人漫步在别馆空旷的显得有些荒凉的院落里，前后左右，角角落落都转遍了。一面走，一面各自讲述着分别三年来特别是近大半年来的各种经历。

平阳公主十五岁时嫁给柴绍。不久，父亲李渊被任为河东、山西慰抚大使，带上家眷前往赴任。而平阳公主便与丈夫柴绍留居长安，一直过着平淡而又温馨的生活。今年春上，夫妻俩忽然接到父亲的密令，让他们夫妇火速离开长安，急赴太原。平阳公主知道父亲欲举大事，滞留长安万分危险，便急忙打点行装，准备乘夜出逃。

不料朝廷似乎闻到了什么气味，加上他们早就对李渊有所猜疑和戒备，先于他们逃离之前，在柴府周围安排了盯梢密探，对他们日夜监视，如发现逃跑迹象，立即予以逮捕。

一起出逃势必引起注意，在这种情况下，平阳公主当机立断地说："你应该赶紧离开，我是一个妇人，遇到危险容易躲藏起来，到那时自己会有办法的。"

于是，柴绍立即从小道直奔太原，而平阳公主则在后方进行安排。平阳公主本欲往太原与父亲相聚，但走了一天，她又折返回来。原来，此时李渊已在太原起兵，消息很快便传到了朝廷。东去的各个路口、关

唐太宗李世民传

卡，已接到朝廷公文，到处张贴画像，缉捕她与柴绍。李渊的其他亲属也在缉拿之列。无可奈何，平阳公主只好掉头往南，沿着山间小路向户县走去。户县有他们李家庄院和良田，这里熟人多，亲戚多，境内又有高山密林，利于藏身。回到户县之后，平阳公主将庄院和田产统统变卖，把所得银两一点儿不留，全部分发给当地民众。接着，便在深山中树起大旗，招募兵勇，响应远在太原起兵的父亲唐公。开始，她不过想聚集五六百人，与当地官府周旋，以求安身自保。不承想，大旗一树，户县苦难民众蜂拥而来，数月之内，便聚集了几万人马。当李渊率军西进的消息传来之后，平阳公主坐不住了。她想到户县乃是将来攻占长安的桥头堡，便想一举攻克县城，作为日后献给父亲的见面礼。

户县不过是一座普通的小城，又与京师相距咫尺，因此，守城的兵士并不多。以平阳公主麾下几万余众攻下此等弹丸小城，如泰山压卵，破之易如反掌。平阳公主派人进城，对县令晓以大义，于是不费一矢，不伤一兵一卒，顺利占领了户县县城。

不久，李渊堂弟，也就是李世民堂叔李神通，也在蓝田县举旗造反，聚集了近一万人马，率队来到户县与平阳公主会师。平阳公主与叔父合兵一处，足有三万余人。他们又攻下了周至县城，为唐公率大军围攻长安铺平道路。李渊主力渡过黄河进入关中后，他派柴绍带了几百骑兵去迎接平阳公主。

李世民与妹妹会师的第二天，李世民命长孙顺德、刘弘基、柴绍各率一支人马，分赴泾阳、周至和户县，严加据守。令叔父李神通、小妹平阳公主跟随自己的中军，共同守护武功。并派人向已开进长安故城的父亲通报军情，请示何日攻打长安。此时，大将殷开山已攻下扶风县城，唐军从北、西、南三面铁桶般地将长安死死围住。

李渊已探明，驻守河东隋军屈突通部陷入了东行不可、西归无路，正在犹豫的处境，已不足为虑，便下令李建成、刘文静留下部分人马把守潼关，选拔精兵移师西进，从而对长安形成了四面合围之势。

# 顺利拿下长安城

　　万事俱备，只欠东风。李渊作为三军主帅，正在仔细地选择、耐心地等待着发动总攻的最佳时机。而李世民已成了攻打长安之战的具体指挥者。在围困长安的二十万唐军之中，竟有十六万是李世民直接统率的部属。李世民丝毫不敢大意，每日驰驱于各个县城之间，督促诸将领们日夜操演兵马，突击训练攀登攻城之术，亲自检查各军所造攻城用的云梯、抛石车等战具。夙夜操劳，事必躬亲，脸颊明显地下陷，两只眼睛也熬得血红。

　　一天傍晚，李世民从扶风骑马赶回武功的中军大帐，浑身大汗如雨，口内干渴得像要冒烟。他匆匆忙忙地洗去了满脸的灰尘和钻进发际、眉毛、胡楂儿中的泥沙，坐下来正要喝茶，却见已成为他贴身侍卫的雷永吉进来禀报："将军，军门外有人想见您。"

　　"让他进来就是了。"

　　"他不肯，指名道姓要将军到军门外迎接。"

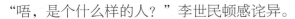

"唔，是个什么样的人？"李世民顿感诧异。

"看样子四十多岁，像个教书的学究。"

"你没问他叫什么名字？"

"问了，他不肯说，只说姓房。"

"啊呀，是他！你怎么不早说？走走走，快去迎接。"

李世民疾步趋至军门，便见一个中年男人站在外边，不时地缓缓踱步。李世民一边走一边仔细地打量着他，只见此人约四十六七岁的样子，黄面皮，黑胡须，两道淡眉下，一双不大的眼睛黑白分明，整个人于精干中透着沉稳老练。

见李世民走出军门，那人方迎上前来，略施一揖说："在下房玄龄，一介布衣，却必欲将军枉驾出迎，未免有失狂狷。将军果然迎出军门，足见折节下士之诚，房某不虚此行了。"

李世民慌忙还礼笑道："世民久慕先生大名，如雷贯耳。先生风尘仆仆，远道而来，世民后生，走这几步路算得什么？只因事先不知，未能远迎，尚祈先生恕罪。"说罢，上前挽住房玄龄的手，将他热情邀请至中军大帐。

李世民说的都是心里话。自进关中之后，他在征战余暇，把大部分精力都用在访求高人贤士上，以充实自己的幕府。房玄龄这个名字，已不知听多少人说起过，只是无缘相见。李世民曾派人四处探访，终不得遇，想不到今日他能主动来访。李世民顾不上喝水，当即迎出，并命人准备酒宴为房玄龄接风。酒席结束，两个人一边品茶，一边畅谈。

"先生不辞劳苦，亲自至军中造访，必有奇策授于我，还请不吝赐教。"李世民开门见山，看看房玄龄，态度虔诚地说。

"将军率仁义之师入关，威名布于四远。玄龄慕名而来，说奇策妙计谈不上，心中倒是有个不小的疑团求教于将军。"房玄龄也不绕圈子，开口便直奔主题。

"先生请直道其详。"

"贵军号称二十万，四面围定京师已逾旬日。长安守军老弱病残，

父子起兵

城中百姓与朝廷离心离德，期盼义师入城如大旱之望云霓。贵军欲破此城，如秋风振槁叶，唾手可得。不知为何迟疑不发，至今不肯攻城？"

"先生是问这事。在下也颇为着急，已多次催促父帅发兵攻城。但父帅总说时机未到，要再等一等。半月来，多次派人至城下，晓谕守城军士，义军志在'尊隋夹辅'，立代王杨侑为帝，并无攘夺大隋江山之意。想让城里代王等主动打开城门，城内至今并无动静，以此延误时日，迟迟未能攻城。"

房玄龄笑道："唐公之意，明眼人一看便知，无非是要证明大军在太原举义时所言'尊隋夹辅'之意不虚，借以向内外上下各地各类人士显示，他在实实在在地履行自己的诺言，并无窥视神器，南面称尊之心，从而利用朝廷的名义，达到服人心、安天下之目的。就一般情形而言，令尊的想法和做法，也不失老到深远。因为夺取京师不难，要坐稳京师，收揽天下人心殊非易事。能够不战而下人之城，和平进军长安，尽量保持朝廷各有司稳定有序，以免进城后陷入混乱，这自然是上上之策……"

房玄龄看看李世民，见他听得颇为认真，喝口水润润喉咙，微微一笑道："将军不要嫌弃在下说话啰唆，房某见将军是旷达之人，待人至诚，今日愿意一吐为快。"

李世民急忙正色说："先生所云皆金玉之声，世民虽然费万金而难买。愿先生知无不言，直抒胸臆。"

房玄龄又说："恕在下冒昧直言，上策归上策，但时机不对。此时何时？群雄竞起逐鹿，谁甘心隋'鹿'落于汝父子之手？中原一带李密、窦建德，江淮的杜伏威、萧铣等且不说，他们离长安尚远。京师以北以西，又有多少逐鹿高手？梁师都据有复州朔方，国号为梁，北连突厥；李轨占领武威，保据河右；薛举、薛仁杲父子，以金城为首府，国号西秦。这些人都已称帝称王，哪个是省油的灯？而其中以薛举父子最为猖獗，早就盯上了长安这块肥肉，今日已有举兵东进的迹象。若是他的三十万大军狼奔豕突而来，试问贵军将何以应付？京师之西又是一片

唐
太
宗
李
世
民
传

血染尸横的战场，哪还有余力去夺取长安？攻城时机稍纵即逝，万不可再犹疑不决，还请将军三思。"

听到这里，李世民不禁击掌说："先生所言，恰好切中今日情势之要害，也正是我日夜忧虑之所在。不过，父帅固执己见，我与大哥多次苦劝，他都不为所动，如之奈何？"

见李世民心急火燎的样子，房玄龄稍一思索，断言说："文谏不行，何不武谏？"

一听"武谏"二字，李世民心中悚然一惊，疑惑地看看房玄龄。房玄龄冲他狡黠地一笑，又说："将军休要误会，在下所说'武谏'，对令尊毫无恶意，更非兵戎相见式的逼宫。"

"那该如何谏法？"

"将军麾下，甚多新近归附的山贼流寇，这些人大都是三辅一带的土著之民，又多为亡命之徒，对隋朝廷恨入骨髓，必欲亡之而后快，因而攻城心切，迫不及待。又编于义军不久，其野性未改……"

"妙计！好主意！"未等房玄龄说完，李世民已高兴地叫了起来，"先生的意思，是让这些新归附义军的军队，不遵军令，擅自强行攻城，以造成义军攻城的事实，使父帅箭在弦上，不得不发。这主意高明至极，对新归诸军，世民可以无力约束为托词，父帅也难以军法处置。他害怕一旦乱兵入城，滥杀无辜，玉石俱焚，既危及代王杨侑及隋帝七庙，又祸及百姓，从而有损他的清誉，坏了大事，必定下令大军攻城。"

房玄龄说："正是这个意思。将军聪慧过人，一点即破。"

李世民兴奋地从座椅上站了起来，在帐内来回踱步，顷刻说："好，这事就这么定了。另外尚欲请教先生，大军攻占京师之后，下步平复动乱，安定天下这盘大棋该如何走法？"

"先扫荡西北，稳住三辅，建立磐石砥柱般的强固后方。然后据关中富庶险要之地，厉兵秣马，养精蓄锐，徐观中原群雄恶斗。二虎相争，必有一伤。待彼竭我盈，可东出宛洛，南向江淮，一鼓而荡平天下。"房玄龄成竹在胸，随口答道。

这一见解与李渊父子的想法不谋而合。李世民暗暗庆幸自己初入关中这块藏龙卧虎之地，便遇上了一位张良式的高人奇才，忙说："当年孔明未出隆中，已熟思三分天下。如今先生隐居京畿，便谋定一统神州。父帅欲成就大事，今日得人矣。明天世民便向父帅举荐先生。"

房玄龄忙摇首说："将军谬奖了，玄龄草芥之人，怎敢与先哲古贤相比？再者，玄龄此来，只慕将军之名，何须惊扰唐公？良禽择木而栖，贤人择主而事。我虽非贤人，却只欲效力于将军麾下。"

李世民见他如此说，愈加高兴，便说："既如此，末将军中所有职位，任凭先生选取。"

房玄龄淡淡一笑："房某此次前来，非为谋取高官，只想略尽绵薄之力，助将军成就伟业。也是为借将军之德才福泽，一展自己平生抱负。我读书人出身，手无缚鸡之力，上马不能挽弓，下马不能挥戈，能在将军幕府中做个宾客足矣。"

唐太宗李世民传

李世民略一思索，说："也好，那就先委屈先生做个记室参军。此后军中大小事宜，世民也好旦夕讨教。"

当天晚上，李世民命人在帐中另置一木床，两人相对而卧，继续畅谈。

"自古以来，人才是成就大业之根本。先生交游广泛，往来尽是鸿儒，还请多多招揽天下名士。"

房玄龄爽朗地大笑起来："这正是我想对将军说的话。以后大军每攻克一城，收复一地，自有玄龄为将军招贤纳士。此来以前，我已联络了一批贤能之人，估计明天便可到达军中。"

这样，两个人你一句我一句，越说越投机，都有相见恨晚之感。不知不觉之中，帐外天已大亮。次日下午，果然有冠氏县令于志宁、安养县尉颜师古等一批饱学之士，因受房玄龄之约，如期来投，李世民喜不自胜。更让他感到高兴的是，他的妻兄长孙无忌即最早参加举义的长孙顺德的族侄，也于这天前来投靠。李世民知道，房玄龄举荐的人物，绝无凡夫俗子。而他妻子长孙氏的这位胞兄，更是一位熟读经史、颇具才略的人物，以后必成为自己的重要臂膀。

在李世民的秘密授意下，两三天之后，便有十几股最近来投的关中群雄，不经允准，开始擅自攻打长安。京城四周，李唐义军的大旗到处飘扬，云梯高架，钲鼓阵阵。将士们前赴后继，奋力攀登，喊杀之声此伏彼起，震耳欲聋。其他各军受其影响，也都按捺不住，准备攻城。

大火已经燃起，谁也休想将它扑灭。李世民匆匆忙忙来见父亲，进门便焦急地喊道："父帅，我大军自太原起兵以来，长驱直入，所过之地，罕有经宿不破之城。今至京师，反迟疑不前。若延误战机，新附之人将在暗中轻视我太原之兵，更何况他们不听将令，已各自先行登城。倘若长安被他们率先攻破，这些毫无军纪可言的山野之人，烧杀掳掠无所不为，到那时我等将如之奈何？"

李渊虽然很不高兴，但事已如此，也无法可想了，于是便说："劲弩长戟，我岂能不许用之？所以暂不攻城，不过是想让内外共知我之初衷，以安天下人心。既然我的计划已被打破，那就通知各军，准备攻城。但是，"说到这里，李渊变得声色俱厉，"汝兄弟及各军将领，都须严令部属，破城之日，对隋帝七庙、代王杨侑及宗室亲属，不得有丝毫惊犯，对城中庶民百姓不能有半点侵扰。有违令者不管是太原兵马还是新附诸军，我必杀他以正军纪！"

十一月九日拂晓，北风凛冽，严霜如雪，二十万大军如汹涌的潮水，奔腾喧豗，四面合围，将长安城团团困住，大规模的攻坚战终于拉开了序幕。此时的隋都长安，内无劲旅，外无援师，就像滔天大波中的一艘破船，随时都有沉没的危险。

十一月十二日，唐军顺利攻破长安，守城将士纷纷投降。二十万义军列队入城，井然有序。长安城中的百姓们，将酒食果品排满大街两侧，载歌载舞，迎接义军入城。京师刚破，有许多大事等着李世民去处理。他先派人到处张贴告示，安抚城内士庶民众，各安其业，切勿惊恐。店铺酒楼茶肆歌榭皆可照常营业，城内秩序很快恢复正常。

李世民率领部下，进入皇宫，下令严禁掳掠哄抢，违者格杀勿论。他命长孙顺德率领一部人马，迅速前去封存和警戒朝廷府库，命刘弘基率兵查封图书典籍，让妻兄长孙无忌带兵戒严东宫，让刘文静、裴寂晓谕留在长安的朝廷百官，各自在家听命，不得藏匿逃奔。一切安置妥当之后，李世民与李建成骑马来到城外，亲迎父帅李渊入城。李渊的大将军府临时设立于长乐宫，他住在这里，夜以继日地处置政权交替的各种大事。大军顺利进城，百姓们热情拥戴，市井秩序迅速稳定，朝廷的各级官员也渐渐安下心来，由惊恐失措、徘徊观望到主动合作，这些都出乎李渊的意料。

人心所向，大局已定。李渊下令将杨广的死党处死后，刚要宣布除此十余人之外，其他朝臣一律不再问罪，裴寂却来奏报，说是在京城之内意外地搜捕到了马邑郡丞李靖，请问如何处置。李渊不假思索，挥挥手道："斩！"

于是，李靖被戴上木枷铁镣，押上囚车，向朱雀桥大街驰去。李靖心中一阵冰凉，他看着大街上翘首观望的百姓，仰脸朝天，哈哈大笑，而后大声喊道："李渊自称兴义举兵，是为了平定暴乱，拯救万民，原来都是欺人之谈。今日大兵初入城，尚未立稳脚跟，便欲报私仇泄私愤以杀害壮士，如此之人，与暴君杨广何异？"

天缘凑巧，李世民恰在此时骑马路过这里，听了李靖的呼喊，急忙冲过去，横马拦住囚车，对押解囚车的士兵说："我乃唐公麾下大将李世民，汝等稍候，我这就去见唐公。没有我的命令，不得行刑。"

说完，让跟随自己的侍从雷永吉等人，持刀守住囚车，在马的屁股上猛加一鞭，箭射一般向长乐宫方向飞奔而去。他气喘吁吁来见父亲，尚未收住脚步，便大声说："父帅，李靖不能杀！他乃韩擒虎的外甥，文武双全的旷世奇才。上天赐予了此人，杀之实在可惜。"

李渊冷笑一声道："不错，李靖文韬武略，当世无双。我与他同朝为官多年，这些焉能不知？唯其如此，更必须杀他。"

李世民一惊，顿足说："方今狼烟未清，四海未定，正值用人之秋。千军易得，一将难求。如此奇才，一人可抵雄师百万。一刀下去，岂不是自毁长城？况且我等大业未竟，正欲广泛寻求贤能，今若挟私怨而杀了李靖，必令天下英雄寒心，名士却步。"

"你只知其一，不知其二。此人历来胸怀大志，桀骜不驯，今若纵之，他日倘若成为祸乱，将无人能制。"

"敢下海者自能降龙，敢上山者便能伏虎。孩儿不才，自信能收揽天下英雄而统御之。还望父帅赦免李靖一死，将其置于孩儿军中。"

见世民固请不止，李渊暗忖：起兵几个月来，世民的表现也确是卓尔不凡，以其德才，或许能降住李靖。当今用人之际，可先用之。以后若怀二志，再诛杀不迟。想到此处，便放缓了语气说："既如此，你可去传令赦免。不过，以后与其共事，可要时时当心。"

当李世民飞马赶回囚车处，早已汗流浃背。他满脸涨红，一头雾气，额角上挂着细碎的汗珠，刚下马便喊道："还不快打开囚车！"

李靖被取下木枷铁镣，腾身跳下囚车。李世民急忙上前，深深一揖道："在下李世民见过将军，得罪之处，还请将军原谅。"

李靖也还礼道："救命之恩，李靖谨记在心了。"说罢，转身便走。

李世民忙一把将他挽住，笑着说："将军慢走，请到在下府上一叙。"

李靖看李世民一副至诚至恳的表情，也便不再推辞。李世民与李靖来到他的临时府邸，房玄龄早已迎候在门首，见了他们，笑着说："恭喜将军又得奇人，从此更是如虎添翼了。"

李靖问道："此是何人？"

李世民道："这是新来的记室参军房玄龄。"

"啊呀，久仰大名，不想能在此相遇。"李靖惊喜地说，"如果我记得不错，先生该是齐州临淄人。天下有名的孝子，且聪慧机敏，博览经史，文章瞻富，又工于草隶。看来，公子府上可是人才济济啊。"

他们一边说着，一边来到客厅坐下。

房玄龄又对李世民说:"将军府上,今日是名流云集。这几日,我去乡下访得一位大贤,已为将军请来府上。"

"可是那位杜如晦先生?快请。"

"正是此人。"

房玄龄转身出去,不一会儿领来一位恂恂儒者。李世民看时,年约三十七八,身材颀长,面白髭黑,风采俊雅。

对这位杜如晦,李世民已听房玄龄多次举荐。他是京兆杜陵人,字克明。从小聪明绝伦,读书过目不忘,喜欢与人谈史论文,见解透辟,口若悬河。大业初年曾任滏阳县尉,处置各种复杂政务,举重若轻,剖断如流。后因痛恨朝政腐败昏暗,弃官不做,回到杜陵老家,务农为生。

大军进城之后,房玄龄不肯参与封金库、收图籍诸事,却向李世民请假,去乡下探访杜如晦,今日终得聚于一堂。

李世民一天之间竟得两位海内高人,其兴奋愉悦之情溢于言表,大声对下人们吩咐道:"准备盛宴,多上美酒,今日群贤毕至,高朋满座,我等要一醉方休。"

见他像个大孩子似的乐得手舞足蹈,李靖、房玄龄、杜如晦等人你看看我、我看看你,忍不住同时开怀大笑。落拓半生,终于碰上了这么一个爱才如命的伯乐,三个人都有一种欣逢知己的充实感。

不久,李渊率文武百官,恭请代王杨侑于大兴殿即皇帝位,是为隋恭帝,大赦天下,改大业十三年为义宁元年,尊杨广为太上皇。

同时,李渊自长乐宫入住皇城。恭帝降诏,特赐李渊为持黄钺、持节,委以大都督内外诸军事、尚书令、大丞相。以武德殿为大丞相府,改教称令,每日于虔化门视事。

李渊立即行使权力,封裴寂为丞相府长史,分管政务;刘文静为大司马,分管民事、军事。以李建成为唐王世子;李世民为京兆尹,秦国公;李元吉为齐国公。跟随李渊于太原起兵的元谋诸臣,都要加官晋爵。

# 建立唐朝

房玄龄说："薛举的西秦兵马号称三十万，其实有些虚张声势。除去分守秦州、枹罕等城的人马，此次进击扶风之兵马，能有十七八万就不错了。不过，西秦将士素来剽悍骁勇，薛举麾下又多有人才，此次决战，实在大意不得。"

"先生可知他那里有何许人才？"李世民赶紧问道。

"别人且不说他，只黄门侍郎褚亮，便是名噪西域的鸿儒大贤，不仅学贯古今，而且长于经略，也晓畅军事。辅佐薛举这样的人，真是太可惜了。"

# 大唐王朝正式诞生

　　大业十四年，骁果军在江都发动兵变，杨广被叛军杀害，标志着大隋王朝的彻底终结。这一消息不胫而走，迅速地传遍了神州大地的每一个角落。

　　李渊父子自从太原起兵之始，便打着拥立代王杨侑为帝的旗号。如今不同了，隋炀帝已死，该是脱下戏装，堂而皇之地登上那座璀璨夺目帝王宝座的时候了。

　　大业十四年五月十四日，恭帝下达禅位诏书。五月二十日，唐公李渊在长安太极殿正式登基，即皇帝位，是为高祖，国号称"唐"。历史终于翻开了崭新的一页，大唐王朝在风雷激荡的岁月里诞生了。

　　大唐王朝成立后，李渊立即分封群臣。李建成成为皇太子，李世民被封为尚书令、秦王。然而，这时大唐还远远没有实现天下一统，各路起义的枭雄们都在忙着称帝称王。神州大地上群雄并起的局面，已经演化成了万国林立的格局。

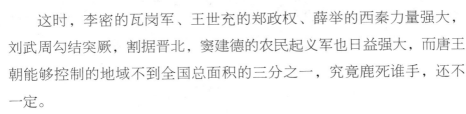

　　这时，李密的瓦岗军、王世充的郑政权、薛举的西秦力量强大，刘武周勾结突厥，割据晋北，窦建德的农民起义军也日益强大，而唐王朝能够控制的地域不到全国总面积的三分之一，究竟鹿死谁手，还不一定。

　　果然，高祖李渊的皇帝宝座还没有坐暖和，一个骇人听闻的警报便传入京师，薛举父子率领三十万大军，一举攻克扶风，正气势汹汹杀奔长安而来。薛举父子率兵马三十万，以飙风迅雷般的凶猛攻势，略定扶风，虎视长安，对于新生的大唐王朝形成了极为严重的威胁。

　　面对群雄逐鹿的局面，如何进行统一全国的战争？李世民认为，唐王朝最危险的敌人是来自西北的薛举、薛仁杲父子，他们野心勃勃，不断东进，对长安造成严重威胁，是刚刚立足关中的唐王朝的劲敌。因此，他主张先用兵西北，消灭薛氏父子，解除长安的西顾之忧，并进而控制西北，获得充足的战马、粮草等战略物资，然后转头向东挺进，进而夺取全国政权。最终，李渊采纳了李世民的主张，制定了先西后东的战略方针。

　　高祖李渊和秦王李世民以及朝臣中的有识之士，都清醒地认识到，能否彻底击败或消灭薛举父子这股军事势力，直接关系到李唐政权的生死存亡。对薛举这一仗，只能胜，不能败，必须打出新王朝所向无敌的威风，树立起一个能够力克群雄、抚定八方的新王朝形象，否则很可能成为众矢之的，遭到围攻。

　　高祖决定以秦王李世民为统兵大元帅，率领十五万大军前往拒敌。同时，派遣姜誉、窦轨率领一部人马，出散关前往安抚陇右一带；派从兄李孝恭前往招慰山南，张道源前往招慰山东各派势力。以剿抚并用的策略，来化解眼下的险恶局势。

　　秦王李世民在大军出发的前一夜，把房玄龄、杜如晦和李靖召至府中，详细询问薛举父子的有关情况，商定此次大战该如何打法，以确保知己知彼，一战胜之。

　　房玄龄说："薛举的西秦兵马号称三十万，其实有些虚张声势。除去分守秦州、枹罕等城的人马，此次进击扶风之兵马，能有十七八万就不错了。不过，西秦将士素来剽悍骁勇，薛举麾下又多有人才，此次决战，实在大意不得。"

"先生可知他那里有何许人才？"李世民赶紧问道。

"别人且不说他，只黄门侍郎褚亮，便是名噪西域的鸿儒大贤，不仅学贯古今，而且长于经略，也晓畅军事。辅佐薛举这样的人，真是太可惜了。"

李世民明白房玄龄的意思，对李靖说："他日灭了薛举，务必设法将此人召至府中。薛举父子的情况大致如此，依将军看来，这一仗我们该如何打法？"

"薛举此来，兵锋甚锐，风头正盛，我军不可与之正面争锋。硬碰硬的打法，其结果可能两败俱伤。《孙子兵法》说：'凡战者，以正合，以奇胜。'依在下之见，秦王可率主力以正兵当敌，与之两军对垒，堂堂列阵，取佯攻稳守之势，让薛举以为我军是在以常规战法与之交锋。在下愿率一支精锐，从西南深山密林之中，绕道秦军背后，以奇兵偷袭。待我从敌人背后发起攻击之时，秦王再挥师猛攻，前后夹击，使其首尾不能相顾，必能大获全胜。"

唐太宗李世民传

对李靖这种出奇制胜的打法，秦王李世民颇为称许，但却不无担心地说："西南一带崇山峻岭，自古并无人行之路，大军恐难以通过。"

"正因此处穿山越涧，道路险峻，有些地方连飞鸟猿猴都为之发愁，薛举才不会想到我军能从那里通过。至时大军化整为零，多带绳索、软梯，只要能临机设法，这世上没有走不通的路。"李靖显得十分自信。

"那好，就依将军所言。"

两天后，李世民带领屈突通、殷开山、长孙顺德、刘文静、史大奈等数员大将，率领十五万人马，浩浩荡荡向西进发。房玄龄、杜如晦也随中军襄理军务。

大军在扶风以东三十里处与薛举的西秦军相遇。这里是一片广袤开

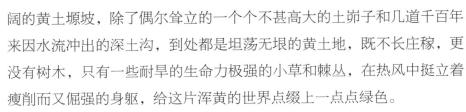

阔的黄土塬坡，除了偶尔耸立的一个个不甚高大的土峁子和几道千百年来因水流冲出的深土沟，到处都是坦荡无垠的黄土地，既不长庄稼，更没有树木，只有一些耐旱的生命力极强的小草和棘丛，在热风中挺立着瘦削而又倔强的身躯，给这片浑黄的世界点缀上一点点绿色。

这里是一个古老的战场，一个可供大兵团作战的天然战场。秦王李世民命大军在一条南北走向的，约有五六丈宽的大壕堑以东安营扎寨，分上、中、下三军，列成品字形金鼎阵，并在壕沟上面搭建了十几座临时木桥。进攻时人马可从桥上通过，拆桥后又可凭借着沟壑坚守。

每到深夜，秦王便派出数十股人马，去秦营袭扰，也不求必胜。得手时，便斩杀其有生力量，纵火焚烧其粮草。形势不利时，立即退回。等到秦军大兵追来，即以强弓大弩将其射退。

到了白天，薛举亲率人马前来挑战，要与唐军刀对刀、枪对枪，决一雌雄时，任凭他大呼小叫，骂不绝声，直喊得口干舌燥，秦王却深沟强栅，坚守营寨，拒不出战。

薛举父子只气得暴跳如雷，便率领三万人马强行攻寨。当秦军漫山遍野，如汹涌的海潮呼啸着卷来时，迎接他们的，是蝗群乱蜂、急风暴雨般的箭矢，只好后退。

两军如此相持了十日有余。秦军欲进不能，欲退不舍，不知道李世民葫芦里卖的是什么药。薛举正在狐疑之时，却收到秦王李世民以长箭射来的战书，约定五天后与之列阵决战。

在秦王率大军离开长安的当天夜里，李靖带领五千名精兵，也出了城南门，沿着一条向西南去的大道，轻装前进。这五千人都是从千军万马中仔细挑选的，几乎全是来自大山里的猎手或樵夫，一个个剽悍健壮，身手敏捷，攀山越岭如履平地。

距离秦王与薛举约定五日后的日子还有两天，秦军背后山头上有两股粗大浓重的烟柱冲天而起，这是李靖偷袭得手的暗号。接着，便听到薛举营帐中人喊马啸，杀声震天。

秦王立刻下令出击。顿时金鼓阵阵，号角齐鸣，十几万大唐兵马排山倒海一般向秦军营寨冲去。屈突通、殷开山、长孙顺德、史大奈等几员骁将，各都抖擞精神，从左、中、右三路出击。秦王李世民也是戴盔披甲，跃马挺枪，率先冲入了敌阵。

薛举开始听到自己的阵后杀声四起，以为是内部有人哗变，及发现是唐军兵马，心中纳闷，不知这股大唐兵马是从何处冒出来的，急忙组织人马四面包剿，指望在短时间内将他们一举歼灭。

但就在此时，却听到东面大河决堤似的一片杀声，李世民主力以泰山压顶之势冲杀过来。他知道自己已经腹背受敌，形势极为不利。但他毕竟是驰骋沙场、征战多年的老将，很快便镇定下来，与儿子薛仁杲分兵两线，前后拒战，拼命厮杀。然而，他的兵士们却没有这么镇定。

兵败如山倒，这种大规模溃乱的局势是任何人都休想阻挡和挽回的。薛举急忙收拢身边的将士，且战且退，父子二人带领这支残兵败将，向西北仓皇奔逃而去。

秦王李世民率大军乘胜追杀，见薛举父子向沙漠深处逃去，方才收兵。这一仗大获全胜，在胜利回京的路上，将士们兴高采烈，眉飞色舞。李靖、屈突通等几员大将，跟随在秦王身后，揽辔缓行，一个个也是面露喜色，踌躇满志。

秦王李世民骑在一匹青骢马上，与将士们说说笑笑，年轻英俊的脸上，透着一股无法掩饰的豪情和喜悦。这可是他有生以来第一次独立统兵打仗，仗打得如此漂亮，他怎能不为之自豪？当大军再次经过那片满地都是断剑残戟的战场时，他禁不住高声吟唱起来：

> 昔年怀壮气，提戈初仗节。
>
> 心随朗日高，志与秋霜洁。
>
> 移锋惊电起，转战长河决。
>
> 营碎落星沉，阵卷横云裂。
>
> 一挥氛沴静，再举鲸鲵灭。

唐太宗李世民传

看着主帅如此高兴，将士们也都不约而同地哈哈大笑。而那位西秦皇帝薛举，却被这一仗打得晕头转向，心胆俱碎。

薛举带着自己的残兵败将，没命地逃至西域之后，人马刚刚歇息下，便召集将领和谋臣议事，哭丧着脸问道："自古以来，可有天子投降敌国的事吗？"

显然，这位陇西天子在逃归的路上，已在盘算着是否向大唐投降称臣。黄门侍郎褚亮早就看出他们父子难以成就大业，便趁机说："这样的事古来便有。当年越帝赵佗归顺汉祖，蜀主刘禅仕于晋朝，不都是现成的故事吗？"

话音甫落，卫尉卿郝瑗却厉声说："皇上失局，不过一时之败。褚亮之言，又何悖也？昔年汉高祖屡经败绩，蜀先主曾亡妻失子，四处逃窜，战之胜败，何代无有？岂能一战不捷，便论亡国之计？"

几句话，立时又让薛举来了精神。他忙掩饰说："朕聊发此问，不过试卿等耳。"于是厚赏郝瑗，并从此引为谋主。重新搜罗集结散亡兵马，准备北联突厥，合纵兵力，进逼京师，以雪此战之仇。

就在秦王李世民于扶风大败薛举父子的同时，中原一带的各路豪强，也在进行相互火并的大混战。战争中受害的当然是广大百姓，他们都在期望和平的到来！

# 顺利地平定叛乱

秦王李世民在扶风大败薛举父子，解除了京师之危，为新诞生的大唐王朝赢得了一段极为宝贵的自我巩固和壮大的时间。他率领将士们班师回朝那天，唐高祖亲迎至皇城之外。对这位二十二岁的年轻将帅，满朝文武无不刮目相看，人皆称之为天生的兵家奇才，天赐大唐的国之柱石。

但是，李世民心里却十分清醒，来自西北的威胁并没有完全解除，薛举父子的残余势力，说不定哪一天还会死灰复燃，卷土重来。因此，当高祖李渊要置办盛宴，为秦王李世民庆功时，他婉言谢绝道："这一仗仅是击溃了西秦兵马，算不得大功告成。何时彻底歼灭薛举父子，荡平了西北各处势力，再庆功不迟。"

果不其然，三个月之后，逃至陇坻以西的薛举父子，又重新收罗招募了十几万人马。为了报扶风惨败的一箭之仇，以郝瑗为使前往突厥，与莫贺咄可汗密谋，欲联兵进攻长安。此时，幸有刘文静奉高祖之命出使突厥，偶然得知了这一密谋。他急忙求见莫贺咄可汗，痛陈利害，劝阻突厥出兵，从而使薛举北联突厥进攻长安的阴谋化为泡影。但薛举却不肯善罢甘休，就是单方面出兵，也要报上次兵败之仇。他以唐朝丰州总管张长逊进击他的部下宗罗睺为借口，率十万大军前来增援，驻扎于高墌城外。

秦王李世民再次奉命为帅，以殷开山和刚从突厥归来的刘文静副之，率十万大军前往迎击秦军。他率领军队进至高墌城东十里，即下令部队就地屯扎，命将士们深沟高垒，拒不出战。等到薛举师老兵疲，因缺粮而内乱之后，再一举歼之。可惜，恰在这个时候，秦王患了疟疾，病势来得凶猛。忽冷忽热，冷的时候，盖上三四床棉被，仍像掉在冰窟里似的瑟瑟发抖；热的时候，则像大火烘烤，汗如雨下。

临战得病，无可奈何，李世民只好把全军战事委托给殷开山和刘文静，并一再嘱咐道："薛举悬军深入，食少兵疲。若来挑战，慎勿应之，只宜坚守。待我病愈之后，与君等共破贼兵。"

从秦王的中军大帐出来后，殷开山对刘文静说："秦王考虑到我等临阵不能胜敌，故令坚壁不出。目下薛举贼子知秦王有病，必生轻慢之心，我若举兵应战，定能一战而胜。"

刘文静有些犹豫，他说："此事还是先禀知秦王，再作决断。"

殷开山却大笑道："刘公堂堂须眉，竟如此婆婆妈妈。大丈夫建功立业，此其时也。"

刘文静也是立功心切，被殷开山一激，便点头应允。第二天早晨，殷开山、刘文静带领大队人马，悄悄打开寨门，在高墌城南浅水原一带列阵挑战。

薛举见唐军终于咬钩，喜出望外，对左右说："天助我也，大仇今日可报。"立即大开城门，率领麾下步骑冲出城来。

这些日子，薛举一直在城南峡谷中隐蔽着一支人马，单等着唐军一旦出战，好前后夹击，聚而歼之，今日终于派上了用场。薛举指挥着千军万马，钲鼓阵阵，号角连天，呼啸着、呐喊着向唐军阵地猛冲猛打。

唐军也抖擞精神，奋力拼杀。战场上人喊马嘶，展开了一场惊心动魄的大混战。就在这时，忽听到山摇地动的一声火炮巨响，一彪人马从唐军的背后杀了出来，与薛举的大军遥相呼应，发疯似的向唐军冲来。

　　唐军腹背受敌，顿时大乱。殷开山做梦也没想到会被秦军的兵马夹了馅饼，一时蒙了。但他很快冷静下来，指挥着溃乱的人马迅速集中，慢慢地向刘文静所部靠拢。刘文静心如火焚，眼前这一仗败局已定，他现在最担心的是中军大营，秦王正在病中，若是西秦兵马分出一股前去劫营，秦王将危在旦夕。一念及此，他只觉得脊背一阵阵发凉，冷汗滚滚而下，连忙与殷开山合兵一处，不要命地向东北方向冲杀突围。

　　秦王李世民躺在病床上，一阵让他周身抖动的寒冷刚刚退去，心里又开始渐渐地燥热。这时，侍卫长雷永吉跌跌撞撞地奔了进来：“秦王，出大事了！”

唐太宗李世民传

　　“什么事，如此惊慌失措？”李世民拼力坐了起来，却感到一阵头晕目眩，险些又倒下去。

　　“殷开山、刘文静将军未遵照您的军令，擅自领兵出战。”

　　秦王脑袋“嗡”的一阵轰响，急忙问道：“多长时间了？”

　　“快一个时辰了。”

　　“为何不早来禀告？！”秦王暴雷般地怒吼道。

　　“末将也是刚刚得知。”

　　“快，骑快马前去传我将令，命他们立即回营！”

　　但是已经晚了。雷永吉刚跑到半路，便被刘文静、殷开山率领的残兵败将截了回来。刘文静满脸血污，殷开山左臂被刺了一枪，两人跟跟跄跄地来到中军大帐，扑通一声跪在秦王病榻前。刘文静拖着哭腔说：“末将不遵军令，擅自出兵，以致大败而归，请殿下治末将之罪。”

　　“人马损失多少？”秦王问道。

　　殷开山满脸羞愧，垂首答道：“八总管之兵全线溃败，士卒损失大半。刘弘基、李安远、慕容罗睺三位将军不幸被俘。”

　　秦王脸色变得煞白，痛苦地摇摇头，长叹一声说：“现在不是治罪

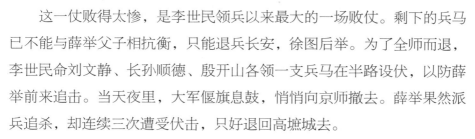

的时候，赶紧收拾兵马，固守营栅，严防薛举乘胜偷营。"

这一仗败得太惨，是李世民领兵以来最大的一场败仗。剩下的兵马已不能与薛举父子相抗衡，只能退兵长安，徐图后举。为了全师而退，李世民命刘文静、长孙顺德、殷开山各领一支兵马在半路设伏，以防薛举前来追击。当天夜里，大军偃旗息鼓，悄悄向京师撤去。薛举果然派兵追杀，却连续三次遭受伏击，只好退回高墌城去。

不料大军撤回不久，首辅宰相裴寂就狠狠地参了同为宰相的刘文静一本。他对高祖说："陛下，臣闻此次西征大败，将士伤亡惨重，皆因纳言刘文静不听主帅将令所致。这次惨败，长了薛氏的志气，丧了大唐的威风，对朝廷和京师臣民震动极大，应以律重治刘文静之罪。"

自从太原起兵以来，刘文静过关斩将，身先士卒，屡建大功。又两次出使突厥，在关键时刻阻止了突厥与薛举的连兵进犯，消除了来自北方的威胁，其功劳远远超过了裴寂。裴寂生怕有一天，自己的首辅之位会被他取而代之，因此，便抓住这次败仗大做文章，欲置刘文静于死地。

高祖李渊与裴寂私交甚笃，在许多事上都是言听计从，而对于刘文静，却总觉得他有些恃才孤傲，平日里对自己这个皇上不冷不热，只与秦王世民过从甚密，心里便有一种说不清楚的滋味。听了裴寂的参奏，也不问其他朝臣的意见，当即便降旨，将刘文静革职候审。

秦王李世民在府上养病，一听到这个消息，立即抱病前往后宫，见到高祖，施礼后急切问道："父皇缘何将文静革职？"

"他身为行军长史，不听主帅之令，造成大败，将其革职还不应该吗？"

听父皇那冰冷的口气，李世民感到心中一阵发凉，便据理力争道："儿臣是三军主帅，若要治罪，应先治儿臣之罪。刘文静、殷开山受儿臣委托，主掌军事，本就有权作出出击或固守的决定。虽然儿臣曾让他们坚守不出，但当时并未十分强调，这算不得不听将令。况且，刘文静乃是太原起兵的元谋功臣，起兵以来对我大唐忠心耿耿，功勋赫赫，因小过而施重罚，岂不寒了功臣将士之心？还望父皇收回成命。"

见李世民如此力争，大有不达目的誓不罢休之势，且他又是三军主帅，最了解情况的当事人，高祖沉吟良久，还是卖给秦王一个面子，下令将刘文静官复原职。就在秦王李世民兵败浅水原的同时，洛阳战场上的瓦岗军在与王世充的义军进行火并时，遭到了毁灭性的打击。面对危局，李密找来谋士魏徵商议。

魏徵说："今日一战，精锐大部丧亡，将无固守之志，士兵存不敢战之心。况且主公身边，如今不足一万人马，洛口弹丸小镇，又与东都近在咫尺，如何能守住？若等世勣、叔宝他们回师来援，远水救不了近火，我等怕早已全军覆没，都一块成了王世充的阶下之囚了。"

"依玄成之见，该如何是好？"李密问。

"主公，微臣以为，茫茫人海，自古以来能有几人为帝为王？人生在世，何必非要称孤道寡？若能辅佐贤主，做个良相名将，也可留名千古。如今趁还有一万兵马的血本，去关中归于唐主，以为晋见之资，日后或可有所作为。"

魏徵说完，众人也都附和称善。李密也知道这是唯一可行的出路，踌躇半日，才长出一口气道："罢罢罢，我李密一生不甘居人下，但天欲丧我，也无计可施。我等共赴长安，诸君谅也不失富贵。"

于是，李密检点剩余兵马，投靠唐朝。唐高祖李渊不胜欣喜，在中原各大军事势力中，瓦岗军是最强大最令他忧惧的一支，不料被王世充击溃，主动前来归顺称臣。当年起兵之初，父子们所定的"夺取关中，据险养威，徐观中原鹬蚌之争，以收渔人之利"的战略无疑是正确的，如今就要坐享其成了。对是否收留李密，高祖费了一番踌躇。此人才略可用，但又桀骜不驯。用好了，可成为国家之栋梁，治世之能臣；弄不好，则可能成为启乱之奸雄。不过，李密在中原苦心经营多年，影响巨大，河南、山东一带，他的旧日部下甚多，若将其收降，这些旧部多可招来为我所用，这对于将来收复中原乃至平定天下，都是十分有益的。

于是，高祖先差遣将军段志玄，带上三牲御酒，远道前往潼关，

唐太宗李世民传

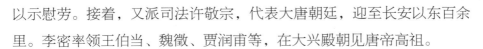

以示慰劳。接着，又派司法许敬宗，代表大唐朝廷，迎至长安以东百余里。李密率领王伯当、魏徵、贾润甫等，在大兴殿朝见唐帝高祖。

待众人退去，高祖却单独把魏徵留了下来，说："朕久闻先生大名，今日得见，堪慰平生。"

魏徵慌忙跪下道："臣草莽微末，一介布衣，万岁如此谬奖，令魏徵惶惧汗颜。"

高祖令魏徵平身，微笑着说："先生既归顺大唐，朕意请先生暂时去东宫，任太子洗马，不知先生意下如何？"

魏徵道："身入大唐，便是唐廷臣子，任凭陛下驱遣。微臣不才，愿意侍候东宫，竭尽驽钝，以辅佐太子殿下。"

原来，高祖如此安排，是太子李建成特意请求的。前一天，听说李密要来归降，太子中允王珪急忙去见李建成："太子殿下，臣听说李密即将归唐，不知殿下做何打算？"

李建成有些摸不着头脑，茫然问道："他来归顺便归顺，我朝从此少了一支劲敌，增了一万人马，仅此而已，我需做什么打算呢？"

"微臣的意思是，他随身带有无价之宝，殿下若不早取走，必为他人夺去。"

"哦，是何宝贝，和氏璧还是夜明珠？"李建成仍在懵懂之中。

"不，那些都是死宝，这是活宝，是人。有他辅佐，可保殿下日后创立千秋不朽之帝业。"

"你是指谁？莫非是魏徵？"

"正是此人。"

李建成一下子来了兴趣："对此人我也早有耳闻，但知之不详。他究竟是个什么样的人？"

王珪微微一笑，眼神渐渐变得深邃起来，慢慢说："天下大乱，英才辈出，但像魏徵这样的旷世奇才，实在是古今罕有的国之瑰宝。他是河南安阳人，幼时孤贫落拓，有大志。年轻时为了逃避乱世，曾出家当过道士，躲在清静的道观之中励志苦读，博览群书，精研经邦济世、治国安民之道，尤其擅长纵横之术。

"李密成了瓦岗军的首领之后，一个偶然机会看到了魏徵的文章，大加称赏，千方百计将其召至麾下。魏徵初入瓦岗，即进献谋夺天下之十策。李密对魏徵足不出户，却能纵论天下大势，精辟精到，剀切入理，感到十分惊奇。但不知什么原因，却始终没有采用。此后几年之中，魏徵在瓦岗军中一直未得重用。倘若李密不那么刚愎自用，稍微听一些魏徵的劝谏，也不至于落到今日的下场。

"如今，这样一位可遇而不可求的治世大贤送上门来了，殿下万不可掉以轻心，与其失之交臂。"

李建成知道，王珪所谓"若不早取走，必为他人夺去"，指的是他的二弟秦王李世民。确实，这几年来，李世民利用东征西战的便利条件，广收奇能之士，在他的幕府之中，像房玄龄、杜如晦、刘文静、李靖这样的文武奇才数不胜数，真个是人才济济。

唐太宗李世民传

李建成也懂得人才对于成就大业至关重要，但却不知如何网罗和网罗什么样的人才。经王珪及时提醒，他连连点头称是。当天夜里，他便入寓晋见父皇，要求将魏徵安置在东宫。

太子是国之储君，天下根本，自然应有第一流的人才随侍身边，好朝夕辅佐，高祖立即允其所请。这样，魏徵初入大唐，便成了东宫的人，做了太子洗马。表面上是为太子掌管图籍，实际上却是太子的主要谋士。后来，秦王李世民闻知此事，深恨自己因在病中，误了大事，为此而跺脚悔叹。

不过这个时候，李世民正在重病之中，又担心战场上的事，宫中的事他根本没时间去管。一个月前，薛举父子在浅水原大败唐军，薛仁杲又乘胜攻占了宁州，士气大振，人马激增。

薛举却在胜利之时忽然病死，他的儿子薛仁杲继位称帝。薛仁杲不仅力大无穷，勇猛善射，军中号称"万人敌"，而且极其暴虐残忍，令人闻其名而毛骨悚然。

继位之后的薛仁杲，愈加疯狂和猖獗。他攻城略地，横行于长安以西，先后击败了唐秦州总管窦轨，杀了唐泾州镇将刘感，诈取了唐陇州刺史常达，一时横行无忌，为患极大。但是，薛举死后，众将对薛仁杲各怀猜疑，大都离心离德。主要谋臣郝瑗，又因悲思薛举而卧病不起。西秦的力量其实已在走下坡路。

八月初，秦王李世民大病初愈，即上表奏请再次西征。八月十七日，高祖命李世民为西征大元帅，率大军前往征讨薛仁杲。不久，唐军进抵高墌城下，薛仁杲命大将宗罗睺将兵拒敌。这已是秦王李世民与薛秦军队的第三次交锋了。

宗罗睺屡屡挑战，在唐军寨外叫骂不绝。李世民仍然采用上次的战术，深沟高垒，坚壁不出。长孙顺德、史大奈、史万宝等一批唐军将领，一齐拥至中军大帐，纷纷请战。

李世民面色冷峻，扫了众人一眼说："我军新败，士气沮丧。贼恃胜而骄，有轻我之心，而士气正旺。目下只可闭垒以待之，养我军之气，挫贼军之志。待彼疲我奋，可一战而克。"

见众人都不作声，李世民略一沉思，突然抽出宝剑，厉声说："传我军令，自今日起，军中有敢言战者，斩！"

如此相持了六十多天，薛仁杲军中粮尽，人心浮动。一天傍晚，一队秦军直奔唐军寨栅而来。看守寨的将士们正欲放箭，却听对面一将领高声喊道："请禀知秦王，我乃西秦黄门侍郎褚亮，特带人马前来归降。"说着，众人纷纷下马，弃戈解甲，在寨外跪了一片。

李世民听说褚亮来了，大喜过望。这可是房玄龄向他举荐的人才，怠慢不得。他急忙迎至寨门，命将士们放他们入寨。原来是褚亮说服了薛仁杲麾下大将梁胡郎，率领近两万人前来投顺。

李世民把梁胡郎所率人马编入军中，与唐军一视同仁。将褚亮留于幕府，朝夕相伴。当天晚上与褚亮竟夕长谈，从而得知秦军粮罄水缺，兵士们已两天未吃一顿饱饭，有的则于夜深时偷偷宰马而食。

决战的时机已经成熟，秦王命行军总管梁实在浅水原安营诱敌。此时，宗罗睺军中不仅缺粮，而且已断水三天，此时万分焦急，求战心切，见唐军准备出战，心下大喜，急忙派出精锐，击鼓呐喊，猛攻浅水原唐营。

梁实所率领的仅是一小股人马，他按照秦王之令，据险固守，秦军屡攻不下，锐气受挫，军中上下愈加焦躁不安。次日凌晨，秦王李世民命右武侯大将军庞玉，率领五万大军在浅水原布阵，摆出了一副与秦军正面决战的架势。

宗罗睺见唐军主力出动，军中又遍插"李"字大旗，误以为秦王亲率大军来战，急忙集中全部兵力，倾巢出动，以排山倒海之势向唐军发起了总攻。

战场上杀声震天，金鼓齐鸣，黄尘滚滚，遮天蔽日。庞玉率军拼力厮杀，但敌众我寡，渐渐力绌难支。恰在此时，秦王李世民亲率劲旅，出其不意，从浅水原东北铺天盖地杀来。于是，战场形势马上逆转，一个表里相应、内外夹击的格局立时形成。

李靖、长孙顺德、史大奈、史万宝等一大批骁将，各率领一旅骤马驰入阵中，挥刀挺枪，奋力斫杀。李世民也亲率数万名精骑，呼啸着杀入敌阵深处。

秦军顿时大乱，士卒们成批连片地被杀死或砍伤，活着的早已失魂落魄，瞪着一双双惊恐的眼睛，东碰西撞地寻路逃跑。宗罗睺见败局已定，急忙收拾残兵败将，匆匆忙忙向折墌城退去。

李世民率领两千名骑兵，欲乘胜追击。其舅父窦轨大惊，拦住马头苦谏道："宗罗睺虽然败逃，尚有薛仁杲据守坚城，殿下以两千人马孤军深入，实在危险万分！秦王千金之体，岂能轻蹈险地？眼下未可轻进，请安兵以观之。"

李世民急切道："我也熟思良久，破竹之势，不可失也，舅勿复言。"说罢，双腿在马腹上一夹，提缰一抖，胯下青骢马箭射一般冲了出去。两千余骑风驰电掣，一直追至折墌城外。

薛仁杲已在城下列阵，等待收拢从浅水原败退下的士卒，准备合兵一处，与唐军决战。李世民不去攻城，却扼守住了泾水南岸，切断了宗罗睺败兵逃归折墌城的道路。

这些败兵本已是惊弓之鸟，好不容易逃回来，却猛然看到无数唐军横刀立马，一个个凶神恶煞似的阻断了去路，顿时魂飞魄散，哭爹喊娘地向南向西分散逃去。

薛仁杲见前线人马久不归来，心中恐惧，急忙引兵入城，闭门坚守。傍晚时分，唐军大队人马陆续赶到，渡过泾水，对折墌城展开了猛烈的围攻。

城内守军本来就少，此时更加人心浮动，谁还肯再为薛仁杲卖命守城？时至夜半，城门突然打开，先是内史令翟长孙率众来降，接着，又有薛仁杲的妹夫——左仆射钟俱仇率大队人马前来归顺。

天明之后，薛仁杲除了身边的数百名侍卫，几乎再无人马，折墌城已成了一座空城。薛仁杲无可奈何，只有投降一条路可走。他先是放回了前次大战中俘获的唐军将领刘弘基、李安远、慕容罗睺等人，随后大开城门，带领左右，亲自抵达唐军大营肉袒请降。

李世民率唐军开进折墌城，封存府库，检点人马。此次大胜，获精兵三万余，男女人口十万。大唐将领们纷纷向自己的统帅致贺。

史大奈问道："大王在浅水原一战而胜，马上舍去步兵，又无攻城战具，只率两千骑兵直抵城下。众人不仅认为不能克城，而且为大王捏了一把汗。而到头来，竟没费大劲儿就攻克折墌城，这究竟是什么缘故？"

秦王微笑道："秦将宗罗睺所率的将士，大都是陇西人。将领骁勇，士卒强悍。我军出其不意而攻破敌阵，但斩杀和俘获的人数并不多，若不急速进击，溃败的秦军会全部逃回折墌城。薛仁杲稍加安抚，再用其守城，我们要克折墌城就难得多了。今我急速进击，拦住归路，逼使秦军败兵散归陇西。折墌城得不到增援，城中兵弱，上下自然胆破，来不及谋划守城之策，这便是我们迅速克城的缘故。"

站在一旁的李靖，听了李世民一席话，不禁叹道："这些东西，可是历代兵书上都没有的。因事制宜，临机决断，秦王殿下可谓兵家天才。"

# 吊唁叛臣以获人心

　　正在李世民为平定薛秦而欢欣鼓舞的时候，却传来一个悲哀的消息，当朝宰相刘文静被杀。原来，李世民前次冒死阻挡，才将刘文静保了下来，但是这并没有消除高祖对刘文静的反感，更没有消除裴寂对刘文静的妒忌。最终，刘文静以谋逆篡国的莫须有罪名被处斩。秦王李世民剪灭了薛秦势力，率大军胜利回京的当天就听说了刘文静被杀的消息，他一时竟如五雷轰顶，被惊得面色煞白，脑袋里"嗡"的一震，顿觉天旋地转，险些跌倒。

　　这一夜，李世民平生第一次失眠了，战场上大获全胜的欣喜被荡涤得一干二净，满脑子里都是刘文静的面容和身影。刘文静会谋反？大唐初建，尚立足未稳，这可是他用全部心血，押上身家性命换取的新王朝，他有什么理由在这个时候谋反？简直是耸人听闻的天大笑话！

　　父皇为什么非要杀他？又专拣自己不在京师的时候杀他？难道仅仅是误信了裴寂的谗言？不，事情绝不会这么简单！那么，究竟是为了什么呢？刘文静可是自己多年来最信赖的亲信。想到这里，李世民只觉得全身一阵阵发冷。李世民想去找父皇理论，甚至想与父皇大吵一场。但转念一想，又觉得太没有意思。这样的事，永远说不清道不明，只能是彼此心中有数罢了。第二天下午，秦王李世民率领左右亲侍和几名家仆，带上香案祭品，径向城南刘文静的坟头走去。

房玄龄听说了，急匆匆地赶来，将秦王拦住，着急地问道："殿下可是要去祭祀刘公？"

"是，生前未见最后一面，死后总得烧些纸钱，以表本王之心。"李世民眼圈有些发红。

"殿下万万去不得，不可意气行事。"

"为什么？"

"文静可是圣上钦命处斩的，殿下去祭奠'谋反'之人，是要遭猜忌的。"

"这我知道，但我必须去。"

这一次轮到房玄龄诧异了："那，那又何必呢？"

"先生试想，文静最早与我在狱中密谋起兵，以后数年如一天，一直跟随我的左右，出生入死，浴血拼杀，刚刚打下这座江山，便惨遭不测。文静与我，情同手足，义同师徒，满朝文武、三军上下，谁人不知？如今他枉死九泉，我李世民却视而不见，麻木不仁，这还算个人吗？岂不令天下贤者寒心？以后，谁还肯与我相交？谁还愿意跟随我左右，与我同生共死？猜忌也罢，非议也罢，那是他们的事，祭祀亡灵我是非去不可。"

房玄龄顿时语塞，心里却被秦王的话烫得热辣辣的，有如此深情高义的知己，文静在九泉之下可以瞑目了。

见秦王转身欲走，房玄龄喃喃说："既然如此，老朽便随殿下同去，也为文静兄掬一炷香，化一道纸。"说着，双眼中已注满了热泪。

武德元年，在薛秦势力彻底土崩瓦解后，据有河西五郡的大凉皇帝李轨，也面临因内部矛盾重重而分崩离析的局面。户部尚书安修仁与兄长安修贵发动兵变，俘虏了李轨并押送长安，大凉国也告灭亡。荡平陇右，又抚定河西，关中已获得了进一步的安定。唐王朝统一天下的第二个战略目标，将是关东。太子洗马魏徵，对这步棋看得十分清楚。他立即上表高祖，自请前往关东招抚瓦岗旧部。徐世勣、秦叔宝、罗士信、程咬金等这些威震沙场的骁勇战将，仍拥兵自重，各据一方，正徘徊于十字路口，等待观望。

高祖早就等待李密出面，去招抚其部属。但李密却一直沉默不语，故意装聋作哑。现在魏徵主动请缨，虽然不如李密作为昔日旧主更有影响力，但以他平日的为人和善，想来也不会有大的闪失。于是高祖欣然准奏，命魏徵疾速动身，前往黎阳。魏徵刚刚出发没多久，李密却因为担心自己落一个刘文静的下场，带人叛逃，结果被高祖处死。

不久，魏徵带领着几名瓦岗骁将回到了长安。高祖早就知道，这四个人不仅在战场力敌万夫，威风八面，而且各个通晓兵书战策，深富韬略，将来可能成为大唐王朝的柱国之臣。高祖当即颁旨，封徐世勣为左武卫大将军、秦叔宝为右武卫大将军、程咬金为马步军总管、罗士信为虎翼大将军，王薄、尤俊达、祖君彦、柳周臣等皆封左右统军。为了对徐世勣加以笼络和羁縻，高祖还以其不仅带来数万人马，而且献上十几座城池和河南大片疆土为由，特赐其"李"姓。从此，徐世勣改姓李，为避讳李世民的"世"字，即称李勣。

众人谢恩毕，却没有陛辞出朝的意思。高祖正感到纳闷，便见太子洗马魏徵又伏地说："陛下，微臣尚有一事要奏。"

高祖笑道："魏爱卿有何事？尽管说来。"

魏徵道："古人云，为臣当忠，交友当义。魏公李密，虽说骄慢自矜，不听人劝，一败失势。归顺唐朝之后，封官赐爵，深蒙圣恩，不料复生逆志，叛逃被戮。但我等兄弟与魏公数载相依，不说君臣之义，也有朋友之情。伏乞陛下准允我等，将魏公以礼葬之，使生者安而死者慰，实陛下之鸿慈。"

高祖沉吟半晌，说："李密来归，朕视其为兄弟，先封其为邢国

唐太宗李世民传

公，本想待他招抚旧部之后，再封为王。不想他聪明一世，糊涂一时，竟然走此绝路，朕也为之痛惜不已。魏爱卿所请，皆在情理之中，朋友一场，原该如此，朕焉能不允？"

众人忙一齐跪下，谢皇上特恩。数日之后，魏徵请人在城南辟一墓场，择日为李密下葬。在长安，李密茕茕无一人，妻子儿女早在洛阳大败时失散，如今前来送葬的，也不过魏徵、李勣、秦叔宝、程咬金、罗士信他们，各带几名亲信，墓地中显得冷冷清清。见此情景，众人愈加悲凄，扶着李、王二人的棺椁，想着这些年出生入死、朝夕相伴的一幕幕往事，不觉放声大哭，泪如泉涌。

正在此时，却听见一阵杂乱的马蹄声传来，北面大道上黄尘飞扬，一队人马急驰而来。众人一时愕然，猜不透这是哪来的人马，待走近看时，众人都不禁大吃一惊，来者居然是秦王李世民，他已脱去平日官服，换穿了一袭暗龙纯素绫袍，腰间束条蓝田碧玉带，身边所带数百名甲士，皆着白衣白甲，一身缟素，都是往日瓦岗军的士卒。

以魏徵为首，人们一齐跪倒在地，魏徵说："秦王殿下何等身份，亲来吊祭，臣等旧主何以克当？"

李世民急忙滚鞍下马，将众位将领一一扶起，叹口气说："阴阳暌隔，生死茫茫，往日恩恩怨怨早已一笔勾销。世民所祭拜者，是叱咤风云的反隋义士魏公之英灵，有何不可？"

众人见李世民真心诚意，不好阻拦。秦王步至灵前，亲自举着香火，然后回到拜亭，向着灵位深深打躬揖拜。内心里却不禁想起了不久前被杀的刘文静，不禁心中一酸，坠下泪来。众人见状，一齐放声大哭，墓场内外，顿时哀号伏泣，哭声震天。

秦王李世民祭拜礼毕，对魏徵、李勣等人说："邢国公生前轰轰烈烈，今日丧事，也不可太过冷清。这三百名甲士，都是邢国公昔日的瓦岗兄弟，令他们留在这里，戴孝举哀，与汝等共成大礼。本王暂且告退，先行一步。"

李世民说完腾身上马。众人感激得连连点头，急忙跪地相送。

# 危难之际再度出征

　　关中局势基本稳定后，关东成为唐王朝统一天下的下一个目标。正当李渊计议这件事的时候，老家却出了大事。一直盘踞在太原以北各州郡的刘武周忽然起兵，剑锋直指太原。刘武周在勾结突厥举兵反隋，自称皇帝不久，便对太原暗怀觊觎之心。但那时李渊刚于太原起事，也在暗中联络突厥人，许诺攻占长安之后，金银玉帛归其所有，突厥人不允许刘武周发兵太原。作为突厥可汗的儿皇帝，刘武周自然不敢轻举妄动。

　　但两年多之后，事过境迁。突厥人从李唐那里该得的好处都得到了，要想再往外要金银玉帛，高祖李渊当然不肯任其摆布。历来以贪图眼前利益为特点的突厥人，便有些光火了，于是转而支持刘武周攻打太原。恰在这个时候，河北易州一带的民间武装宋金刚所率的一万多人马，被窦建德在一夜之间击溃，死伤逃亡大半，便只好带着所剩四千多人马来投奔刘武周。刘武周素知宋金刚善于用兵，见其来投，喜出望外，当即封为宋王，并委以军事重任。

　　不久，刘武周任命宋金刚为西南道大行台，率领五万人马，浩浩荡荡杀奔太原而来。李元吉经营太原这几年，既不设防，也不练兵，所辖各郡县皆兵备松弛，将骄兵惰，形同空城一般。宋金刚人不卸甲，马不解鞍，以摧枯拉朽之势，在数日之内，连克石州、平遥数城。与此同时，刘武周所率领的另一部人马，也顺利地攻陷了介州郡城。太原与榆次诸城近在咫尺，已处于刘武周大军的四面包围之中，情势万分危急。

　　消息很快传到长安，高祖马上派左卫大将军姜宝谊，太常少卿、行军总管李仲文前往救援。然而，不久就传来援军惨败、将帅被俘的消息，朝野为之震动。高祖本想再派秦王李世民前往讨伐刘武周，但又犹豫未决。一方面，李世民刚平定薛秦归来不久，鞍马劳顿，艰辛备尝，还没有很好地休整一下，不能每逢战事，便让他出征；另一方面，他担心李世民战功太大，居功自傲，难以驾驭。

　　正是基于这种更深层的思考，高祖想尽量不用世民。若是其他将帅能统兵前往，大获全胜，自然会分其功而抑其志，世民又能得以从容休整，岂不是两全其美？右仆射裴寂把高祖的心思揣摩得明明白白。他当即上奏，请求自任统帅平定刘武周。裴寂自有他的想法，他心里清楚，从太原起兵至今，自己只跟在高祖身边，并未建有尺寸军功。大唐初建，自己仅以高祖的宠信而骤登宰相高位，朝中诸臣未免心中不服。因此，他急于建立皇皇战功，改变一下朝臣们对自己的看法。

　　高祖立即降旨，以右仆射裴寂为晋州道行军总管，率师赶赴太原，并听以便宜从事。裴寂根本没有领兵能力，不久就被逼到了偏居西南的虞州、泰州的一隅之地，苟延残喘。至此，除了太原和西河之外，大唐的关东之地几乎全部失陷。龟缩在太原城内的齐王李元吉，早已经魂飞胆裂，手足无措。至夜半子时，点起三千精骑，带上妻妾子女和无数宝玩，悄悄打开城门，乘着漫天大雾，打马向京都长安飞驰而去。

　　刘武周、宋金刚合兵一处，准备在太原展开一场生死大战。没承想大军刚刚逼近城下，刘德威便率领左右亲信，大开城门投降。高祖李渊

建立唐朝

在此多年积蓄的人脉、财物均陷其手，百姓又陷入了生死劫难之中。供十年支用的粮仓和金帛廪库，皆被抢劫一空。潼关以东的大片疆土全部沦丧。刘武周得意扬扬地对宋金刚说："大唐兵将简直是泥人纸马，不堪一击。李渊还想扫平天下，一统神州，岂非白日做梦？"

作为大唐王朝的根据地和大后方，太原失守，不亚于后院起火。关中为之震骇，朝廷一片慌乱。高祖急忙召集群臣商议对策，说："刘武周依恃突厥之势，尽略我关东之地。朝廷两次派兵征讨，皆为贼所败。如今贼势大涨，眼看就要兵逼潼关，众爱卿以为该如何应对？"

左仆射封德彝、刑部尚书陈叔达、户部尚书萧瑀，都是隋朝旧臣，平日对处置政务、审理刑狱诸事，还算尽心尽力，也能驾轻就熟。但对于两军交战之事，却无言以对，只是默默地看着秦王李世民。新擢拔为兵部尚书的殷开山、老将屈突通等一班武将，早已义愤填膺，本欲请战，但见秦王没有开口，也只好你看看我、我看看你，静静地等待着。

唐太宗李世民传

大殿里一片难堪的沉默。秦王李世民平静地站在那里，一声不吭。父皇既然害怕自己战功太大，兵权太重，两次派兵都把自己晾在了一边，自己又何必急不可耐地去争功呢？他要等一等、看一看再说。这倒不是在有意与父皇赌气，更不是在国家危难之时看热闹。既然父皇已生猜忌之心，自己不能不尽量避嫌。见文武群臣都不说话，高祖心中一阵阵发冷。他有些后悔，也有点儿害怕。后悔的是，当初不该对儿子世民心存戒备，把裴寂这个庸才派往关东，导致了今日这种不可收拾的局面，也冷了儿子的心。害怕的是，秦王李世民看来已在事实上左右了整个朝廷，文武大臣都在唯他马首是瞻，看他的眼色行事。他不开口，竟无一人说话，其威望之高，影响之大，已出乎自己的意料。但是，这已经是无法改变的既成事实。冰冻三尺，非一日之寒，这种局面的形成，由来已久，自己这个当皇上的也已无力控制。

大唐王朝距离扫平中原群雄、一统华夏的目标还十分遥远，能担当此任者，非秦王莫属。用人不疑，疑人不用，自己既然必须依靠这个儿子打天下，就不该疑神疑鬼。但此时他不请战，自己一朝天子，怎么能求他出征呢？

想到这里，高祖不禁长长地叹了一声，神情黯然地说："贼势如此，难与争锋。既然众爱卿皆无良策，便只好放弃大河以东，我朝仅守关西之地算了。"

这就是说，高祖要与刘武周、宋金刚以潼关为界，来个东西分治。皇上一生争强好胜，雄才大略，可从来没有这么怯懦、沮丧过，臣僚们一片愕然。莫非皇上这就老了？秦王李世民明知道父皇这是在激将，但却不能不说话了。避嫌也要适可而止，缰绳不能拉断了，若是把关系弄得太僵，以后父子君臣将如何相处？

于是，李世民趋前一步，对高祖说："启禀父皇，儿臣以为，太原乃我朝王业之根基，国之根本；而河东历来水甘土沃，为富庶殷实之地，乃是京师所资。今若拱手让与刘贼，儿臣窃为愤恨。望父皇赐儿臣精兵三万，势必荡平贼寇，歼灭武周，收复汾、晋失地。"

李世民所说的道理大家都懂得，但是如果无力与人争锋，再鲜美的桃子，也只能眼睁睁地看着别人摘去。这下好了，李世民还是主动请缨了。高祖长舒一口气，笑着说："吾儿既肯出征，必能大获全胜。但三万兵马太少，可悉发关中之兵由你统领，朝中战将，也任汝挑选。"

李世民忙说："谢父皇恩准。但京畿重地，也不可无大兵戍守。儿臣最多只提八万人马，扫荡刘、宋足矣。"

武德二年十月二十日，高祖李渊率领朝中文武，亲至华阴，在长春宫前为李世民的东征大军送行。他亲手捧起一碗酒，送到李世民面前，感慨万千说："吾儿乃国之砥柱，大唐安危，在此一战，望二郎勉力为之。"说着，双眼竟变得有些潮润了。

秦王只觉一阵热浪从胸中滚过，急忙双膝跪地，接过酒碗，一饮而尽，说："父皇放心。儿臣离京之后，父皇要善自珍重，静候三军捷音。"

# 采取以守为战策略

武德二年十一月中旬，已是隆冬季节，秦王率大军来到黄河岸边。这一天朔风凛冽，彤云密布，漫天大雪如碎琼乱玉，洋洋洒洒，天地间一片银装素裹。昔日咆哮喧腾的黄河，早已结了一层厚厚的坚冰，变得驯服而又平静。李世民骑在马上，左右簇拥着李靖、李勣、秦叔宝、殷开山、程咬金、长孙顺德一班虎将，率领千军万马，履冰过河。到达黄河对岸，秦王命大军在柏壁安营扎寨，与宋金刚大军遥相对峙。

敌军新胜，士气正旺，李世民仍采用坚壁不战，以避其锋锐的战术。在此期间，他与李靖视察敌情归来，并马徐行。李世民问道："贼恃其众，来邀我战，将军以为我当如何应对？"

李靖答道："群贼锋不可当，易以计屈，难以力争。今深沟高垒，以挫其锋；乌合之众，莫能持久；粮运致竭，自当离散，可不战而擒。"

李世民笑着点头道："将军之意，暗与我合。"

在当时，"深沟高垒，以挫其锋"的策略，对于改变敌我形势和力量对比，无疑是正确的。但是，要较长时间地坚持这一策略，唐军自己也面临着粮草不继和柴薪缺乏的问题。黄河以东的州县已被刘武周的军队掠夺一空，所有官仓均无积谷。而当地的百姓害怕战事，早逃散一空，大军无处征粮，只能靠后方供应，但辗转运输，常出现不接济的时候，必须千方百计解决就地取粮的问题。

一天，唐军去山林中砍柴，无意中碰上了十几名百姓，误以为是敌军的暗探，便将他们带回了大营。

秦王亲自审问："汝等可是刘武周派出的坐探？"

十几个人慌忙跪下，一个个浑身哆嗦，却说不出话来。一个年轻的看了看李世民，突然挺身站了起来，气哼哼地说："我们都是普通百姓，祖祖辈辈种田吃饭，哪有什么坐探立探？"

"那为什么跑到深山老林里去？"

"还不是因为你们整日兵来匪去，为了保命，我们才离家逃难。"

"怎么都是青壮男丁，并无妇孺老人？"

"父母妻子都在深林山洞里，天降大雪，奇寒难耐，我等才拼死出来，想回家寻些衣被御寒。今日倒霉撞在你们手里，要杀就杀，何必多问？"

秦王的眼前，立时浮现出了一幅老人、孩子在冰天雪地里瑟瑟发抖的图景，心中恻然，忙弯腰将他们扶起来，说："看来是一场误会，委屈诸位了。"忙命人生火做饭，让这些人饱吃一顿，放他们回去。

接着，李世民让军士四处张贴告示，告诉附近百姓们，唐军绝不骚扰平民，让他们安心回家，以度寒冬。

百姓们听说是李世民担任统帅前来，知他带兵一向秋毫无犯，便扶老携幼，纷纷回家安居。一传十、十传百，由近至远，附近数县的村落，又很快便人烟繁盛如日。

时日已久，秦王再发布告，以双倍的价格向百姓们收籴余粮，公买公卖，全凭自愿。这些黎民百姓，家中有些多余的粮食，在刘武周大军寇掠时，都千方百计地转移匿藏了起来。如今能卖个好价钱，来年可再籴新谷，何乐而不为？因此，大家踊跃卖米，至者日多。

唐军的军粮得到了补充，可以放心地与敌军长期地对峙下去了。秦王命部属每日厉兵秣马，养精蓄锐，任凭宋金刚喊破喉咙地叫阵，只是不予理睬。一旦瞅准了时机，便令小股部队偷袭敌军，打得赢则打，打不赢就走，只以骚扰敌军，使其夜不安寝，一夕数惊为目的。

这样一直对峙相持了数月，宋金刚所部开始那种不可一世的锐气和势头渐渐消磨殆尽。

武德三年二月末，天气转暖，冰消雪融，天地之间开始荡漾着春天的气息。山阜塬坡上泛起了一片片的浅绿，沿河杨柳的万千枝条，变得轻柔而又光滑，在和风中欢快地摆动着。

这一天晴空万里，艳阳高照。一大早，秦王便带上四五个贴身近侍，离开大营，到对面的山头上去瞭望敌军。他觉得，经过这么长时间地相持，宋金刚的部队慢慢地懈怠松弛下来，两军决战的机会可能到来了。

李世民来到山下，他们下马步行，沿着一条弯弯曲曲的隐蔽小路，攀缘上山。爬上山顶最高处，秦王向东看去，见宋金刚的营盘与往常没有什么两样，寨栅周围岗哨林立，队伍出入井然有序。空旷的演兵场上，士卒们正在认真操练。他禁不住摇头叹息，这个宋金刚可谓治军有方，也算得上是个将才了。

李世民找了块断碑，坐下休息。四五个侍卫无事可做，便分散走到周围的山林中去采挖一些刚刚冒芽的可食的野菜。只有侍卫长雷永吉没有走，寸步不离地跟在秦王身边。

太阳已升得老高，晒在人身上，热烘烘、暖洋洋的，让人感到阳春季节的舒适和倦乏。不知什么时候，宋金刚的一支骑兵发现了秦王在这座山头上，正悄悄地从东、南、北三面包围过来。

李世民翻身跨上马背，与雷永吉飞马向西驰去。山路崎岖难行，刚跑了百余步，便被敌人追上了，情势万分危急。在这生死关头，忽听得

唐太宗李世民传

敌群背后杀声四起，两员唐朝将士带着几百名骑兵，以迅雷不及掩耳之势冲入了敌阵，且大声喊着："秦王勿慌，我等来了。"

见援军及时赶到，敌兵不敢恋战，急忙撤围而去。秦王看时，来将是左武卫大将军李勣和行军总管秦叔宝，便笑着说："适才好险，幸亏二位将军及时赶来。"

李勣却说："秦王乃金玉之体，又是三军主帅，不该轻易涉足危险之地。"

秦王面带歉疚说："今天是本王太大意了，险遭不测——哎，你们是怎么知道我在这里的？"

秦叔宝笑道："是秦王福大命大。我与李勣将军去中军大帐禀报军情，听说殿下已出来两个多时辰未归，因不放心，便带上轻骑赶来，却没料到殿下会遇此险情。"

回到中军大帐，李勣对秦王说："在我军与宋金刚相持期间，皇上在华阴发兵，攻打夏县。皇上以为夏县只是弹丸小城，守将吕崇茂所部又是新起事的乌合之众，可以轻取。不料吕崇茂却急向宋金刚求援。宋金刚派骁将尉迟敬德和副将寻相从浍州率军增援，我军表里受敌，遂致大败。孝基、怀恩、于筠、唐俭及行军总管刘世让皆被敌军俘获。今早有溃败的数十名我军将士逃到这里，我们才得知此情。"

秦王忙问道："这个尉迟敬德何许人，竟有如此本领？"

李勣道："此人武功精湛，骁勇绝伦，人说他于万马军中取上将首级，如探囊取物，并非妄谈。"

叔宝也说："我在江湖上久闻尉迟大名，不仅武功卓尔不群，乃当世一流，而且为人豪侠仗义，且处事粗中有细，确是个难得的将才。"

秦王沉吟半晌，忽然站了起来，两眼炯炯放光，像是自语，又像是问李、秦二人："尉迟敬德援救夏县，既然获胜，就必定要返回浍州，可是这样？"

"殿下估计得没错，他返回浍州是必然的。"叔宝说。

"从夏县回浍州，美良川是必经之路，这也没错吧？"

"没错。"李勣答道，心中不禁一动，他马上猜到了秦王的心思。暗想道：这个年轻的主帅，在仓促之间，竟能一下子想到这一层，可谓机变百出，鬼神莫测，怪不得能让那么多名将由衷折服。他试探着问道："殿下的意思，莫不是要在美良川设伏？"

　　"对！尉迟敬德刚获大胜，凯旋路上，必不设防。我们乘机打他个措手不及，定收全功。这次伏击，既是要挫挫宋金刚的锐气，更重要的是，要千方百计生擒尉迟敬德。千军易得，一将难求啊。"

　　于是，秦王立即调兵遣将，命令行军总管、右武卫将军秦叔宝和马步军总管程咬金率军万余，马衔枚，人噤声，于夜间悄悄赶往美良川，于密林壕堑中昼夜潜伏。三天之后，尉迟敬德、寻相率得胜大军，果然来到了美良川。正行进之间，突然听到一声炮响，无数的唐军从四面八方蜂拥而出，高声呐喊着冲了上来。

　　尉迟敬德的部众做梦也没想到，近半年坚壁不战的唐军会在这里设伏，顿时乱作一团，一面拼死抵抗，一面节节败退。尉迟敬德大吼一声杀了过来。秦叔宝挥舞双铜，程咬金抢动大斧，二人围住尉迟敬德，奋力迎战。三匹战马往来盘旋，脚下烟尘滚滚，头上刀光闪烁。一场惊心动魄的三人大战持续了半个时辰，难分胜负。

　　尉迟敬德今日遇上了劲敌，秦叔宝一双金铜舞得出神入化，已令他十分棘手，再加上程咬金一柄宣化大斧，又千钧之力、没头没脑地劈来，更让他感到吃力，看看难以取胜，不敢恋战，突然收槊拨马，往北逃去。此次伏击虽然大获全胜，但没有擒获尉迟敬德。秦王在欣喜之余，不免遗憾，对秦叔宝苦笑道："天不遂人愿，只好再待来日了。"

　　机会很快便来了。十几天以后，秦王得到消息，宋金刚又命尉迟敬德、寻相，带领五千人马，秘密前往蒲坂援助王行本。这一次，秦王留下李靖镇守大营，亲率三千轻骑，带上殷开山、秦叔宝、李勣、罗士信等将领，命令程咬金率步兵断后，抄近道前往安邑。

　　安邑是去蒲坂的必经之路，在这里设伏万无一失，秦王旧戏重演。这一仗打得更为漂亮，唐军伤亡极少，而尉迟敬德的五千人马几乎全部

唐太宗李世民传

082

被歼灭。尉迟敬德、寻相仅以身免，其部下将领皆成了俘虏。

殷开山欲下令将士们放箭，倘若万箭齐发，尉迟敬德纵使身生双翼，料也难以生还。但秦王果断地制止了他们。殷开山急切说："尉迟敬德已身陷死地，若纵而逸去，正如放虎归山，后患无穷。"

秦王叹口气道："正因是一只猛虎，本王才不忍杀他。将才难得，迟早有一天，我要将他收于帐下。"

唐军于美良川和安邑两次设伏，皆大获全胜，一时士气高涨，群情振奋。除李靖、李勣外，其余诸位将领一齐拥到中军大帐，慷慨请缨，要求与刘武周、宋金刚决战。

秦王李世民对众人耐心解释道："我两次小胜，并未重创敌军主力。金刚悬军深入，精兵猛将，皆聚于此。武周占据太原，以金刚为股肱。他们患在军无蓄积，仅以掳掠民众作为军资，利在速战，难以持久。我军最明智的选择，便是闭营养锐以挫其锋，分兵汾、隰，冲其心腹。诸位将军少安毋躁，且回营静心等待。我料用不了许久，敌军粮尽计穷，便会遁走。到那时，我挥师追击，将有的是杀敌立功的机会。"

就这样，一晃几个月就过去了。其间又有几场小胜，虽是小打小闹，但是积小胜为大胜。刘武周、宋金刚数次受挫，士气沮丧，军心开始涣散。他们千方百计寻找时机，想与唐军进行一场堂堂正正的大决战，秦王却置之不理。刘武周、宋金刚就像两头找不着攻击目标的饿虎，暴跳如雷，焦躁万分，却又无处发泄。这样一直耗到四月末，宋金刚军中粮草已尽，再也耗不下去了。

一天深夜，大雾弥漫，月黑星暗，宋金刚悄悄打开城门，引大军向北撤去。哨马探知，禀报秦王。秦王立即召集诸将，高兴地说："诸位久欲决战，如今反击的时机已经成熟，可全力追击，一鼓歼之。不过，宋金刚历来善于用兵，诸位要多加小心，谨防中其埋伏。"

于是，秦王李世民亲率大军，轻装疾进，火速追击。大军追至吕州，便追上了宋金刚的殿后之军寻相所部。大将李靖纵马挺枪，率领麾下轻骑，风驰电掣般突入敌阵。李靖那柄长枪，前后突刺，左右挑拨，舞得鬼愁神惊，有敢挡者，非伤即亡，顷刻便蹚出了一条血胡同。

寻相硬着头皮前来迎战，却哪里是李靖对手。交锋刚刚三五回合，便已手忙脚乱，头昏眼花。一不小心，马臀上被戳了一枪，再顾不得部属们，单枪匹马斜刺里向西北逃去。其部下士卒，见主将已逃，纷纷将刀枪扔在地上，跪地投降。

秦王命李孝基收编降兵，自率大军乘胜追击。一天一夜，竟然追出了二百多里。敌兵且战且退，一路上发生大小战斗数十次。追至高壁岭时，双方皆已疲惫不堪。刘弘基疾驰至秦王马前，双手抓住其马辔，苦苦劝谏道："大王连续破贼，追敌至此，功也足矣。像这样无止境地追下去，难道就不顾惜自己的身体吗？况且士卒们也都疲惫已极，还是在此暂且休憩，等到兵粮毕集，然后复进未晚。"

李世民早已大汗淋漓，脸上汗水掺着灰沙，像涂抹了一道道泥浆，只有两只眼睛还黑白分明。他大口喘着粗气高声说："宋金刚计穷而逃，众心离沮，功难成而易败，机难得而易失。我等闭垒半年，等待的就是这一天，必须乘势取之。若在此淹留，使敌人有了喘息之机，从容集结备战，再往攻杀，就难上加难了。我作为三军主帅，当竭忠为国，岂能只顾自身？"说罢，策马前进，继续追击。

三军将士见主帅如此身先士卒，还敢说什么疲劳饥饿？于是人人奋勇，各个争先，一直追至雀鼠谷，终于追上了敌军主力。

秦王对部属们说："半年之前，姜宝谊、李仲文所部，曾在此中了宋金刚的埋伏，惨遭失败，刘、宋由此而轻我大唐将士。今日在此一战，定要报仇雪耻，扬我军威。"说罢，下令击鼓猛进。一时金鼓大作，喊杀之声山呼海啸，直冲云霄。

李靖、李勣、程咬金、罗士信、殷开山、长孙顺德等六员大将各率领一彪人马，从四面八方向敌军冲去。

这一仗打得十分惨烈，从辰时直杀至未时，战场上烟尘滚滚，飞沙走石，真正是天昏地暗，日色无光。到红日西沉、落霞满天的时候，大战暂告平息，宋金刚率残部逃走。

# 胜利光复太原

夜幕降临了，新月如钩，凉风如清水般阵阵袭来，把大白天的燥热荡涤已尽。经过连日鏖战，已经疲惫不堪的大唐将士们，或坐或躺在这个仍然弥散着血腥味的战场上，却感到一种从没有过的轻松和舒适。

能够美美地睡上一觉多好啊！可是，谁也睡不着，肚子在不约而同地咕咕直叫。仔细想想，都快两天没有吃饭了，肚皮贴在后脊梁上，还怎么入睡？

秦王与将士们一样，也是两天没有进食，三夜没有解甲了。经历白天紧张激烈、惊心动魄的大战，人们都处在极度的亢奋之中，早忘记了饥饿。现在静下来了，却感到心里一阵阵发慌，身上直冒冷汗。

将士们追击敌军太急，运粮的队伍可能得明早才能赶到，看来又得饿一宿了。秦王看看身边那些和衣而卧的士卒，人人都在忍受着饥饿的煎熬，但谁也没有怨愤，谁也没发牢骚，都默默地静卧在那里，闭目养神。李世民心里突然升起了一种浓浓的歉疚感。

正在这时，李世民闻到了一股浓烈的扑鼻而来的肉香。抬头一看，侍卫长雷永吉与几个士卒兴高采烈地匆匆走来，在他面前放下了一个铁盆子，盆子里盛满了又鲜又嫩的熟肉，热气腾腾，香味四散。

秦王大喜，伸手从盆子里抓起了一块肉骨头，放到嘴边正要啃，却突然停下了："这是什么肉？"

"秦王，是羊肉，快趁热吃吧。"雷永吉不无得意地催促道。

"哪儿来的羊？"

"是从那边树林子里捡的。"

"就一只？"

"就这一只，怕是天老爷特意眷顾殿下您呢。"

秦王看了看手中那块肉骨头，恋恋不舍地放回了铁盆里，对雷永吉说："去，把肉放回大锅里，多加清水，大火猛煮，将士们一人一勺。"

唐太宗李世民传

"秦王，您是三军主帅，十几万人的主心骨，没有人和您攀比。"雷永吉苦劝着，声音有些发颤。

几个侍卫一齐跪下了："大王，这肉您该吃，哪怕就吃一块。"

"别说了，快去煮吧！"秦王变得声色俱厉。

浓香四溢的羊肉汤送到每一个士卒面前，每人只是一小勺，但是，他们却觉得像是饱餐了一顿山珍海味。唐军的临时宿营地里，突然腾起了"大唐朝万岁！""秦王殿下千岁，千千岁！"的欢呼声。

第二天，军粮运到。秦王与将士们美美地饱食一顿后，又整军向介休城追去。宋金刚从雀鼠谷逃到介休以后，麾下还有部众近两万人。见唐军追来，不禁气急败坏，决计在此决一死战。他率军出西门，背城列阵，南北长达七里有余。

秦王派大将李勣出战，宋金刚拍马舞刀，亲自迎敌。双方士卒也一齐出动，刀枪并举，剑戟往来，杀得难分难解。混战了约有一顿饭的工夫，李勣假装失败，率领部下向西溃逃，军旗、兵器扔了一路。

宋金刚不知是计，驱动大军穷追猛打，他要彻底消灭这股唐军，以泄胸中恶气。刚追出四五里路，突然听到杀声四起。秦王与李靖、秦叔宝、程咬金各率领一哨轻骑，从阵后四路杀出。马到之处，刀光剑影，血肉横飞，敌阵中一片鬼哭狼嚎。

跑在前面的李勣也及时掉头，从西面鼓噪呐喊着杀了回来。宋金刚的两万人马顷刻间被包了包子，四面受敌，陷入绝境。看看挣扎、反抗都是徒劳，许多人开始弃戈投降。宋金刚见大势已去，带领少数人马向西北仓皇逃走。

秦王率领骑兵，仍穷追不舍，一直追到张难堡。唐朝浩州原总管樊伯通、张德政在浩州陷落以后，逃至此处，一直据堡自守，在四面都是刘、宋军队的情况下，为大唐保留了这座孤城。

秦王进驻张难堡，开始休整兵马。这时，有人来报，宋金刚逃走之后，其部将尉迟敬德又收拾残余部众，据守介休城。这些日子，尉迟敬德这个名字，一直萦绕在秦王的心里，挥之不去。他觉得，现在该是将这员猛将收为己用的时候了。正在考虑着用什么办法收服他方为万全时，李勣前来求见，请求前往介休城，劝说尉迟敬德降唐。

按说，以李勣的足智多谋和随机应变，足以担当此任。但是，秦王却有些犹豫不决。两军交战时期，任何难以预料的事情都会发生，只身潜入虎穴狼窝，实在是太危险，一言不当或一事不慎，都会在转瞬间身首异处。他不能为了收服一员虎将，而赔上另一员虎将。

见秦王多时不说话，李勣似乎猜透了他的心思，忙笑着说："殿下不必犹疑。不入虎穴，焉得虎子？再说，尉迟敬德豪侠旷达、义薄云天，断不会杀害一个手无寸铁、毫无防备之力的说客。末将此去，纵使不能说服敬德来降，也必能全身而归。"

秦王觉得他说的有道理，但仍然有所顾虑："近日来他屡屡战败，肯定心绪不佳。将军千万不要用话激他，万一他恼羞成怒，后果将不堪设想。"

"秦王尽管放心，末将已反复思虑过了，此行定然万无一失。"

李勣于次日凌晨出发，单枪匹马来到介休城下。他未戴盔甲，只穿了一身布衫，头带幞巾，足穿麻鞋，完全是一个普通士子的打扮，身上未带任何兵器。

来到城门外，对城上守军拱拱手，高声说："烦请通禀尉迟将军，我叫李勣，奉秦王之命，特来面会将军。"

尉迟敬德听说来人不带一兵一卒，竟敢只身前来，便先有三分好感，就命人放他入城。李勣在介休州府的大堂上，见到了尉迟敬德。只见他高坐在正北的一把圈椅里，双目圆睁，虬须倒竖，紫棠色的方脸盘上像是阴了天。他旁边坐着寻相，大堂四壁站着三四名武士，都持刀仗剑，怒目相向。

李勣上前拱手施礼，说："在下李勣，见过尉迟将军。"

"什么在下在上，俺不耐烦这些俗套子。有话就直说，你可是来劝降的？"

"将军何必把话说得那么难听，秦王殿下乃是诚心邀请将军共图大业。"

"哼！说得好听，我将城池人马拱手相送，不是投降是什么？俺尉迟虽是个粗人，也懂得贞女不嫁二夫、忠臣不事二主的道理。俺虽是败军之将，最多不过一死，岂能投降你家主子？"

"将军此话差矣。人在太平之世，又逢仁德之君，自应忠心耿耿，不事二主。如今天下混乱至此，到处有人称王称帝。我等当初起事仓促，只要有举旗的便一哄而上，奋起响应，并没有选择的余地。古人云，良禽择木而栖，贤臣择主而事。几年混战，大浪淘沙，应世之主已脱颖而出，英雄豪杰竞相投奔，将军千万不可一误再误！"

"你所说的应世之主，莫非就是那个杀死你旧主李密的李渊吗？"坐在一旁的寻相突然插嘴抢白道，"李密倒是'择主而事'了，带着数万人马诚心投奔李渊，结果落了个乱箭穿身而死。亏你徐世勣还是个七尺须眉，堂堂江湖义士，不报旧主杀身之仇，却又事新主。朝秦暮楚、不忠不义之徒，还有脸来这里大言不惭地当说客，竟不知人间有'羞耻'二字！"

唐太宗李世民传

几句话说得太损，太尖酸刻薄，李勣只觉得胸中腾地冒起了一股怒火。但转而一想，寻相这是在有意激怒自己，不能中他的圈套，于是便强压住了火气。

李勣微微一笑道："不错，李密确是在下的瓦岗旧主。正是因为旧主归顺了大唐，在下与众弟兄们才步其后尘，也率军投往长安。但在下去迟了一步，魏公竟一时糊涂，叛逃被诛。在下与众家弟兄们冒死进谏，为魏公收尸厚葬，守坟哭灵，以尽臣节，何为不忠不义？"他看看寻相，见他一时哑言，便继续说，"说起魏公李密被杀一事，也实在怨不得大唐皇上。俗话说，向情向不得理。虽说李密是在下旧主，朝夕共处三年多，情同兄弟，但这事他做得太过鲁莽、荒谬。二位将军请想，归而复叛，斩关出逃，哪朝哪代的律法不是杀无赦之罪？更何况，魏公归顺唐朝之初，唐帝以礼相待，封官赐爵，晋位国公，可谓荣宠备至。而他却不念皇恩浩荡，翻云覆雨，做出此等谋逆之事，就是皇上能容，满朝文武岂能容得？大唐律条岂能容得？尽管魏公之死乃是咎由自取，但大唐皇上仍宽大为怀，准允瓦岗弟兄们为其盛办丧事，以国公之礼厚葬之。请问，若非贤明君主，谁能如此？更有甚者，下葬之日，秦王李世民降尊纡贵，亲往吊祭，并派去三百名戴孝甲士，使丧事办得风风光光，瓦岗军旧部，无不为此而感激涕零。"

尉迟敬德听得有些出神，往日只听说李密降唐后被杀，这些细节何曾听说过，呆愣了一会儿，又问道："依你这么说，这李氏父子倒是个仁义主儿？"

"岂止是仁义之主儿，依在下看来，可称得上是尧舜之君。别的且不说，就秦王殿下的折节下士，求贤若渴，古之圣君贤王也莫过如此。不瞒将军，这次秦王命在下前来，并不是看中了你这几千人马和一座小小的介休城，以秦王麾下十几万精兵强将，挟大胜之余威，欲取介休，如拾草芥。"

"不是为了人马和城池，那是为了什么？"

"秦王煞费苦心，朝思暮想，只是为了一人。"

"为的是一个人，那是谁？"尉迟敬德颇感诧异。

"将军还不明白？秦王思得将军，如久旱盼雨，已是食不甘味。"

"哈哈哈……"尉迟敬德一阵大笑，"我尉迟敬德一介莽汉，何德何能，你李将军巧舌如簧，说得也太玄了。"

"将军若不相信，请细思之。你两次落于我军伏击圈中，何以能够生还？虽说将军勇冠三军，但秦王麾下之李靖、秦叔宝、程咬金、罗士信诸将，哪一个不是身怀绝技、降龙伏虎的上上之将？退一步说，就是这些人加在一起，也敌不过将军神力，倘若三军将士万箭齐发，将军还有生还之望？只不过秦王严令在先，不得伤害将军一根毫毛。"

尉迟敬德一下子愣住了。李勣这话看来不假，自己两次身陷绝境，能够侥幸逃生，既非神佑，也非天助，可能就是因为李世民下令要生擒自己所致。这样一个爱才如命的主子，在当今世上也实在难找。

唐太宗李世民传

他不自觉地把语气放缓和了，说："李将军当年投唐，是因为你的旧主李密已先行一步，自然无可非议。而我的主公宋金刚、皇上刘武周尚在与贵军为敌，我尉迟敬德岂能背主求荣？"

李勣一笑说："恕在下冒昧直言，可能有冲撞二位将军之处。将军最初所事主人是宋金刚，可宋金刚归顺了刘武周。将军现在的主人是刘武周，可刘武周早就投靠了突厥人。从称帝之日起，做的便是突厥人的儿皇帝，话虽然难听，但这却是连将军也知道的事实。那么，将军出生入死，浴血征战，到头来是为了哪家主人呢？据在下所知，宋金刚所部已土崩瓦解，仅带数百骑向北逃走，必是去投靠突厥人了。而刘武周计屈势穷，危在旦夕。我料用不了多久，若不被擒，也必定投入突厥人的卵翼之下。将军莫非也要追随这两个不争气的主子，以堂堂大汉神将，去事胡人不成？"

李勣话未说完，尉迟敬德早已满脸羞臊，变得血红。他沉默多时，才嗫嚅着说："李将军一席话，如响鼓重槌，敬德领教了。不过，此事干系重大，得容我细细思量一番。"

李勣知道事情已经办成，也不再多说，当下告辞，尉迟敬德亲送至城门以外。

李勣快马加鞭，直接回到了唐营。秦王李世民亲迎出大帐之外，对李勣说："看将军满脸喜色，此行必不辱使命。"

李勣笑道："我料不出三日，必有佳音传来。"

果然，第三天上午，尉迟敬德、寻相率领八千人马，举永安、介休二城来降。秦王大喜，于当晚在军中设下盛宴，命令众位大将赴宴，为尉迟敬德接风。席间下令，任命尉迟敬德为右一府统军，仍然统领他原先的八千余部众。让尉迟敬德深受感动的，并不是初入唐营便骤得要职，而是仍让他率领自己原来的那帮弟兄，这可是一种莫大的信任。这位年轻的秦王，真具用人不疑、疑人不用的大将风度。

宋金刚在介休一战惨败，率领数十骑亲信果然逃往突厥。刘武周在太原城闻知宋金刚溃败，全军覆没，大为惊恐，自知再难与唐军争锋，便于深夜打开城门，悄悄北撤，向突厥逃去，结果相继被突厥人所杀。至此，兴盛了数年的刘武周势力彻底灰飞烟灭，为其攻占的所有州县也全归大唐。秦王留下李仲文镇守太原，回师途中，顺手攻克夏县，一路安抚而还。五月二十八日，李世民回到京师长安。高祖李渊率领文武百官，亲迎至长安以东二十里之外。

李世民带着三军将士，跪伏于大道之上，叩见父皇，山呼万岁。拜见完后，高祖将儿子紧紧地搂在怀里，激动地说："我儿此次东征，大获全胜。不仅一举荡平了刘武周、宋金刚，收复了并州等全部失地，而且将代北一带，收入大唐版图。这对于我朝安危，举足轻重，其功之高，堪比南岳。没有我儿的能征善战，便没有李唐王朝的今日，这已为朝野上下，举世公认。"

李世民慌忙说："父皇谬奖，令儿臣不胜惶悚。东征所以取胜，全赖皇上威德昭于天下，三军将士临阵用命，世民不过代皇上领兵罢了，何敢言功？"

父子二人相视而笑，携手而归。

建立唐朝

# 向关外东都出兵

收复太原、平定河东之后，李唐王朝空前强盛，大后方愈加巩固，君臣们想要荡平中原、一统华夏的信心也更加坚定了。现在是出兵关外，克复东都洛阳，东进南向以争天下的时候了。

大唐朝廷在紧锣密鼓地筹划着大战前的准备工作。一次朝会上，秦王李世民向高祖奏道："攻打东都洛阳，比消灭薛举父子，荡平刘武周、宋金刚更加艰难，将是一场旷日持久的恶战。大军围城之后，必须全力攻打，不受任何外来力量的干扰。如今天下群雄，尚有能力与大唐抗衡者，除王世充外，还有河北之窦建德，江南之杜伏威、萧铣。对这几股力量，应实施分化瓦解。或羁縻，或安抚，或围困，勿使其增援洛阳，与王世充沆瀣一气。"

高祖说："秦王所言极是，此事朕也思之日久。窦建德正与幽州罗艺交战，罗艺虽表面上归附我大唐，而心实不服，弃之也不足惜。可派使者暗通窦建德，听其进攻罗艺，使之无力与王世充联兵拒我，至于杜伏威，过去曾一度上表于洛阳杨侗，被封楚王，去年又改降大唐，朕封其为淮南安抚使、和州总管，此人好办，只要再予加官晋爵，优恤有加，便可安抚得住；只有萧铣狂放不羁，须以武力遏制。但不知以谁为帅，可稳操胜券？"

秦王忙说："儿臣保荐一人，独挡萧铣，可胜任有余。"

"是何人？"

"李靖将军足以担当此任。"

李靖以前与高祖有些过节儿，三年前险些为其所杀。被李世民救下之后，高祖却始终未加封赏。但现在正是用人之际，又是秦王大力推荐，高祖只好点头应允。

第二天，高祖派李孝恭前往河北，说服窦建德不与王世充联合反唐，条件是任其进攻幽州罗艺，唐廷不管不问；又降诏杜伏威，晋封其为东南道行台尚书令、淮南道安抚使，总管江淮以南诸军事，并给吴王加爵。与此同时，高祖又下旨封李靖为山南道招抚大使，率三万马步军，沿长江顺流而下，出巴蜀，攻信州，直逼萧铣所占据的江陵，阻断其乘虚北上之路，并准备与即将攻打洛阳的唐军南北呼应。

在李靖率军南下一月之后，也就是武德三年七月一日，高祖李渊再次下诏，命秦王李世民统率诸军，挥师出关，东向攻取洛阳。这是一场将决定大唐命运的惊心动魄、艰苦卓绝的大战。东征阵容的威武雄壮是空前的，大唐兵马的主力几乎全部出动，所有骁勇战将也都奉命随秦王出征，可谓兵精将勇、弓劲马肥。

秦王之下，高祖还命齐王李元吉以副帅的身份同往，说是要让他在这场恶战中经受磨砺，建功赎罪。是否还有其他用意，秦王就不知道了。他只让随军同去的幕宾房玄龄、杜如晦、褚亮等人，暗中多注意这个顽劣不法的四弟，不要坏了大事。先锋官是高祖和秦王经过反复筛选才敲定的，最后选定了老将军屈突通。此时，屈突通已任陕东道行台，而他的两个儿子却仍在王世充的朝廷中为官。

高祖有些为难，问屈突通道："今欲使爱卿东征，且任三军前锋，这对你的两个儿子十分不利，你看怎么办？"

屈突通慨然答道："昔臣为隋将，本当就死。得陛下大用，加以恩礼。当是之时，臣曾心口相誓，希望以此生余年为陛下尽节，唯恐不能死得其所。今日受皇上如此宠信，得任三军先驱，两个儿子又何足顾惜？"

高祖不禁动容，叹息道："真义士也。"

秦王也忙说："老将军高风亮节，令小王不胜钦敬。此次攻取洛阳，我等一定要千方百计保全二位公子。"

七月二十一日，经过近二十天的长途跋涉，秦王率领二十万大军，到达了离洛阳仅有七十里之遥的新安。一时间，满山遍野寨栅毗连，旌旗如画，铠甲耀日，鼓角之声相闻，人喊马啸喧天。郑帝王世充也早已开始调兵遣将，严阵以待，摆开了一副生死决战的阵势。

东都洛阳城外战云密布，战端一触即发。作为大战前的小试锋芒，秦王命罗士信率前锋中的一部围攻兹涧。这是位于新安和洛阳之间的一座小城，也是大军进逼洛阳途中的一颗钉子，必须拔掉。罗士信率五千部众，经过一天一夜激战，力克兹涧。王世充亲率三万大军前来驰援，反攻兹涧。罗士信率众坚壁不战，死守城池。秦王又派出多股人马从背后袭扰王世充，使其首尾不能相顾，难以全力攻城，兹涧得以保全。

唐太宗李世民传

这夜，秦王李世民与众将领商量下一步的作战方案，直至夜深方散。他卸去铠甲，和衣上床，刚睡了一个时辰，忽听到一阵人喊马嘶的喧闹声，悚然惊醒。李世民翻身下床，顺手扯过一柄佩剑，急步跨出帐外，却见殷开山、程咬金等几员大将和齐王李元吉急匆匆地来到帐前。

"出了什么事？"他厉声问道。

"禀秦王，刘武周旧部寻相，借着巡夜为名，带着百余名弟兄叛逃，投奔王世充去了。"殷开山答道。

"知道了。一个反复无常的小人，有他不多，无他不少，随他去吧。"秦王说完，转身向帐中走去。

"秦王，其主将尉迟敬德已被我们擒获，现捆绑于末将的营帐中，

请殿下发落。"

"什么？尉迟敬德？"秦王大吃一惊，"他也谋叛？是在何处擒获的？"

"那叛贼还在睡梦之中，便被我们五花大绑起来。"程咬金说。

"胡闹！一个反叛之人，怎么还能安心睡觉？"

李世民快步向殷开山的军帐走去，众人紧随其后。军帐之中，昏黄的灯光下，尉迟敬德只穿了一条半截短裤，上身祖露着，被粗大的麻绳紧紧地捆绑在一根立柱上。见秦王走到面前，尉迟敬德双目中冒着毒火，狠狠地瞪了一眼，便把头扭向一边，一句话也不说。

"还不把尉迟将军放了？！"秦王声色俱厉，跨前一步，亲自去解绳索。那几个士卒忙放下兵器，七手八脚把尉迟敬德放开。

"把将军的衣裳拿来！"秦王话声里仍怒气冲冲。

等到尉迟敬德穿好衣裳，秦王歉疚地说："恕本王晚来一步，让将军受惊了。走，去我帐中坐坐。"说完，把殷开山、李元吉等人晾在那里，连看也不看一眼，领着尉迟敬德直接回到了中军大帐之中。

"尉迟将军请息怒，这是一场误会，本王实在不知，让将军受委屈了。都是这个殷开山，简直是猪脑子，就不会拐个弯儿。以将军的豪侠旷达，就是要走也一定光明磊落、坦坦荡荡，怎么会偷鸡摸狗似的深夜叛逃呢？"

见秦王满脸至诚，且面带惶愧之色，尉迟敬德胸中的怒火、怨气渐渐消散，粗声粗气地说："这也怨不得殷将军，都是寻相这个狗娘养的害的我。当初他若不愿降唐，谁也不会逼他。既然已经归顺，却又朝三暮四，什么鸟玩意儿！"

秦王笑笑说："人各有志，无须勉强。寻相若看着王世充那里有高枝，就是明跟我说了，我也会放他去的。好了，咱们不说他了。"

说罢，秦王起身转至内间，从床下木箱里取出了五十两白银，回到尉迟敬德面前，面色凝重地说："不知将军今后有何打算，若是仍愿意跟我李世民辗转征战，那没说的，我李世民对天发誓，此生与将军兄弟相处，生死与共，富贵同享；若是将军要离我而去，这点白银权作川资，也算我们相处数月、朋友一场的一点心意。”

尉迟敬德心中陡地滚过了一阵热浪，他扑通一声跪在地上，喊道："秦王，从今日起，俺尉迟敬德愿鞍前马后，生死相随，就是跳火海下油锅，也决不离开殿下半步。"

秦王慌忙双手把他扶起，连声说："好，好，太好了。世民能得将军这样一位挚友，平生足矣。"

说着话，天色已经大亮，两个人抬头看看帐外，不禁相视大笑。

秦王说："尉迟将军，咱们吃饭。早饭之后，我正要去踏勘军情，将军可随我一同前往。"

吃罢早饭，已是旭日初升。秦王与尉迟敬德并马缓辔，步出大营，身后五百轻骑，各持刀枪剑戟，紧随其后。急驰半个时辰，一哨人马来到北邙山下。此山位于洛阳西北，古树荟郁，盘山道斗折蛇行，蜿蜒而上。山南却是一面缓坡，千军万马可从此处俯冲而下。这里既是保卫洛阳的天然屏障，又是攻取洛阳的理想战场，诚可谓兵家必争之地。

秦王登上北邙山的魏宣武陵，一面观看山势道路，一面对尉迟敬德说："此山是对洛阳发动总攻的制高点，我军必须迅速占领。"

尉迟敬德道："末将也正是这样想的。奇怪的是，王世充善于用兵，何以竟不在此设防？"

"想必是这几日忙于争夺兹涧，此处防备松弛。"秦王话刚说完，便听一名士卒大声疾呼："秦王殿下，山下有敌军兵马。"

尉迟敬德向下一看，不禁惊得倒吸一口凉气。山下王世充的兵马有二三万之众，正黑压压地从四面包抄过来。

尉迟敬德忧心如焚，他手提长槊，双眦欲裂，对五百名甲士吼道："四面护住秦王，拼将一死，也得保着秦王冲出去！"

包围圈越来越小，敌军越来越近，便听对方阵中有人高喊："那个骑青骢马的便是李世民，弟兄们，冲啊，陛下说了，活捉李世民者封公拜相。"

尉迟敬德听着话音耳熟，仔细一看，竟是刚刚叛逃的寻相骑在马上大呼小叫，这可真是冤家路窄。他迅疾挽弓搭箭，"嗖"的一声射了出去，不偏不倚，那箭恰好射中寻相咽喉，登时一个倒栽葱跌于马下。

趁着敌军一时混乱，尉迟敬德沉声说："秦王，跟我来！"拍马挺槊，直向西南方向冲去。

秦王紧随其后，一面飞奔，一面搭箭开弓，左右驰射，迎面敌军无不应弦而倒。

正在此时，斜刺里突然杀出一员郑将，持槊直奔李世民而来。此人就是原瓦岗军骁将单雄信，当日被王世充俘虏之后，开始宁死不降，后来听说李密降了大唐，不久被杀，又经王世充多方笼络，便死心塌地做了王世充麾下大将。当下他死死缠住秦王，一柄长槊雨点一般刺来，直冲要害。

秦王舞动双剑左抵右挡，渐渐招架不住，处境万分危急。在这当口儿，便听得炸雷一般大吼一声："住手！"尉迟敬德骑马杀了回来，闪电一般向单雄信猛刺一槊。单雄信猝不及防，慌忙举槊相迎。两槊相撞，半空里咔嚓一声，火星乱迸。

单雄信奋力拨开长槊，正欲进招，却不料尉迟敬德顺势用槊杆猛扫，恰恰打在单雄信腰间，似有千钧之力。单雄信把持不住，身子向前一倾，轰然跌于马下。

尉迟敬德也顾不得取他性命，与秦王并马齐驱，奋力砍杀，一路向西南杀去。刚刚杀出重围，适逢屈突通率领大队人马赶到。秦王大喜，又勒转马头，率军重新杀入郑军阵中。王世充见唐军援兵已到，唯恐有失，急忙收集人马，仓皇逃回洛阳城。

这一仗，可谓绝处逢生，败中取胜。在返回大营的路上，李世民对尉迟敬德开玩笑道："恶有恶报，善有善报，种瓜得瓜，种豆得豆。昨夜我力排众议，放将军一马，不想今日将军便救我一命，天理报应，何其速也。"

众将士听罢，都禁不住哈哈大笑。

# 指挥拿下洛阳

　　秦王李世民对东都的情况大致了解了，开始对东都洛阳的外围进行分割包围。与此同时，他派幕府宾客，利用熟人、亲戚等各种关系，采取投书散信、化装潜入、游说离间等手段，对洛阳周围各州县守将，展开了强大的心理攻势和策反战。八月初，王世充的洧州长史张公瑾与刺史崔枢献城来降，随后，邓州土豪擒获该州刺史来降，显州总管以所部二十五州来降。就连与郑地毗连的窦建德的共州县令唐纲，也杀死了刺史，献州来降。

　　中秋节前一天，武德三年八月十四日，攻取东都洛阳的外围战打响。当天，黄君汉派遣校尉张夜叉率领两万水军渡过黄河，强攻回洛城。经过两天激战，将士们身冒矢石，前仆后继，终于俘获达奚善定，袭破回洛，并乘势攻占了敌方二十余处堡垒，放火烧毁了河阳南桥。

　　不久，东都外围大致扫清，合围之势已经固若金汤。该是发起总攻的时候了，但是，秦王却迟迟不肯下令。众将领早就习惯了对秦王言听计从，令行禁止，各营都养精蓄锐，秣马厉兵，耐心等待着决战时刻的到来。秦王李世民估摸着，洛阳城内眼下还粮草充足，士气未落。他要长期围困，直至城内粮绝草尽，人心惶惶，不战自乱。到那时再发起总攻，可把将士们的伤亡减少到最低限度。

王世充被困于城中，越来越感到难以支撑，只好遣使往河北，向窦建德求援。这个时候，窦建德早已与唐朝使者暗中串通，又忙着与罗艺、孟海公交战，哪里还愿管王世充的闲事？转眼之间，唐军兵围东都已经五个多月。随着新季节的到来，草木复苏，鼠雀出没。围困者和被围者双方，似乎也与这世间万物一样，变得躁动不已、按捺不住了。

武德四年正月的最后几天，李世民决定组织一些小规模的短促突击，以杀伤王世充部署于城外的有生力量。他精心挑选了两千名精锐骑兵，一律着黑衣铠甲，分为左右队。让秦叔宝、程咬金、尉迟敬德、翟长孙各率一队，分别突袭城外郑军。每次战斗打响，秦王李世民都亲自披着铠甲，背负强弓，手舞双剑，率军冲在最前头，所向披靡，直令郑军将士闻风丧胆。进入二月之后，王世充军粮渐感不足，派人运粮又被唐军截获，处境更加艰难。无可奈何，只好再派使者向窦建德求援。此时，窦建德已击败罗艺，收服了孟海公，正是踌躇满志的时候。

另外，窦建德心里非常清楚，唐朝拉拢他，不过是想临时稳住他，对郑、夏两国实行各个击破。且不说以后争夺天下，就眼前的唇亡齿寒之忧，也只有援救王世充方能解得。于是，他一面向郑使许诺不久即派兵赴援，一面又派使者至李世民处，以调停者的身份，请求秦王罢兵。秦王东征，对洛阳志在必得，岂能理他这茬儿？当即将其使者扣留，不予答复。接着，秦王派宇文士及急驰长安，向高祖汇报攻取洛阳时机已经成熟，请旨发动总攻。

高祖听罢前线详情，对宇文士及说："回去告诉秦王，我军攻取洛阳，目的在于收土息兵。克城之日，凡是乘舆法物、图籍器械等非私家所需者，可为朝廷收之。其余子女玉帛、金银财物，可全部分赐将士。"

这就等于把整个洛阳的处置权，全部交给了秦王李世民。而对于在前线卖命的三军将士，也无疑是一种巨大的物质刺激。秦王将圣旨传达下去，全军上下为之欢呼。

　　二月二十三日，李世民将全部精锐结阵于北邙山，带领众位大将登上魏宣武陵，观察了一下敌阵，对左右说："贼势已窘。我可悉军而出，拼力一战。今日大破贼兵，此后王世充再不敢出城矣。"

　　说罢，他看了看屈突通，下令道："老将军可率五千人马，渡水邀击敌军。且记，一旦双方交战，立即放烟为号，自有大军随后赶来。"

　　屈突通领命，立即带领五千步骑，向郑军营盘出击。秦王李世民马上率领千军万马向山岗下冲去。唐军居高临下，如悬瀑倾泻，顿时将郑军冲得七零八落。秦王一马当先，冲在最前面。激烈的战斗一直持续了三个多时辰，王世充的兵马开始溃退。李世民乘势纵兵追杀，千军万马如狂澜怒涛，席卷而来，一直追杀至洛阳城下，将这座孤城从四面八方紧紧围困。秦王下令，将中军大营移至青城宫。此处已在东部的禁苑之内，谷水和洛水在这里汇合，隔水便是通往洛阳市区的方诸门。唐军还未来得及筑起壁垒，王世充已率军二万冲出方诸门，凭借原有的马坊垣墙、壕堑，临谷水结阵，鼓噪呐喊，抗拒唐兵。

　　三月中旬，秦王李世民下令强行攻打洛阳。王世充也非等闲之辈，为了抗拒唐军，早在洛阳宫城里做了大量的长期的防御准备，可谓壁垒森严。城上备有大块飞石，重达五十斤，能抛出二百步远。还备有许多"八弓弩箭"，箭杆粗若车辐，箭镞大如巨斧，可射五百余步。其他如滚木、礌石、火箭、滚水自不必说，更是准备充裕，数不胜数。

　　王世充下令部属，紧闭四门，坚守不出。精兵强将都登上城头，唐军来攻时，远则不理，待其攻至城下，特别是爬上城墙半腰时，则万箭齐发，滚木、礌石劈头猛砸。唐军昼夜不息，轮番攻城，云梯、铁索、飞挞、鹅车、抛石车、排炮、火药等各种攻城战具全都用上了，一连猛攻十几天，竟不能克。正当秦王与诸将焦躁异常之时，有探马前来禀报，夏王窦建德率领三十万大军，正离开洺州，杀气腾腾地直奔东都而来。

唐太宗李世民传

李世民当机立断，下令将大军分为两大部分。由齐王李元吉为帅，统领十五万人马，以屈突通等为副，继续围困东都；秦王自率五万人马，东趋虎牢，扼守险要。当天晚上，在神不知鬼不觉的情况下，秦王所率兵马悄悄开走，却将一座座空帐篷仍然留在原地。军帐之上，仍是旌旗招展，大纛飘扬。王世充不知城外唐军人马减少，只能一如平常，苦守待援。秦王进驻虎牢的第二天，窦建德大军就已经逼近虎牢城下，夏唐之间的决战开始了。窦建德陈兵于汜水二十余里，鼓声震天，不可一世。面对强敌压境，唐军将士皆露惧色。

李世民登上高台瞭望敌阵，安慰诸将领说："敌人从山东起兵，远道而来，还没有碰见过强大的对手，如今身处险境却如此嚣张，竟敢逼近城池排列战阵，有轻视我们的意思。我们先按兵不动，等待敌军的气势慢慢衰竭，列阵时间一长，士卒饥饿，势必自动撤退，那时，我军乘势追击，必然取胜。"

李世民还跟手下打赌，说正午之前决不出兵，午后立即出击，定能打败敌军。军情果然如李世民所料，窦建德轻视唐军，派出三百名骑兵渡过汜水，在离唐营一里的地方停下，传话给李世民，要请他挑选几百名骑兵与之对打。

李世民立即派王君廓带领二百名长枪手应战，唐军一会儿进攻，一会儿撤退，故意拖延时间。接着，又有窦建德部将王琬佩戴着崭新的铠甲，骑着隋炀帝的青骢马，来阵前炫耀。尉迟敬德见状请求夺马，李世民立即制止，说："怎么能为了一匹马损失一员猛士呢？"

敬德不听，旋即和高甑生、梁建方骑马直入敌阵，不一会儿，活捉王琬，带着青骢马奔回唐营。从早晨到中午，窦建德的军队长时间列阵，始终不见唐军出战，官兵极度疲惫，饥渴难忍。有的放下武器席地而坐，有的争抢饮水，有的准备退却。

李世民见夏军队阵已乱，时机成熟，立即命令唐军全线出击。宇文士及奉命带三百名骑兵由窦建德军阵西侧往南奔驰，诱敌出击。李世民亲率轻骑率先猛冲，大军跟随其后，东涉汜水，直逼敌阵。当唐军兵临帐下时，窦建德正要召集大臣议事，浑然不知身处险境，还在军中行朝谒之礼呢！

唐军骑兵突然出现，朝臣不知所措，慌乱之中，来不及抵抗。李世民的部将史大奈、程咬金、秦叔宝等指挥将士奋力拼杀，唐军所向披靡，夏军军阵全线崩溃，乱作一团，争相逃命。唐军追击三十多里，歼敌三千人。窦建德身中数枪，逃到牛口渚，被唐军俘获。

击败窦建德后，秦王李世民率得胜之师，押解着窦建德及王世充的部将郭士衡等人来到洛阳城下。王世充无计可施，召集诸将商议突围，准备南奔襄阳。而众将领都说："我们依赖的是夏王窦建德，如今夏王已被俘，我们就是突围，最终也无法成功。"

走投无路的王世充最后只得身穿素衣，带领太子、官员等两千余人到唐营投降。李世民率大军浩浩荡荡开进洛阳城，一路秋毫无犯，严令守护街市，维持社会治安。后来，窦建德被押赴长安问斩，王世充则被仇家所杀。

一年间，唐军取得了全歼王世充和窦建德两大政治集团的重大胜利，占有了富庶的中原地区，极大地增强了唐王朝的政治、经济实力，为统一全国战争的胜利奠定了坚实的基础。

胜利的取得，首先应归功于李世民的正确部署和果断决策。在围攻洛阳的相持阶段，在将士疲惫的关键时刻，在腹背受敌的紧要关头，他沉着冷静，顽强果敢，作出了继续围城、围城打援等一系列英明决策，取得了一举两得的战果。围城的艰辛，作战的辛劳，夹击的险境，一次次严峻的考验，他经受住了，他胜利了！就军事能力来说，没有人是他的对手。

隋朝的东都终于落入大唐手中，李世民凯旋，回到长安。他身穿黄金胄甲，威风凛凛，走在队伍的最前面，李元吉、李勣等大将紧随其后，骑兵、甲士数万人浩浩荡荡，大批缴获的物资列于太庙之上。李渊认为秦王原来的封号不足以显示其特殊的功劳，就为他加号天策上将、陕东道大行台，位列王公之上。这一年，李世民二十五岁。

唐太宗李世民传

# 稳定政权

早朝时分，李建成、李元吉骑马驰向玄武门，远远看到守门的是曾跟随李建成血战河北的老部下常何，也就未加戒备。当二人进入门内，到达宫中的临湖殿时，李建成突然察觉形势异常，急忙调转马头，准备逃回东宫。

李世民当即现身，飞骑追来。李元吉反应迅速，搭弓便射，但惊慌过度，连射三次，都没射中。李世民却勒停坐骑，稳稳当当对准狂逃的太子射出一箭，太子应弦倒下，不甘而又无奈地闭上了双眼。

# 宫廷争权斗争爆发

　　出人意料的是，窦建德的军队被消灭不久，在他原来控制的地区，刘黑闼再次起兵反唐，河北地区又燃起战火。在刘黑闼攻占河北、窥视中原、威胁关中的危急时刻，李世民主动向李渊请兵征讨。武德四年十二月，唐高祖李渊命李世民和李元吉共同带兵出发，征讨刘黑闼。

　　这是唐王朝统一全国过程中，李世民指挥的最后一场战役。武德五年正月，刘黑闼自称汉东王，改元天造，定都洺州。李世民率军一举收复了相州，进驻列人营，逼近刘黑闼的大本营。三月，李世民移营在洺水之南，南北布阵，与刘黑闼对峙。

　　其间，刘黑闼多次阵前挑战，李世民坚壁不出，而且派奇兵切断刘黑闼的运粮道路。刘黑闼舟车尽毁，损失惨重。双方相持六十多日，李世民估计刘黑闼存粮将尽，一定会来决战。于是，李世民派人在洺水上游修筑堤坝，堵截水流，并对守堤将士说，待双方交战时，就决堤放水。果然，三月二十六日，刘黑闼率步骑两万，南渡洺水，紧逼唐军大营列阵，决定刘黑闼命运的"洺水之战"打响。

李世民亲率精锐骑兵首先击破刘黑闼的骑兵，并乘胜冲入汉东军的阵地，横扫其步兵，刘黑闼率众殊死抵抗。战斗异常惨烈，李世民所骑的骏马身中九箭。

最终刘黑闼抵挡不住，向北逃窜。当军至洺水中央，唐军开堰放水，洺水河上游的滔天巨浪顿时轰然而下，精疲力竭的汉东军士卒睁着血红的双眼，见滔天巨浪如万马奔腾般扑面而来，几乎连恐惧和绝望都来不及体会，就在瞬间被咆哮的洪水吞没。

洺水之战后，刘黑闼与范愿等人带着二百多名骑兵逃奔东突厥。这时，高祖李渊因为担心李世民长期征战，过度疲劳，就将他从战场召回。李世民走后，河北战场上的军事指挥权暂由齐王李元吉接管。李元吉生性残忍凶狠，一旦大权在握，便对刘黑闼潜伏于河北各地的部属实行诱降和屠杀。

夏军的许多将士见到唐军的招降告示，纷纷前来归顺。李元吉却把这些手无寸铁、毫无反抗能力的归降者集中起来，一个不留，全部坑杀。从此以后，刘黑闼的旧部再也无人前来归顺，就像躲避豺狼蛇蝎一样，纷纷逃亡四乡，藏匿于山林草泽之中。

一个月之后，刘黑闼在突厥颉利可汗的援助下，又气势汹汹地杀了回来。藏匿于各地的旧部将士，一听说汉东王刘黑闼卷土重来，立时成群结队，蜂拥而至，咬牙切齿要与唐军血战到底。

从六月至九月，刘黑闼带领突厥骑兵，连连攻陷新城、定州、瀛州数座州城，唐军损失惨重。高祖李渊下诏，命李元吉进讨刘黑闼。唐朝贝州刺史许善获与刘黑闼部将刘十善交战，结果全军覆没。唐朝淮阳王李道玄战败被杀，年仅十九岁。

消息传到京师，秦王闻讯放声大哭，对左右说："道玄随我征战多年，出生入死，勇冠三军。他见我常常深入贼阵，心暗慕之，今必是学我的样子，单骑闯阵，却后援无人，以致身亡，此诚世民之罪。"

李道玄战死，河北震骇。远近各州县或降附，或响应，或被攻陷，刘黑闼又顺利地占领了夏国全部故地。李元吉率部退至夏境之外，畏葸不前。至此，李世民前番大战所收复的失地，重又沦丧殆尽。

这时，太子李建成主动请缨，征讨刘黑闼。其实，力促太子请缨的是其僚属魏徵和王珪。因为李世民为建立唐朝和统一全国常年在外征战，出生入死，屡建奇功，威望日高。太子李建成感到地位受到威胁，既嫉妒又害怕。担任太子洗马的魏徵曾多次提醒李建成及早与之抗衡，以防止李世民谋权篡位。

魏徵极力劝说太子带兵出战，与李世民争功，他对太子说："秦王李世民功盖天下，中外贤能之辈大多归心于他；殿下只不过是因为年长所以位居东宫，没有丰功伟绩，难以让天下人折服啊！"

十一月，李渊派皇太子李建成带兵出征。魏徵向李建成分析了河北问题久久不能平息的原因，他认为，由于唐军在此实行的所谓"悬民处死"等政策断绝了官兵及其亲属的生路，致使当地人心大乱，实际是官逼民反，想要彻底解决叛乱，除非改变这种政策，安抚人心，安定社会。

唐太宗李世民传

李建成接受了魏徵的建议，改用安抚政策，果然抚平了众人的激愤恐惧，刘黑闼的部队逐渐失去了斗志，终于溃散。刘黑闼也在武德六年正月被唐军杀害。太子建成以胜利者的姿态，率领大军得意扬扬班师回朝。

不久，一直转战于长江以南的李靖大军也传来捷报，盘踞于巴蜀、江淮一带的萧铣、辅公祏等军事势力相继土崩瓦解，纷纷归顺朝廷。至此，神州大地除了北方边境的突厥势力之外，已全部归于大唐王朝的版图，天下一统的局面基本形成。

九州混一，四海晏然，几十年的纷争和战乱终于结束了，满朝文武和天下庶民都沉浸在安享太平的喜悦之中。但是，大唐天子高祖皇上的三个嫡亲儿子，太子建成、秦王世民和齐王元吉，却难得有这份轻松宁静的心情。三个人心里都很清楚，外患一旦清除，内忧便会随之上升。只有势均力敌，才可能争执不下。李氏兄弟之争，李世民依靠的是他的赫赫战功，还有一批荣辱与共的铁杆部下；太子李建成依仗的是合法的太子地位，还有李渊的支持。

李世民从小就聪明睿智，加上生于贵族豪门，受到良好的家庭教育，又经受了惊心动魄的战争洗礼，亲历了治世和乱世的急剧变化，因此，他不仅有拯救天下、建功立业的远大抱负，而且确实功勋卓著。

随着地位的提升，李世民抢夺皇权的野心也日益膨胀。到了武德四年，由于李世民的赫赫战功，李渊认为原有的官职已经配不上秦王的功劳了，为了表彰李世民的丰功伟绩，李渊为李世民设置了一个新的职位，叫作"天策上将"，这个位置比王公还高一筹。同时让他开天策府，置官署，甚至还特批李世民可以自己设炉制钱，这些都不是一般意义上的待遇了，李世民在朝廷中的特殊地位越来越明显。

李世民平日十分注意网罗人才，当时，他的天策上将府里有长史、司马、录事、记室、参军等军事参谋机构，另外有尉迟敬德、秦叔宝等武将功臣相助。

除此之外，李世民还以锐意经籍、讨论文典的名义特设文学馆，招揽天下文士，组成了一个智囊团。文学馆位于宫城之西，地静景幽，无车马之喧；典籍充栋，有兰台之盛。

武德四年，杜如晦、房玄龄、于志宁、苏世长、薛收、褚亮、姚思廉、陆德明、孔颖达、李玄道、李守素、虞世南、蔡允恭、颜相时、许敬宗、薛元敬、盖文达、苏勖等十八人同日被授为文学馆学士，号称"十八学士"。

"十八学士"是一群博览古今、明达政事、善于文辞的文人。入唐前，其中的大部分人就已经是名重四方的知名人物了；入唐后，他们追随李世民，各尽其力，为国家统一、政治稳定和文化建设，作出了杰出的贡献，而贞观之治的成功也离不开李世民的"十八学士"。

李世民对他们优以尊礼，予以厚禄。每当处理完政务，常常召见他们，一起讨论文化典籍，商讨治国谋略。李世民还令大画家阎立本为诸名士画像，即著名的《秦府十八学士图》，图画表现了他们一起出游踏青的情景。

肖像都是按十八学士真人创作，画卷中对每个人的身材、相貌、服饰、年龄及神情等特征，都有生动而具体的刻画。李世民还让大文豪褚亮为每个人写赞语，悬于凌烟阁。

当时，全国的读书人都羡慕这"十八学士"，称他们"登瀛洲"。这些人对李世民唯命是从，甚至到了只听秦王的教命，对皇上的诏敕反倒置之不理的地步。

李渊就曾感慨地说："这个孩子在外面带兵打仗太久，十分专制，又受一些书生蒙蔽教唆，简直不像昔日的样子了。"大臣封德彝也说："秦王自恃建立了大功勋，必定不肯服居于太子之下了。"

帝王家的次子，大唐的首席功臣，即使他甘心做一辈子的亲王，恐怕也做不成了。功高盖世、重兵在手的李世民，早已成为他的同胞兄弟太子李建成、齐王李元吉的眼中钉。

唐太宗李世民传

在争夺皇位的斗争中，齐王李元吉站在了太子一边。两人结盟，各有打算，李建成要除掉威胁自己皇位的强敌，需要李元吉这位亲王的帮助；而李元吉则有他的非分之想，原来他也在暗中觊觎皇位，他把李世民视为夺取皇位的最大敌人。

在李元吉看来，如果追随李世民，以李世民的精明强干，他只能为李世民所驾驭，永无翻身之日；而一旦借着李建成之力除掉这一眼中钉，再对付李建成就容易多了。为了尽快达到这个不可告人的目的，他甚至向李建成表示自己愿意亲自出马杀掉李世民。

一次，李世民和李渊一块儿去他的王府，他竟然派刺客准备暗杀，但被李建成及时制止。李建成这样做，一方面是认为李元吉的做法太鲁莽，很可能事与愿违；另一方面，相比之下，李建成性格柔厚，也不喜欢用这种方式将李世民置于死地。

经过密谋，李建成和李元吉联合起来，制订了对付李世民的三条计策：第一，暗中招募兵甲，扩充军事实力；第二，重金收买李世民的部将，瓦解秦王集团；第三，诋毁李世民，挑拨皇帝与秦王的关系。

李建成为了削弱李世民的势力，私自招募各地骁勇善战的士兵两千余人补为东宫卫士，守护东宫，分别屯守在东宫左右的长林门，号称"长林兵"。

同时，又秘密派手下将领可达志去幽州，从总管罗艺处征集骑兵三百名，加强东宫防卫。不料被人告发，李建成受到李渊责备，可达志被流放边地。不久，李建成又派人联络曾经护卫东宫的庆州刺史杨文干，让他招募壮士，输送长安，诛除李世民。

武德七年，李渊赴仁智宫避暑，秦王李世民和齐王李元吉随行，李建成留守长安。李建成认为时机成熟，对李元吉说："生死安危，今年即可见分晓。"于是秘密派郎将尔朱焕、桥松山向庆州运送武器，并约定从长安和庆州同时向仁智宫发动进攻，李元吉在内部配合，一举诛灭秦王。

尔朱焕、桥松山虽长期受太子恩惠，但胆小怕事，临阵脱逃，便向李渊告密，以求免罪。李渊闻听大怒，急召李建成。李建成犹豫不决，进退两难。

幕僚赵弘智献策说："想成就大事，就要能屈能伸，进退有节。如果现在起兵，势单力薄，难以取胜，前功尽弃。不如向皇上请罪，请求宽恕，以图东山再起。"

李建成权衡再三，最终赴仁智宫请罪。李渊怒不可遏，下令关押李建成。而杨文干觉得自己已犯了十恶不赦之罪，索性举兵反叛，攻陷宁州。李渊就派李世民前去平叛。

李世民临行前，父子商讨对策。李世民说，杨文干这种小人物，随便派什么人都可以把他降服了。但李渊却坚持认为，这件事万一和太子有关联，还是李世民去比较好。并且承诺，等李世民回来后就将太子之位让给他，把李建成废掉发配到边远的蜀地，因为那里地域狭小，好治理，以后即使再次图谋不轨，也好对付。

李世民带着即将成为储君的喜悦奔赴战场，但获胜归来后，李渊却并没有履行诺言。原因是在他带兵出征期间，李元吉和嫔妃不断为太子李建成说情，再加上大臣封得彝等人的劝告，皇上最后改变了主意，将李建成放归长安，继续镇守京师，只是以兄弟不睦谴责了他。

不久，突厥军又侵并州，京师震动。这时，已经从仁智宫返回的李渊，召集群臣商议对策。由于突厥势力强大，为了躲避突厥骚扰，当时有人建议迁都。

李渊、李建成支持迁都，李世民坚决反对。李建成怕的是李世民乘迁都之机，独揽兵权，无法制约；而李世民则积极要求领导对突厥的战争，希望通过对外作战的胜利，进一步增强威望，培养羽翼。他的分析义正词严，无可辩驳，使李渊放弃了迁都计划。同时，李渊委派李世民和李元吉共同率军出征抵御突厥。不久，突厥的入侵被击退。

秋日的长安，景色宜人。李渊带皇子到城南围猎，并命三个儿子比试骑术。太子牵出一匹肥壮性烈、极难驾驭的胡马，想以此加害秦王。李世民跨马逐鹿，胡马后腿奔蹶，凭着高超的骑术，李世民连续三次从狂奔的马上跃下，毫发无损。

唐太宗李世民传

李世民似有所悟，对旁观的宰相宇文士及说："他们想用烈马害我，死生有命，不是他随便就可得逞的。"李建成则利用此话大做文章，通过李渊的宠妃诬陷李世民说："秦王声称自有天命，企图夺位登基。"

李渊闻听，勃然大怒，当着太子和齐王的面，对李世民大加责备："天子自有天命，不是要点小聪明就能得到的。我的身体很健康，你也太着急了吧？"可见，兄弟夺储之争，已进入白热化阶段。

一天夜晚，太子邀李世民入宫宴饮，在酒中下毒。李世民早有戒心，只饮一杯，即告辞回府，腹中暴痛，吐血数升，差点丢了性命。

秦府幕僚听到李建成、李元吉谋杀李世民的消息后，惊恐万状，议论纷纷。房玄龄对长孙无忌说："如今太子与亲王的矛盾已经形成，大乱即将发生。一旦发生变乱，恐怕就会祸及王府，危及国家，怎不让人深思呢？古人说'以国为重者不拘小节'，不如废掉太子，尊奉秦王。难道我们要坐等国家灭亡、身败名裂吗？"

长孙无忌说："其实我早有此意，只是不敢暴露。如今听您一番话，深有同感。"说明两个人不约而同地作出了以武力反击东宫和齐王府的决定。

长孙无忌和房玄龄面见李世民，李世民说："危险的征兆已经出现，该如何对付呢？"

房玄龄说："国家患难，处置办法古今相同，不果断就不能成大事。您功盖天地，神人都敬仰，应该当机立断。"劝李世民抓紧时机，以除心腹之患。

另一方，为了分化瓦解秦王府集团，李建成和李元吉软硬兼施，对李世民的部下进行威逼利诱，矛头直指尉迟敬德、段志玄和程知节（即程咬金）等人。李建成暗中致信尉迟敬德说："久仰将军风范，愿与结为生死之交，请您不要拒绝。"并派人送去大量金银珠宝。

尉迟敬德不为所动，毫不犹豫、不卑不亢地回绝说："我出身低微，承蒙秦王厚爱才有今天，理应以身报恩。我没有为您立过一点功劳，不敢受此厚礼。如果私下与您来往，岂不是见利忘义，事主二心？而这样的人对您又有什么用处呢？"

李世民听说后，叮嘱他注意安全。果然，见贿赂引诱不成，李元吉便派出刺客行凶。尉迟敬德闻讯，竟然大敞宅门，卧床不动。刺客被他的气势吓倒，始终不敢入门行刺。

一计不成，李元吉又向李渊诬告尉迟敬德谋反，李渊当即把尉迟敬德投入狱中，并打算处死他。在李世民以死相求下，李渊才把他释放。

李建成又以高官厚禄拉拢秦王府的护军段志玄，遭到段志玄的断然拒绝。程知节骁勇善战，是秦王府的统军。李建成故意调他出任康州刺史，而且要他立即出京赴任。

程知节对李世民说："大王的腿脚胳膊被剪掉，身体哪还能长久？我誓死不离开大王，请您赶快想个万全之策。"

杜如晦和房玄龄学识渊博，聪颖过人，是李世民智囊团的重要成员，最招李建成和李元吉嫉恨。李建成对李元吉说："亲王府中最可怕的人就是杜如晦和房玄龄。"不久，李建成和李元吉以杜如晦和房玄龄结党营私为由，通过李渊把他们两人赶出了秦王府。

想起程知节振聋发聩的一番话，目睹李建成和李元吉的一系列举动，李世民感到了形势的严峻。于是，李世民也紧锣密鼓地行动起来。

朝廷之外，他派心腹张亮到洛阳招兵买马，出重资让他联络当地豪杰，一旦有变，便可遥相呼应。此事被李元吉发现告发，张亮被捕入狱。

严刑拷打之下，张亮咬紧牙关，守口如瓶，始终没有供出幕后主使，可见李世民部下对他的忠心。后来，张亮官至刑部尚书，也是李世民对其忠诚的回报。

朝廷之内，一方面争取大臣的支持，另一方面收买太子的部下。朝中，坚决支持李世民的大臣有萧瑀、陈叔达等人。萧瑀是隋炀帝的妻弟，投降唐朝之后，被封为礼部尚书、宋国公，也深得唐高祖李渊的信任。

唐太宗李世民传

李渊对李世民心存疑忌，多次想压制他。萧瑀不顾个人得失，坚决支持李世民。李世民即位后，敬佩萧瑀的忠诚与胆识，对房玄龄说："武德六年以后，我功高不赏，为兄弟所不容，萧瑀不为利诱，不为势屈，在关键的时刻支持我，真是国家的忠臣啊！"

李世民还感慨地说："风大的时候才知道草的根有多么结实，政局动荡的时候才知道臣子对主上的忠诚。"并把诗句"疾风知劲草，板荡识诚臣"赐给他。

李世民还得到了礼部尚书陈叔达的支持。每当李建成和李元吉诋毁李世民，李渊被迷惑时，陈叔达总是仗义执言，替李世民辩解。另外，东宫的太子率更丞王晊，守卫玄武门的常何、敬君弘等都被李世民收买，为他通风报信，在夺权的过程中起了重要的作用。

尤其值得一提的是常何，他本为瓦岗军将领，归唐后，曾先后跟随李世民和李建成作战，两人都待他不错。后李世民把他调入京城，送给他金刀子等贵重物品。常何的官职为左右监门卫将军，守护宫城北门玄武门，负责稽查出入宫门的人。

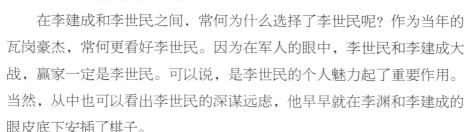

在李建成和李世民之间，常何为什么选择了李世民呢？作为当年的瓦岗豪杰，常何更看好李世民。因为在军人的眼中，李世民和李建成大战，赢家一定是李世民。可以说，是李世民的个人魅力起了重要作用。当然，从中也可以看出李世民的深谋远虑，他早早就在李渊和李建成的眼皮底下安插了棋子。

兄弟相争，李渊的态度极为重要。李渊深知李世民的军事与政治才能足以担当治国大任，但他对当年隋文帝由于更换太子，导致杨勇、杨广、杨俊、杨谅等诸王失和，最终酿成的大祸记忆犹新。自己面对同样的局面，自然倍加小心，立建成为太子，就是想避免那样的惨剧重演。于是，他努力在两位皇子之间维持平衡。

早在夺取政权时期，李渊就让兄弟俩共同领兵，李世民作为弟弟要听哥哥李建成的。后来兄弟俩各自统兵之后，从将士到职衔都不偏不倚。而待到建立了大唐政权后，长子建成成为太子，名正言顺；次子世民封秦王，为尚书令，掌典领百官，处群臣之首，也在情理之中。

后来为了对付起兵的刘黑闼，李渊命令李世民与李元吉前往讨伐，而当战事稍一平息，李渊就命令李世民回朝，让三子李元吉独自带兵继续作战。如此迫不及待地将统兵之将与其所带之兵分开，也显示了李渊心中的担忧。

而当后来李元吉对抗刘黑闼失败时，李建成主动请缨，李渊则当即允准，并让李元吉随同出征。他看到李世民的军功越来越大，在朝中的威望越来越高，就很少派李世民率军出征，以减少他建立功勋的机会。由于担心兄弟之间发生不测，哪怕只是去仁智宫避暑，也要带走两个，留下一个。

但是，李渊的努力并没有起到多大作用，一方面立李建成为太子，另一方面又赋予李世民过大的权力，平衡的结果是：第一，导致政出多门，政府部门常常会接到来自皇帝、太子、秦王的不同指令；第二，削弱了至高无上的皇权；第三，加剧了李氏兄弟间的矛盾冲突。

# 玄武门胜利夺权

　　就在双方剑拔弩张之际，武德九年六月二日，突然传来紧急军情，突厥大举入侵，已经逼近武威郡。按照惯例，遇强敌压境，会派秦王李世民统兵御敌，但太子李建成极力建议李元吉和燕王李艺出征。李建成的目的很明确，是为防止军权落入李世民之手。高祖李渊便以李元吉为元帅，率大军北征突厥。李元吉等抓住机会，请求派李世民手下将领尉迟敬德、秦叔宝等一同出征，并将秦王府的精兵调归齐王，企图架空李世民。

　　对于李世民来说，这无异于釜底抽薪。李建成和李元吉在李元吉出征前，加紧密谋谋害李世民的具体方案。李建成说："既然已将秦王府的精兵调归与你，我们的军事力量就超过了秦王府。明天我约秦王在昆明池畔为你饯行，在宴会上设下伏兵，趁机将秦王杀死，然后让父皇让位于我。我做了皇帝，就立你为皇太弟。"

　　李元吉忧心忡忡地说："刺杀秦王不难，但是，他手下的尉迟敬德等人，各个骁勇无比，他们不服的话，怎么办呢？"

李建成说："尉迟敬德已经归你统率，你以主帅的身份将他杀掉，其余的人，谁还敢不服？"这番话，被东宫的属官王晊听到。王晊早已被李世民收买，于是急忙报告给了李世民。

入夜，李世民立即召集心腹密商对策。秦王府外戒备森严，府内鸦雀无声。长孙无忌和两位身着道士服的人来到秦王府，扮道士的原来就是房玄龄和杜如晦。接着，尉迟敬德、高士廉、侯君集等人很快赶到。

李世民首先通报了王晊的情报，长孙无忌一听，激动地说："先发制人，后发则为人所制。大王应当机立断，除掉太子和齐王。"

李世民说："我与太子，同根而生，骨肉相残，是亡国的征兆啊。我虽被猜忌，祸在眼前，但念兄弟之情，终不忍下手。不如先等他们动手，我们再名正言顺地讨伐。"

尉迟敬德抢先说："我等冒死前来，就是要保卫大王，大王却只顾个人的仁爱小情，不顾江山社稷，真让我们失望。大王理应大义灭亲，为国解忧。请先杀太子，除掉这个祸害。"

见李世民还是犹豫，尉迟敬德激动地说："大王处事心存疑虑，并不明智；事到临头犹豫不决，并不果断。您即使不关心自己的利害，总要考虑国家前途啊。您手中的八百名勇士正整装待发，时不我待。如果您听不进我们的意见，我等宁愿上山为寇，也不能坐以待毙。"

长孙无忌在一边故意附和说："如果敬德上山为王，我等也只好随他而去。"

此时，李世民仍然沉默不语。房玄龄就引经据典开导李世民，说："以前，周公曾大义灭亲，杀死了祸国殃民的兄弟管叔和蔡叔，但人们并不认为周公不义，相反，却称之为圣人，这就是以国为重的缘故。大王如果能断然举事，那可真是功在国家、福在百姓啊！"

这时，杜如晦突然提出一个问题，说："大王如何评价舜呢？"

李世民说："为子孝顺，为君圣明，是一位无可争议的人物。"

杜如晦进一步苦口婆心地说："那如果舜淘井时被弟弟用石块打死，

修粮仓时被弟弟用火烧死，又怎么能够君临天下、恩施万民呢？坐以待毙，只能贻笑千古，一个有大作为的人，就应不念私情，不拘小节。"

侯君集则发誓："只要大王一声令下，我等舍生忘死，誓死跟随大王。"这时，李世民的目光转向一言未发的高士廉。

高士廉是李世民妻子长孙氏的舅舅，德高望重，他当即表明了自己的态度："当断不断，反受其乱。事已至此，只好起事。"在这种情况下，李世民终于痛下决心，要与太子决一雌雄。

六月三日，一份神秘的天象报告传入宫中。继六月一日"太白经天"以后，六月三日，太白金星再次划过长空。所谓"太白经天"，就是日照中天之时，太白星还在经天而行。

按照汉魏以来的观念，出现这种天象意味着天下将有兵戈之争，人间将要更换君王。负责观天象的太史令傅奕向李渊呈送密奏，称太白金星出现于秦国的天界上，秦王李世民将君临天下。

于是，李渊马上召见李世民。李世民看过密奏后，马上自我辩白说："作为建成和元吉的兄弟，我没有丝毫对不住他们的地方，但他们却总想将我杀掉。我立下那么多战功，而他们却这样对我，简直像是要为曾经被我打败的敌人王世充、窦建德等报仇。我今天如果含冤而死，不仅因为永远离开了父皇而悲痛，还会因为在九泉之下这样见到那些被我诛杀的贼人而羞耻。"

听了这番诉说，李渊也感到十分无奈。同时，李世民还趁机告状，说李建成与李元吉"淫乱"后宫，以挑拨李渊与李建成、李元吉的关系。李渊听后十分吃惊，突然想起平日里说李建成好话的，确实就那几个妃子，顿生疑虑。

李渊当即决定，第二天把三兄弟叫进宫中一起对质。对于李世民来讲，这可是一个绝佳的机会。

很快，李建成就通过李渊的宠妃张婕妤得到这一消息，马上把李元吉召到东宫。李元吉建议应该赶快集合兵马，拥兵府中，托病不上朝，静观事态变化。

李建成认为，东宫的兵事已安排妥当，自己在玄武门的兵备又十分严整，而且亲信常何随时听他调遣，根本不会发生什么意外。于是决定与李元吉一起入宫，戳穿李世民的谎言。因此，兄弟两人对第二天的早朝，未做任何防备。由于商议时间太长，当晚，李元吉就住在了东宫。

六月四日黎明，静静的玄武门内，杀机四伏。李世民率长孙无忌、尉迟敬德、房玄龄、杜如晦、宇文士及、高士廉、程知节、秦叔宝、段志玄等秦王府的骁将谋士，早已在此悄悄设伏，等待李建成和李元吉自投罗网。早朝时分，李建成、李元吉骑马驰向玄武门，远远看到守门的是曾跟随李建成血战河北的老部下常何，也就未加戒备。当二人进入门内，到达宫中的临湖殿时，李建成突然察觉形势异常，急忙调转马头，准备逃回东宫。

李世民当即现身，飞骑追来。李元吉反应迅速，搭弓便射，但惊慌过度，连射三次，都没射中。李世民却勒停坐骑，稳稳当当对准狂逃的太子射出一箭，太子应弦倒下，不甘而又无奈地闭上了双眼。这时，伏兵瞬间杀出，尉迟敬德率七十余骑如排山倒海般扑来。太子、齐王的卫兵匆忙招架，被杀得纷纷落马。齐王慌忙逃窜，被尉迟敬德射于马下。李世民的坐骑受伤，失控冲入林中。

不巧，李世民的腰带被树枝钩住，随即落马，摔伤脚踝，无法站立。齐王垂死无惧，奔到树下，夺过秦王弓，用弓弦死死勒住李世民的脖颈，凶光四射。在这千钧一发之际，尉迟敬德策马而至，一箭疾飞，齐王倒地毙命。

东宫和齐王府的将士闻听事变，立即冲向玄武门，想要救出太子和齐王。玄武门守将敬君弘、吕世衡挺身而出，奋力拼杀，但寡不敌众，同时被杀。秦王府的张公瑾力大无比，竟独自关上城门，把两千多名士兵挡在门外。

唐代实行的是全军皆农的府兵制，平时军队一边开展军事训练，一边在自己的屯种之地从事农业生产。而一旦遇到战事，则由朝廷调派；战事结束，兵仍然归于府，将则归于卫，谁也没有权力调动。这就使得

稳定政权

不管是李世民，还是李元吉，甚至就是贵为太子的李建成都无法直接统率军队。这样一来，所谓各自的军事实力，就是各家王府的宿卫人员罢了。而东宫和齐王府两相相加，兵士多达数千人，秦王府则只有八百余人，双方力量悬殊。

东宫的士兵开始攻城，有的已经登上城楼。危急时刻，尉迟敬德想出妙计，将李建成和李元吉的人头示众，两府军队见首领已死，顿时溃散。这时，李渊正在宫中与宰相裴寂、萧瑀、陈叔达等泛舟湖面，听到外面的动静，正要派人打探。受李世民委派，尉迟敬德直奔李渊而来。见到身穿铠甲、手持长矛的尉迟敬德，李渊大惊失色。因为这样的装束出现在殿堂之上，是可以按叛逆罪斩首的。

李渊问道："外面是怎么回事，你为何如此装束来这里？"

尉迟敬德对他说："是太子和齐王作乱，秦王已经带兵将他们诛杀，害怕您受到惊吓，派我来保护您。"

李渊吓得不知所措，问召集前来的大臣们该怎么办。萧瑀和陈叔达乘机进言说："太子和齐王在当初起义灭隋的时候，就没有立下多少战功，如今他们又看不惯秦王功高望重，所以共为奸谋，要除掉秦王。现在秦王把他们杀了，这应该是顺应民心的事情。如果现在陛下把太子之位交给他，那么天下就太平了。"

事已至此，李渊只好顺水推舟。此时，外面还在激战，李渊给尉迟敬德一份手诏，命令所有军队听从秦王指挥，战事由此平息下来。李世民掌握了全部军权，朝中再也没人敢与他抗衡了。

紧接而来的便是血腥的杀戮，李建成的五个儿子和李元吉的五个儿子全部被杀。眼见一群心爱的孙子人头落地，李渊自知身处危境，只能默默无语，暗自垂泪。

玄武门之变的第三天，李世民被立为太子。李渊在诏令中说："皇太子李世民天生聪慧，度量大，见识广，文治武功，无人能比。立世民为皇太子，真是托付得人，也是我的夙愿。从今以后，军机兵仗粮仓，乃至朝廷的所有决策，事无巨细，都委托皇太子决断。"

唐太宗李世民传

# 礼贤下士

李建成和李元吉虽然在这场兵变中一朝被杀，但他们毕竟以太子和齐王的身份经营了多年，在朝廷和地方都有相当大的势力。因而，对他们的昔日旧党采取宽大和安抚的政策，对可能发生的地方兵变及时果断地扑灭，已经成了安定天下局势的关键。

李世民立即以皇上的名义下达诏书大赦天下。明确提出，凶逆之事，止于建成、元吉二人，其余人等一律不予追究。这一招果然奏效。大赦令发布的第二天，曾带兵攻打玄武门并杀死了敬君弘的建成旧部冯立、谢叔方，便从长安近郊前来自首；逃往终南山的薛万彻，经李世民几次派使者前往诏谕，也终于出来自首。

当他们跪在李世民面前时，仍不免惶恐战栗。虽然诏书说是不予追究，但政治没有诚信可言，当权者历来翻云覆雨，出尔反尔。谁知道这位新上任的太子爷会怎样处置他们，既然敢来，就做着被砍头的最坏的打算。

冯立说："罪将冯立等见过太子。攻打玄武门，杀死敬君弘、吕世衡将军，都是罪将的主意，与他人无关，请太子治末将之罪。"

李世民笑着说："汝等何罪之有？既是原太子府的人，在太子危难之时，能够挺身而出，冒死相救，此乃忠于所事，义士之为。都起来吧，各人安心回府，我将另有重用。"冯立等悬着的心这才像一块石头落地，一个个感激涕零，叩首拜谢而去。

见为首的冯立、薛万彻等人皆未获罪，那些逃奔藏匿的散兵游勇纷纷来归。数日内，两千多名长林军和齐王府兵几乎悉数自首，李世民令部属对他们一一安抚，重新编入禁军，不准有任何歧视。

眼见着这么多人前来自首，李世民自然高兴。但是，在他的内心深处，却不免仍有着一个极大的缺憾。他其实是在等待着一个人的主动来归，但一直等了数日，却一直不见此人前来，不免有些焦躁。

这天一早，房玄龄、杜如晦等一班秦王府旧人都齐集于东宫显德殿议事。李世民看看房玄龄，心事重重地问道："他怎么还没来，莫非已潜逃了不成？"

这句话问得没头没脑，众人皆不知所云。房玄龄却猜透了他的心事，知道这个所谓的"他"，肯定是指原太子洗马魏徵。

"不会的。泰山崩于前而色不变，这个人能做得到。满腹经纶，两肋锦绣尚未施展于万一，他怎么能潜逃呢？"房玄龄语焉肯定地说。

"那他为什么不来归顺呢？"

"海内硕儒，一代大贤，岂能轻易来投，像个乞者一样，求殿下赏个差事，给碗饭吃？"

"你是说，我该像当年刘备请诸葛亮一样，三顾茅庐，躬身往请？"

"不，殿下应该派人把他抓来！"

李世民吃了一惊，这不像是房玄龄说的话。

"先生是在说笑吧，那样岂是我李世民的礼贤之道？"

"不，并非说笑，我是认真的。对别人可'先礼后兵'，对魏徵就该'先兵后礼'。"

"为什么？"李世民不解地问道。

"魏徵事建成日久，建成对他十分尊重，优礼有加。他又是个念旧情、讲义气的人，建成新亡，尸骨未寒，若不采用点非常手段，使之迫于无奈，他如何下得台面痛痛快快地前来？再说，他对于殿下毕竟知之甚少，借此也可让他对殿下留下一个深刻的印象。"

李世民马上心领神会，点头笑道："先生所言有理，对高洁之人，不可以俗礼待之。"

于是，他派尉迟敬德带上几名兵士去"请"魏徵，若不肯来，用绳子捆也得把他捆来。

其他人皆于内室回避，李世民独自一人在外厅等候。用了没多久，魏徵果然被带到。

李世民坐在那里没有动，只冷冷地看着魏徵。魏徵既不打躬施礼，也不说话，只昂然站在那里。两个人一时僵持起来，都在等待着对方开口。

"魏徵，你可知罪？"还是李世民先打破了这种难堪的沉默。

"魏徵无罪。"回答得简短而又干脆。

李世民霍地站了起来，厉声说："你身为太子洗马，却离间我兄弟之间的手足之情，多次鼓动太子建成先下手为强，必欲置我于死地，斩草除根，这罪孽还小吗，何言无罪？"

魏徵冷笑一声说："兄弟争储，如群雄逐鹿，捷足技高者得之。我既为太子洗马，只知有太子，不知有秦王，竭忠尽智辅佐太子保住皇储之位，不致鹿失他人之手，此乃职守所关，不知何罪之有？"

"这么说，你多次为建成设计，数次谋杀于我，这都是确定无疑的事实了？"

"大丈夫行事，光明磊落。阴谋暗杀，乃鬼蜮伎俩。欲得国之神器，岂能靠鼠窃狗偷？即使偶尔得手，在朝不能服众臣，在野不能得民心，身居大位，又何能持久？谋杀之事，历来为魏徵所不齿，岂能为他出这些馊主意？不过，魏徵确是日夜为太子谋划，可惜他懵懂不悟，不肯听我的。若能按我的意思行事，又何至于有今日下场？"

"噢，那你是怎么为他谋划的，愿闻其详。"

"太子已经死了，早魂归阴山，如今说这些还有什么意思？自古胜者王侯败者贼，魏徵乃败者，是杀是剐，任凭发落。"

"哈哈哈……"李世民突然开怀大笑，"先生高风亮节，谋略过人，世民倾慕日久，思之若渴。旧太子殁了，可我这新太子还在。建成有眼未识和氏璧，不听先生之言，我李世民却愿与先生终生厮守，日夜聆听纶音。"

话刚说完，房玄龄、杜如晦以及程知节、秦叔宝、李勣等这些魏徵在瓦岗军中的旧友，一块儿从内室中转了出来，笑哈哈地将魏徵围住，邀他就座。

唐太宗李世民传

李勣说："魏兄，当今太子思贤若渴，对您更是心仪有年。只因您是故太子的人，不肯挖他墙脚。今日大势已定，愿魏兄捐弃前嫌，与我等共同辅佐新太子。"

李世民也忙欠身说："适才失礼之处，还望先生见谅。"

魏徵也笑了："这么说，刚才太子殿下的一番风暴雷霆，是要给在下一个下马威了？"

众人一齐大笑。

秦王命下人们为各位献茶，大家一边啜饮，一边叙谈。

过了一会儿，李世民又问魏徵："当此变乱初定、人心不稳之际，何为急务？"

魏徵说："自然是安定政局，平息动乱。我知道，殿下已注重此事，朝廷也颁布了大赦令。但仅有这点措施，并不足以稳定全国局势，在许多地方，朝廷的大赦令形同一纸空文。"

李世民吃了一惊，忙问道："何以如此说？"

"故太子的势力散布于国内各地，对朝廷的宽赦不敢轻易相信，犹自不安。更何况，许多地方官员，正在争相抓捕故太子余党，或杀或押，以邀功请赏。朝廷虽有好经，下面的世贼禄蠹们却把它念歪了，如之奈何？"

"有这等事？"

"魏徵虽足不出户，但这类事却早已纷纷传来。殿下身居高位，自然不得而知。"

"以先生之见，当如何处之？"

"殿下应派出使者分赴各地，严格履行朝廷大赦令，有敢忤逆者，严惩不贷，以示诚意。仁至义尽之后，如仍有反叛者，则坚决镇压。那时，殿下将有理有节，无愧于天下。"

"好，就依先生所言，先生在山东一带颇有威望，就请您任山东宣慰使，可便宜行事。不知先生能否答应，前往辛苦一趟？"

"殿下既信得过魏徵，魏徵情愿前往。另外，尚有一事，请殿下裁之。原太子中允王珪及韦挺、杜淹，因杨文干反叛之事无罪遭贬，此三人皆治世之能臣，望殿下不计前嫌，召回并予重用。"

秦王看看房玄龄，欣慰地笑了："咱们所见略同。不瞒先生说，我已于昨日派人急驰岭南，宣召王、杜等人还朝了。"

魏徵宣慰山东尚未成行，却从幽州方面传来了庐江王李瑗反叛的消息。李瑗是高祖李渊的堂弟，李世民的堂叔，数年前，高祖任命他为幽州大都督。

李建成在与李世民激烈争斗的过程中，不仅在朝廷和京师拉拢朝臣，部署力量，在外地也极力树立朋党，广结外援。李瑗便是他在地方上结交的死党和奥援之一。

李建成被杀的第二天，李世民便派侯君集前往任副都督。不久，又派通事舍人崔敦礼赴幽州，持皇上手谕召李瑗入朝。李瑗惊慌失措，认为一旦入朝，凶多吉少，李世民肯定要将李建成的所有党羽斩尽杀绝。

李瑗在忧郁慌乱之际，只好向副都督侯君集求教。他认为侯君集是秦王李世民的人，眼下唯有他能救自己。按说，侯君集应该极力劝李瑗入朝，向李世民和朝廷请罪，便可获得宽赦。然而，他却不想这么做。

稳定政权

他觉得，自己建功邀赏的机会到了。李瑗一旦起兵，自己就将他诛杀，从内部平息叛乱，对当今的太子，未来的新皇帝，便有擎天保驾之功。弄好了，自可出将入相，甚至会封公封王。

李瑗本来就不敢入朝，又经侯君集动以利害，更加害怕。送走侯君集以后，他又招来心腹谋士兵曹参军王利涉，密商起兵之事。王利涉也极力鼓动他起兵，但却认为侯君集为人反复多诈，建议他乘起兵之时将其杀掉，以绝后患。

李瑗终于下了决心，于当天晚上将朝廷使者崔敦礼拘捕，并立即派人驰往泾州，联系罗艺。定于第二天一早，公开树起反旗，以号召天下。至于是否杀掉侯君集，等到起兵之后，看情况再定。

一切安排妥当之后，他才回寝室睡下。侯君集就率人将他杀死，并救下了被关押的崔敦礼，派人护送他回到京师，向太子李世民禀报了幽州平叛的整个过程。而他暗中煽动李瑗反叛的事，自然只字不提。

几天后，罗艺在泾州反叛，被他的部下所杀。益州行台兵部尚书韦云起，与其弟庆俭、庆嗣都是李建成的旧党，也被行台左仆射窦轨以"谋反"的罪名杀掉，奏报朝廷。

李建成的旧党谋叛，虽说已是强弩之末，掀不起什么浪头，但是，在数日之内，便有这么多人因"谋叛"被杀，已足以让李世民感到不安。

这些谋反者究竟是真是假，一时还弄不清楚，但这么多人人头落地，却让李建成的旧党们心惊肉跳，人人自危，必然会为未来种下动乱的祸根。看来魏徵说得很对，如不快派人下去抚慰，朝廷的大赦令将真的成了一纸空文。

太子李世民再次向全国下达命令：六月四日以前事连东宫及齐王，十七日前事连李瑗者，概不追究，并不得相告言，违者反坐。

接着，李世民让魏徵赶紧起程，宣慰山东。并派房玄龄、杜如晦、宇文士及等，分赴陇西、河南等地，善加抚慰。魏徵一行沿途宣谕朝廷大赦令和太子李世民的教命，一路向山东地面走去。

这一天走到磁州地界，老远便见十几名兵弁押着一辆囚车，吱吱嘎

唐太宗李世民传

嘎地迎面走来。开始魏徵并未在意，以为不过是地方上的盗贼或刑犯被抓。待走到近前，偶然抬头看时，不禁吃了一惊。原来是前太子千牛李志安、齐王护军李思行被押在囚车上。

魏徵立即横马拦住囚车，高声喊道："站住！"

光天化日之下，竟有人公然拦截囚车，十几个护卫兵弁各持刀剑，呼呼地围了上来："何方贼徒，要造反吗？此乃朝廷要犯，正欲押送京师，识相的，快闪开！"

魏徵的随从也围上前来，众人喝道："放肆！此乃朝廷钦差魏徵大人。"

一听说是魏徵，众人不再喧嚷，但仍紧紧地护着囚车，一个官员模样的人走近一步，打躬说："魏大人，在下乃磁州典史杨未，奉刺史之命，押送二犯进京，不知大人有何见教？"

"请问，这两个人犯了何罪？"

"他们两个，一个是前太子千牛，一个是前齐王护军。"

"这我知道，我是前太子洗马，还不认得他们？我问的是犯了何罪？"

"回魏大人，此二人系李建成、李元吉死党，与李建成、李元吉勾结，密谋造反。事败后潜逃至磁州，被我们捕获。"

魏徵冷笑道："朝廷大赦令已颁布经月，你们莫非不知道？快把他们放了！"

"这……"典史杨未犹豫了，心想你魏徵也是李建成的死党，而且是主谋，怎么忽然成了朝廷钦差？别是潜逃至此，假冒钦差之名，来救同伙的，便犹豫着问道，"请问，魏大人可有朝廷关文？"

魏徵知道他不相信自己，便笑着拿出了太子李世民的手令，说："你不信我魏徵，这个总该相信吧？朝廷已三令五申，当今太子又有赦命，也已布告全国，你们明知故犯，公然忤旨，莫非要落个'违者反坐'的罪名吗？马上放人！"

杨典史仍犹疑不决："魏大人，下官乃奉刺史之命，上支下派，实在不敢做主。"

连与魏徵同来的随从们也一齐劝魏徵道："魏大人，算了吧。此事你已管了，也宣示了朝廷和太子的赦令，听不听由他们吧。"其实，随从们是在替魏徵捏着一把汗：你毕竟曾是李建成的人，这些都是你的昔日同僚，弄不好落个假公济私、包庇谋逆者的嫌疑，那又何苦呢？

魏徵却丝毫不为所动，当即沉下脸来说："你只管放人，你们刺史那里由我去说，与你毫无关碍。如若不然，我这就上表参奏，抗旨不遵，你该知道是什么罪过。"

杨典史无奈，只好命手下放人。李志安、李思行走下囚车，至魏徵面前双双跪下，流泪说："谢魏大人救命之恩，我等没齿不忘。"

魏徵忙将二人扶起，叹口气说："二位大人大错特错了，救你们命的，不是我魏徵，乃是昔日秦王，当今太子。太子宽仁贤德，大度如海，包容百川，不计私怨，若不是碰上这么一位明主，我与你们一样，恐怕早已成了断头之鬼、枉死之魂了。请问二位大人，不知下一步要去哪里安身？"

志安、思行二人泣声说："死里逃生，已属万幸。留下这条命，回乡里种田，养家糊口，能了此残生也就罢了。"

魏徵沉思一会儿说："二位又错了，大丈夫处世，岂能如燕雀营巢，鸡鹜觅食，碌碌此生？往昔命运阴差阳错，使我等跟了建成。如今得遇明主，正是为江山社稷、黎庶百姓大展抱负之时，可不能一朝被蛇咬，十年怕井绳。我看二位就随在下同行，宣谕朝廷赦命，抚慰众人之心，为平息动乱、安定地方出一份力，也可将功补过。有你我三人的现身说法，这趟差事会顺利得多。"

二人喜出望外："有明公指点迷津，我二人情愿追随鞍前马后。"于是，众人同去磁州。

磁州刺史见魏徵释放了钦犯，眼看到手的一桩功劳泡了汤，甚不甘心。送走魏徵一行之后，立即快马加鞭，赶往京师向李世民告状。

"殿下，我看魏徵是徇私怀旧，过去他们同恶相济，今日又借朝廷赦命救其同类，不是朋比为奸，也是私心所致。”那刺史奏报完魏徵擅放要犯的过程之后，又愤愤然说。

李世民听完，却不禁眉开眼笑，欣喜地说："好，魏徵不愧是忠臣、直臣，未来必是我大唐的柱国之臣。他这是以江山为重，以朝廷为重，若有私心，就该明哲保身，这样的事避之还唯恐不及呢。要说私心，我看你倒是有点。你以为送来李志安、李思行，便可邀功请赏，升官加爵，对吧？我告诉你，你该好好谢谢魏大人才是。倘若你真的将此二人以囚车押来京师，一路上招摇过市，坏了我的安定大计，我不仅要将你贬官削职，说不定会将你下入大牢。"

话音甫落，那个刺史吓得冷汗直流，扑通一声跪下，连声说："微臣知罪，微臣知罪。"

经魏徵、房玄龄、杜如晦等人在全国各地奔走月余，到处宣谕朝廷和新太子的宽容政策，终于使李建成、李元吉的旧势力顷刻瓦解，几乎所有的昔日旧党全都自首归顺。各地的政局迅速地平稳下来，就连小股的反叛也没有再发生过。

# 新皇帝的励精图治

武德九年八月甲子日，李世民即位，大赦天下，改年号为贞观。按说，新天子登基，是一件轰动天下的盛事，就应该轰轰烈烈，普天同庆，但李世民并不想太过张扬。

为了不让父皇感到难堪，李世民没有在父皇当年登基的大殿举行登基大典。他决定就在东宫显德殿即位，登基仪式也尽量从简。各州郡的都督、节度使、刺史等官员，一律不准入朝称贺，更不准送什么贺礼、贺仪，对这类送礼行贿的腐败行为，李世民历来深恶痛绝。

杜绝腐败之风，必须从自己当皇帝的第一天起，就要坚决果断地身体力行。各地的官员若有那份忠心，只上一封贺表就行了。那不过是一张纸而已，你们休想借此机会，巧立名目，搜刮民脂民膏，为自己大捞一把。

当然，登基大典也不可能太过草率，这毕竟是一个新时代的开始，在京的全体朝廷命官要一律参加。当日辰时，宰相裴寂、封德彝、陈叔达、萧瑀等，召集朝中文武百官，齐集显德殿，等待着新皇帝驾临。大家各怀心事，或兴奋，或喜悦，或激动，或忧虑，但一个个都是表情庄重，大殿里一片肃穆。

将近辰时末刻，李世民在房玄龄、杜如晦的陪同下，健步走进大殿。当宇文士及宣读完高祖皇上的禅位诏书，李世民这才由太监们服侍着，在侧殿中换上了一袭簇新的衮冕龙袍，然后步入丹墀，由宣徽使导引着，先北向而拜，再面向父皇所在的两仪殿方向，行叩拜大礼。

礼毕，四位宰相趋前，分左右扶李世民升殿。李世民终于坐上了那个千百年来，不知令多少英雄为之折腰的神圣的帝王宝座。宰相们躬身退下丹墀，与百官分文武两班，雁序排列，然后行三跪九叩大礼，山呼舞拜。"万岁"之声，如雷鸣海啸，在大殿中"嗡嗡"作响。

至此，经过了多年的浴血征战、疆场拼杀、宫廷争斗、呕心沥血、精心筹划，李世民终于获得了统治天下的最高权力，登上了大唐帝国的权力顶峰，这一年他二十八岁。

李世民宣布，自即日起，大赦天下，遥尊父皇为太上皇，仍居于皇宫禁苑之内，寝殿、妃嫔、仆婢一应不变，起居饮食一切生活待遇由父皇自定，要优于自己这个当皇帝的；今年年号仍称武德，从明年正月初一起，改元贞观；册封秦王妃长孙氏为皇后，杨妃为德妃；立长子李承乾为太子，次子李泰封魏王。

接下来，便是大封群臣。有史以来，历朝历代，都是一朝天子一朝臣，这既是新皇帝施政的需要，也是治理国家的需要。太宗皇上自然不能也不想违背这个规律。

但是，对父皇的那批老臣，特别是那几个心腹近臣，他暂时不想动他们，这样既可慰藉父皇，又可安抚人心。有不尽如人意之处，以后再慢慢调整。

对群臣的敕封仍由宇文士及宣布：任命陈叔达为侍中，房玄龄为中书令，萧瑀为左仆射，封德彝为右仆射，同掌宰相职权；任长孙无忌为吏部尚书，杜如晦为兵部尚书，秦叔宝为左武卫大将军，程咬金为右武

稳定政权

129

卫大将军，尉迟敬德为右武侯大将军，侯君集为左卫将军，段志玄为左骁卫大将军，张公瑾为左武侯将军，张亮为右卫将军，在玄武门之变中立下大功的常何被任为左监门将军，长孙安业为右监门将军，杜淹为御史大夫。

同时，原太子李建成的属官魏徵、王珪、韦挺被任为谏议大夫。薛万彻为右领军将军。原来的左仆射裴寂被擢为司空，位居各位宰相之上。

在对朝臣的任职安排上，太宗皇上煞费了一番苦心。这是一个很奇特的成分混杂的朝臣班子，既有父皇时期的朝廷元老，又有原秦王府的后进新秀，同时，还特意简选了一批原东宫和齐王府的属官。

很显然，太宗皇上在有意向天下人表明，他在为国家选贤，为江山社稷用人，完全是任人唯贤，绝无门户之见。但是，细心的人们也不难看出，这个以新旧官员组成的混合班子，仍然是以他多年来的幕僚心腹为主体。

唐太宗李世民传

好了，新的朝臣和宰执班子已安排妥了。太宗皇上长长地舒了一口气，自己的帝王生涯，已经迈出了坚实的第一步。以后，他可以按照自己多年的设想，与众位大臣同心合力、大刀阔斧地进行各项朝政改革了。

即位之初，唐太宗就下诏免去关东赋税一年，老百姓得知消息后非常高兴。但没想到，太宗不久又变卦，下诏按以前的标准收取赋税，关东地区百姓大失所望。

正在奉命宣慰山东的魏徵立即上书，坚决地指出："现在陛下刚刚登基，百姓都在拭目观察您的言行，而您刚刚下达了命令，就要食言，这会让八方百姓对您充满疑虑而难以信任。贪图小利而损失了德义，这是目光短浅，太可惜了。"

魏徵的慷慨陈词，最终打动了李世民。不久，山东、河北大旱，唐太宗下诏免去当年赋税。由于唐太宗的政策得体，加上魏徵在山东尽力安抚，谨慎妥善地处理各处关系，最终使唐朝在山东、河北地区的统治基本上巩固下来了。

在安排国事的同时，家事还需要继续处理。李渊是一个被自己的儿子赶下位的太上皇，新皇帝即位，如何面对太上皇？在李世民和李建成、李元吉的斗争中，李渊明显偏袒太子，宣武门政变后又是在李世民的武力胁迫下交出权力的，因此，李渊与李世民父子之间结下了很深的芥蒂。

出于父子亲情，更是出于人们普遍恪守的孝道，李世民在照顾亲情和孝道的前提下，对李渊进行了妥善的安置。

为了照顾太上皇的情绪，李世民让李渊仍旧居住在皇宫太极宫中，享受皇帝的待遇，自己坚持在东宫显德殿处理军国大事。这一举措，既没有给别人留下把柄，也同时缓解了李渊的失落感，起到了稳定政局的作用。

过了三年，也许是养尊处优的李渊觉得长期居住在太极宫不合适，就以喜好弘义宫的山林胜景为由，主动提出迁居城西的弘义宫。一再坚持下，李世民终于答应了李渊的请求，并把弘义宫改名为大安宫。

弘义宫是李渊为了安置功高的秦王而建造的，与太极宫比起来，规模狭小，让太上皇居住其中，有碍大国体面。于是，唐太宗听取了监察御史马周的建议，在太极宫东北部地势高敞的龙首原上，为李渊另建大明宫。

但是直到贞观九年，当了九年太上皇的李渊去世，大明宫还未完工，建造工作半途而废。后来，唐高宗又重新修建，这里最终代替太极宫，成为大唐的决策中心。

在安慰父亲的同时，李世民下诏，追封故太子李建成为息王，谥号隐王；追封齐王李元吉为海陵王，谥号刺王。二人都按照亲王的葬礼重新安葬。

出殡那天，李世民登宜秋门目送灵柩，痛哭流涕。并且命令原东宫和齐王府的属官，全都参与送葬。后来，李世民又把自己的儿子赵王李福过继给李建成，以续香火。

稳定政权

正在唐太宗为政局稳定忙得焦头烂额的时候，东突厥颉利可汗趁着李世民尚未将冯立、谢叔方、薛万彻、罗艺等李建成和李元吉余部招降或铲除干净，命拔野古部和同罗部的骑兵围攻乌城，牵制住程知节、徐世勣、柴绍和屈突通的唐军主力，他自己则协同其弟突利可汗以及铁勒首领契苾何力率二十万大军南下，兵锋直指长安城，占领了离长安不远的武功城。

颉利可汗派遣帐下大将军执失思力进长安城威胁唐朝君臣，并同时率大军进逼到长安城外的渭河北岸。李世民扣留了执失思力，然后冒险率长孙无忌、高士廉、房玄龄、侯君集、段志玄、独孤彦云等六骑到长安城外的渭水便桥南岸，隔河责问东突厥背信弃义。同时，唐朝大将尉迟敬德率领一支军队于泾阳之战中击败突厥的左翼军，突厥名将阿史那乌默啜险些被俘。

颉利可汗等自知理亏，又因为侧翼遭袭，大将被扣押，因此与李世民在渭水便桥上斩白马为盟，之后退兵。突厥颉利可汗献马三千匹，羊万头。李世民也放回了执失思力。

城下订立盟约，众人都觉得荣耀。李世民则不然，他把它当作一种屈辱，当作奋发图强的动力。"不灭突厥，誓不罢休！"他痛下决心，"朕既为中原天子，自应威服四夷，归化万邦，使九州内外皆受圣朝恩泽，功业超过秦皇汉武，名垂千古，流芳百世。"

从此，唐朝一方面休养生息，恢复经济，增强国力，全力以赴做好最后跟突厥一决雌雄的准备；另一方面拉拢突利小可汗，挑起他与颉利可汗之间的矛盾，并且千方百计联络突厥北面的薛延陀，与之通好，以孤立颉利可汗。

富国强兵的方略确定下来，李世民亲率禁卫军将士在显德殿前面的广场上操练。他满怀激情，谆谆训谕道："戎狄侵扰中原，抢掠财产，自古以来常有，并不值得忧虑。值得忧虑的是，边境稍微安宁，君王就沉湎于淫逸享乐之中，忘记了战争，一俟外寇入侵，便无法抵御。现在朕不派你们掘池筑苑，只要你们专心练习骑马射箭。平常无事，朕当你们的教头；突厥侵犯，朕当你们的将军。只有卧薪尝胆，才能使国家强盛，百姓安居乐业。"

东宫热闹起来了。号角声、喊杀声、欢呼声，时有所起。弓箭射靶的"嗖嗖"声，不绝于耳。李世民每天带着数百人在殿前庭院中训练，教授箭术，亲自测试，忙得汗流浃背，而热情却非常之高。中靶多的士卒，赏赐弓箭、刀枪、布帛，他们的长官也给予"上等"考绩。

文武官员都觉得不妥，王珪提醒道："依照大唐律令，凡是把武器带到皇帝住处的，都要处以绞刑。而今让一些禁卫在宫中拉弓射箭，陛下身处其间，万一有狂徒恣肆妄为，出现意外，那可就不好收拾啰。"

"王者视九州为一家。"李世民辩解说，"四海之内，都是朕的子民。朕开诚布公，推心置腹，难道连禁卫也要猜忌？"

王珪一谏再谏，房玄龄和杜如晦等也打帮腔，最终唐太宗同意将训练场移到了宫外。

不久，东宫出现了一种奇怪现象，夜晚小杨妃总是从睡梦中惊醒，叫喊有鬼，声音凄厉，闻之毛骨悚然。李世民准备宣润州茅山大受观道士王远知进宫，修设斋醮，祈禳驱邪。

长孙无忌奏称王远知功德圆满，已经羽化登仙。萧瑀奏请选举有大德行的高僧作坛，建设道场，举行水陆法会，供奉诸佛菩萨，超度冤死的鬼魂。太史令傅奕嗤之以鼻，请求禁止佛教。信仰佛教的萧瑀不服气，跟傅奕争得面红脖子粗。

"信则有，不信则无。可以各抒己见，但不要互相指责，更不必伤和气。"李世民一开口，争论便停止下来。

萧瑀跟佛庙僧人往来颇多，很快在长安大庄严寺找到了一位挂褡的和尚，法名玄奘，俗姓陈，名祎，洛州缑氏人，十三岁出家于洛阳净土寺，修持寂灭，道德高深。

李世民赐五彩织金袈裟一件，毗卢帽一顶。玄奘顿首谢恩，前赴化生寺，择定吉日吉时，讲经设法。法会开场后，小杨妃夜夜睡得安稳，再不梦见鬼魅。

印度僧人波颇密多罗来到长安，向玄奘介绍了那烂陀寺戒贤法师的讲学规模和他所讲授的《瑜伽师地论》。玄奘决计去西天取经。在唐太宗的支持下，贞观元年八月，玄奘从长安出发，开始了取经之旅。

唐太宗在支持佛教的同时，并没有排斥道教。傅奕在宫中负责观测天象变化，自武德七年以来，接连上了排佛十一疏，在朝廷中展开了多次大辩论，致使佛、道地位发生了微妙的变化。

李世民很欣赏傅奕的勤谨正派，特赐同席共餐。饮宴中，他用一种至诚的态度慰勉道："你在六月所上的奏章，说金星出现在秦的分野，几乎给我带来了灾祸。反过来说，这恰恰是你忠于职守的行为。以后要是再有天象变异，应该一如既往，言无不尽，不要心生障碍。"

"陛下圣明，"傅奕感动得热泪盈眶，"你有一副包容万物的心胸啊。"

唐太宗李世民传

"佛教所传播的教义，玄妙奥秘，可以作为人生的导师。为什么你悟不出其中的道理？"

"佛教是方外之教，任其传播，臣以为误国误民，最好用本土宗教——道教——取而代之。"

李世民感觉有道理，随即降旨严格规定："民间百姓不得私自设立妖祠神庙。除非正当的卜筮术，其余占卜算命之类，一律禁止。"

# 调整人事巩固政权

李世民即位之初，唐朝统治集团内部有三股势力：一是唐高祖李渊笼络的士族勋贵，包括跟随李渊晋阳起兵的功臣和前朝的勋贵；二是秦王府李世民手下的幕僚，他们是李世民夺取政权和巩固政权的最可靠的力量；三是原太子李建成和齐王李元吉的官员，曾经各为其主与李世民争斗，其中不乏有识之士。唐太宗当政以后，大刀阔斧地调整领导班子，开拓大唐政权的新局面。

流放李渊的宠臣、密友裴寂，这是李世民调整的第一步。裴寂是蒲州桑泉人，李渊留守太原时，他任晋阳宫副监，与李渊交情深厚，参与了晋阳兵变的谋划。所以，在高祖朝他被任命为尚书右仆射，官至宰相，崇贵无比。但此人才能平庸，又好妒贤嫉能。

在刘文静事件中，他与李世民结下了冤仇。刘文静是李世民的心腹，在晋阳起兵时起了重要作用，才能又远在裴寂之上，裴寂却唆使李渊诛杀了罪不当死的刘文静。在太子、齐王与秦王的争斗中，裴寂公开站在太子一边。政变后，表面上看，裴寂还是十分受尊重。贞观元年，太宗给他食封一千五百户，比所有的功臣都多，位居第一。但实际上，裴寂却被剥夺了参与商议政事的实权。

贞观三年，有一个叫法雅的和尚口出狂言，诬枉朝廷，有人告发裴寂与之关系密切。李世民趁机将裴寂免官，贬回家乡。裴寂上表请求皇帝允许他住在京师，久久不肯离去。不久又有人扬言说裴寂似乎有得天下的气象，裴寂听后非常惶惧，竟杀人灭口。

唐太宗知道后，勃然大怒，宣布了裴寂四大罪状：第一条，身为宰相，却与妖人法雅这样的人过往甚密；第二条，以功高自负，竟声称唐朝夺天下是他的功劳；第三条，妖人说他有得天下的气象，竟不上报；第四条，私自杀死妖人灭口。

唐太宗李世民传

唐太宗早有除掉裴寂的打算，终于找到机会。在列举了上述罪行之后说："我要杀掉裴寂有充足的理由，但既然臣子们都为他说情，劝我将他流配远方而留他一条性命，我就听从大家的意见吧。"不久，将裴寂流放到静州。后来，裴寂死于静州寓所。

在将裴寂贬官流放的同时，李世民还罢免了陈叔达、萧瑀等人的职务。唐高祖时先后有十二位宰相，其中支持李世民的有陈叔达、萧瑀和宇文士及。这三个人分别出身于陈朝皇族、梁朝皇族及北周宗室，地位十分显赫，但思想趋于守旧，缺乏进取精神，还常常与朝中新贵争执。

朝中每逢评议大事，萧瑀等老臣总是言辞激烈，不可一世，房玄龄、魏徵等不敢抗言。如果房玄龄等人有小的过失，萧瑀都要上奏弹劾。唐太宗对房玄龄等人十分信任，往往不会治他们的罪，反而对萧瑀有所疏远。武德九年七月，唐太宗罢免了出身隋朝宗室的中书令杨恭仁，由宇文士及接替他的职位。同时任命萧瑀为尚书左仆射，封德彝为尚书右仆射。

十月，萧瑀和封德彝发生矛盾，又与陈叔达在殿廷上争吵，声色俱厉。唐太宗就以无视朝堂的大不敬之罪，借机将萧瑀和陈叔达免官。唐太宗虽然罢免了陈叔达、萧瑀等宰相的职务，但仍旧把他们当作德高望重的大臣以礼相待，时常慰问陈叔达，与他重温旧谊。

后来，陈叔达犯事被法司弹劾，李世民念及旧的情谊，没有声张他的罪名，悄悄罢免了他的官职，让他回家养老。萧瑀虽然几次触怒唐太宗，但太宗仍然不忘旧恩，将他的画像与其他功臣一起供奉在凌烟阁，并且拜为太子太保。

太宗对宇文士及也十分重情义，在他重病的时候前去看望，悲痛得不能自已。宇文士及死后，厚葬在昭陵。

这样，李世民逐渐摆脱了李渊旧臣的束缚，接下来就是在重要岗位安插亲信了。早在武德九年六月，李世民刚被立为皇太子之时，就任命宇文士及为太子詹事，长孙无忌、杜如晦为左庶子，高士廉、房玄龄为右庶子，尉迟敬德为左卫率，程知节为右卫率，虞世南为中舍人，褚亮为舍人，姚思廉为洗马。

这些人中，除了宇文士及外，长孙无忌和高士廉是亲戚，其他都是秦王府武将或者"十八学士"成员，大多在玄武门事变中做出过贡献。贞观初年，论功行赏，房玄龄、长孙无忌、杜如晦、尉迟敬德、侯君集五人位列一等。

李世民对群臣说："我对各位的封赏，以功劳大小为依据，如果有什么遗漏，请说出来，以便纠正。"

李世民的叔父李神通气愤地说："晋阳起兵时，我率兵最先起事，如今房玄龄、杜如晦等文人，却功居第一，我实在不服气。"

李世民心平气和地说："当初起兵反隋，人人有心。叔父虽然率兵而来，但没有亲临阵地。山东没有平定的时候，您受命镇抚，窦建德南侵时，却全军覆没。刘黑闼起事，叔父又望风而逃。房玄龄等筹谋帷幄，安定社稷，功劳就像汉代的萧何，虽无汗马之劳，却有谋划之功，所以功得第一。叔父诚然是我最亲近的人，但我不能以私心滥赏。"

贞观三年，唐太宗任命房玄龄为尚书左仆射，总领百司；杜如晦任尚书右仆射，与房玄龄共掌朝政。房玄龄善于谋划，明达政事；杜如晦机智深算，处事果断。当时，天下大事及典章制度，都由二人定夺。两人相互辅助，同心协力，成为有名的贤相，后世传为佳话，被誉为"房谋杜断"。在房玄龄、杜如晦成为宰相的同时，秦王府其他僚属如尉迟敬德、侯君集、高士廉、程知节、秦叔宝、段志玄、张公瑾等也都各居要职，初步形成了以李世民为核心的决策机构。对于东宫及齐王府属官，李世民也酌情加以任用。贞观三年，他将原东宫旧属王珪提拔为宰相。

李建成被杀后，李世民召拜王珪为谏议大夫。贞观元年，唐太宗对大臣讲了他心目中的君臣关系，他说："正直的君主任用邪恶的大臣，不能成就大事业；正直的大臣佐助邪恶的君主，也不能成就大事业。君臣相遇，就像鱼和水，相互依赖，国家才能长治久安。从前，汉高祖刘邦不过是一介农夫，手拿三尺长剑而定天下，主要是有贤臣的佐助。朕虽不明，却有幸得到诸位的佐助匡扶，所以希望大家各抒己见，以求天下太平。"

唐太宗李世民传

闻听此言，王珪接着说："我听说弯曲的树木，用墨绳可以修正成材。君主只要听从臣下的意见，就能成为圣明的人。所以，古代的圣贤君主，拥有众多的敢于直言的诤臣。陛下聪慧，却仍能虚心纳谏，这是国家的福气。臣等处在这样宽松的环境下，还有什么理由不坦率陈述自己的意见呢？"

唐太宗对王珪的话十分赞同，于是下令："从今以后，凡是三品以上大臣朝会，一定要派遣谏官，以纠正过失。"

为广泛网罗人才，李世民还打破士族门第观念，破格提拔山东士人。开始，唐太宗对山东人有些偏见。殿中侍御史张行成对李世民说："臣听说天子以天下为家，不应当以东西为限。否则，就是向人显露他的狭隘。"这话对李世民来说，真是振聋发聩，使他慢慢改变了对山东人的看法，开始重用出身低微的山东寒士，如马周、张亮、戴胄等人。

通过一系列的人事调整，李世民分化争取了敌对势力，择优录用山东士人，将自己的亲信安排到各重要部门，牢牢掌握着军政大权，基本形成了以李世民为核心的、由多个阶层参与的决策集团，为其后的政治改革和经济发展，奠定了良好的基础。

# 贞观盛世

李世民愤然不能自抑，将他召进宫中，责备道："中男体格健壮的，实际上都是成丁。奸民在年龄上进行欺骗，用来逃避兵役。提前服役，并无害处，你却从中设阻。"

"军马在于整饬得法，而不在于人数众多。陛下征召健壮的成丁，加强训练，足可以无敌于天下，何必多征些还未成年的少年徒增虚数？而且陛下常常说：'朕以诚信治理天下，冀望臣民都没有欺诈行为。'现在陛下登极不久，却已经多次失信了。"

# 大力推动政治改革

　　李世民即位后，对三省六部制进行改革，对三省的职权及其相互制约关系作出了明确的规定，创建了中国历史上新的宰相制度，建立了以三省六部制为核心的中央政权机构。

　　三省即中书省、门下省和尚书省。中书省，长官为中书令，负责草拟诏令，制定政策；门下省，长官为门下待中，负责审核诏令，审议政策；尚书省，长官为尚书令及左、右仆射。尚书省下辖吏、户、礼、兵、刑、工六部，各部设尚书、侍郎，负责执行诏令和各项政策，是执行政令的最高行政机关。因为唐太宗曾经担任过尚书令，所以，尚书左、右仆射成为尚书省的最高长官。

　　三省长官并称宰相，相互牵制，最后听命于皇帝。三省制使决策、审议、执行三权分离，各行其是，各尽其职，相互制约，特别是门下省的封驳权具有特殊的意义。

　　"封"，是指封还由中书省替皇帝草拟的政令诏书；"驳"，是指驳回尚书省呈上的臣下奏章。古时臣下上书奏事，为防止泄密，同时也出于维护皇帝的尊严，奏书要用袋子封缄，称为封事。封驳一般都采取密封这一形式。这一制度在减少政策失误方面起着重要的作用。

三省长官中，尚书左、右仆射权力最大，为宰相之首。由于三省长官位高权重，后来不轻易授人。李世民便任用一些资历浅、职位低的官员参加宰相会议，这些人称为"同中书门下三品"或"同中书门下平章事"，行使宰相权力。

这样做，一方面分散了宰相的权力，便于皇帝一人集权，使他的集权统治变得游刃有余；另一方面，更多的人参加宰相会议，可充分发挥集体的智慧，确保国家政令的准确性和前瞻性，有利于减少行政失误，具有一定的积极意义。同时，宰相集团的建立，促使贞观时期出现了人才济济的局面。

三省之中，中书省发布命令，门下省审查命令，尚书省执行命令。一个政令的形成，先由各位宰相在设于中书省的政事堂举行会议，形成决议后报皇帝批准，再由中书省以皇帝名义发布诏书。诏书发布之前，必须送门下省审查，门下省认为不合适的，可以拒绝"副署"。

诏书缺少副署，依法即不能颁布。只有门下省"副署"后的诏书才成为国家正式政令，才能交由尚书省执行。这种运作方式类似现代的"三权分立制"，西方在十七世纪兴起的分权学说，李世民早在一千多年前就已运用于中国的政治体制，这表明贞观时期政治文明已经达到相当高的程度。

尤其难能可贵的是，李世民规定自己的诏书也必须由门下省"副署"后才能生效，从而有效地防止了他在心血来潮或心情不好时作出不明智的决定。在中国历史上众多帝王中，只有李世民一人拥有如此宽阔的胸襟和卓越的胆识。

除三省六部外，中央还设有御史台，负责监察百官，其长官为御史大夫，副长官为御史中丞。御史台下属三院：台院、殿院、察院。台院有侍御史四人，负责纠举狱讼、复议死囚、平反冤案和弹劾官员的违法行为。殿院有殿中侍御史六人，主要纠察殿廷内百官的仪态、着装、行止。级品再高的官员也要服从纠察。在一些重大的庆典活动中，他们还负责维护秩序，检查仪式、服饰是否规范。察院有监察御史十人，主要职责是受皇帝委派，到各地检查军政事宜。其中，御史大夫位高权重，可以参与朝政，行使部分宰相的权力。贞观前期的御史杜淹、温彦博、萧瑀、韦挺等都受到了太宗的器重。

在地方上，唐朝设州、县两级。州设刺史，县设县令，均由中央任免，负责地方清查户口、催征赋役、维持治安等。贞观初年，由于地广人稀，民少官多，唐太宗又合并和减少州县，依山河形势，划全国为十道，即关内道、河南道、河东道、河北道、山南道、陇右道、淮南道、江南道、剑南道和岭南道。道为监察区，由中央派官吏巡视指导工作，对整顿地方吏治可以起到较好的作用。

县以下的行政组织有乡、里、保、邻。五里为一乡，设乡老一人。每百户为一里，设里正一人。乡官里吏的主要职责是教化民风，检查户口，征敛赋役，管理农业生产。每里之中，又实行邻保制，四家为邻，五家为保，保有保长，协助里正维持地方治安，稳定社会秩序。

唐太宗李世民传

鉴于地方机构臃肿的情况，唐太宗下令合并州县，取消郡一级行政机构。与武德年间相比，州县的数量大大减少。减并后的州府共三十五个，比原来减少了三分之一。减并后的县共一千五百五十一个，比以前减少了一半。这样，不仅减少了政府行政开支，减轻了百姓负担，有利于社会的安定，还提高了地方政府的办事效率。

李世民即位不久，就对房玄龄说："量才授职，关键在于精简官员数量。官员的使用在于是否得当，不在于数量多少。如果任人得当，数量虽少也能成事；如果任人不当，即使官员再多也于事无补。这就是古人说的'千羊之皮不如一狐之腋'。因此，应当淘汰多余的官员。"

房玄龄等按照李世民的指示，将中央文武官员裁减到六百四十三员。当时民户约三百万，以平均每户五口人计算，全国人口约一千五百万。一个拥有一千五百万人口的国家，中央政府官员只有六百多人，可以说是比较精简的了。

贞观年间，唐太宗对官员的职责、考核、奖惩都有严格细致的规定。官员无故缺勤或擅离职守，要受到惩罚，各官府上班时要点名，并且一日多次点名，点名一次不到，要受到"笞十"的惩罚。

唐太宗还要求各级官员轮流值班，即下班后及夜间官府也要有人值班。对诏令下发和官府文书的会签，有明确时间规定，违者受罚，直至罢官、判刑。

贞观元年，黄门侍郎王珪有密奏交给宰相高士廉，让其转交太宗，高士廉未能及时转送，结果被贬为安州都督。为了保证官员能勤于职守，贞观朝制定了严密的考课制度。官员一般四年一任，其间每年都要进行一次小考，评定等级；四年一大考，综合小考的等级决定官员的升降。

考课由尚书省吏部的考功司主管，考功司设郎中、员外郎各一名，郎中负责京官考课，员外郎负责外官考课，对三品以上的高级官员，最后须报呈皇帝，由皇帝亲自裁决。

唐太宗把赏罚作为管理官吏的重要手段，重视考核监督。为使赏罚有据，他格外重视对地方官的监督。在精简机构的同时，唐太宗还根据山川形势和地理位置，设置了关内、河南、河东、河北、山南、陇右、淮南、江南、剑南、岭南十道，中央政府经常派员到各道巡视，考核官员的政绩。

唐太宗为考察地方官的治绩，将每一个刺史的名字都写在屏风上，并标上红黑点来记录他们的善恶。在奖优罚劣政策下，各级官员都能恪尽职守，涌现出一大批政绩优异、以清正廉洁著称的州县良吏。

善养百姓的邓州刺史陈君宾，被百姓呼为慈父的通、巴二州刺史李桐客，开凿无棣河变水害为水利被老百姓编歌赞颂的沧州刺史薛大鼎等，都是当时受人传颂的好官。

在李世民统治下的大唐帝国，皇帝率先垂范，官员一心为公，吏佐各安本分，滥用职权和贪污渎职的现象降到了历史上的最低点。难能可贵的是，这一切，主要不是靠残酷刑罚的警示，而是依据皇帝以身示范以及一套比较科学的政治体制来取得的。在一个精明自律的统治者面前，官吏贪污的动机很小，贪官污吏也不容易找到容身之地。

在进行政治改革的同时，李世民又决定完善府兵制。府兵制是西魏、北周时建立的一种兵制，到隋朝时已日趋完备，但由于隋末大乱，府兵制遭到一定程度的破坏。

唐初沿袭隋代的府兵制，在中央设卫，在关中设军，每军管辖一道，各道都有骠骑府和车骑府。由于战事繁忙，编制经常变化。加上李世民同太子和齐王的矛盾，中央十二卫及所属十二军同亲王率的六府形成对立之势，不利于皇帝对军队的控制。

贞观十年，李世民下令改革兵制。府兵的领导机构在中央为十二卫，每卫设大将军一人，将军二人。各卫均下统一定数量的折冲府。折冲府一般设在州府，州府之下的县乡等行政机构设团、旅、队、火等府兵机构，属于折冲府之下的基层组织。

唐太宗李世民传

军府大小不一，上府有士兵一千二百人，中府一千人，下府八百人。府下为团，每团二百人；团下有旅，每旅一百人；旅下有队，每队五十人；队下有火，每火十人。

唐朝的府兵制，是建立在均田制基础上的，兵农合一。国家授给士兵土地，他们不负担国家赋役，平日生产，轮番出征作战和戍卫京师。出征和戍卫期间，所需武器、粮食、服装等均须自备。

府兵是世袭的，士兵二十一岁应征，六十岁免役。当时，全国置折冲府共六百多个，其布局以加强中央武备为原则。中央所在地军府占总数的百分之四十，拥兵达二十六万，其次为河东、河南地区，江南地区军府则较少，形成了内重外轻的局面。

为了弥补府兵兵员的不足，唐太宗还使用招募的办法征集兵员。贞观年间，府兵制是兵制的主体形式。府兵制对于加强中央集权，维护国家安全，发挥了积极的作用。

# 采取休养生息策略

唐太宗即位之初，面对百端待举、百废待兴的局面，为了找到一条实现天下大治的途径，他十分注意吸纳贤能之士的建议，曾在朝堂上主持过一次关于自古以来历朝皇帝理政得失的讨论，向群臣询问使国家大治之策。

面对历史遗留下来的重重困难，魏徵满怀信心地说："动乱之后，人心思安，易于教化。如果要天下大治，必须加强教化。上下同心，见贤思齐，有几个月的时间社会风气就会好转，用三年的时间，社会经济就能恢复和发展起来。"

封德彝认为不可，他引证历史，认为夏、商、周三代以后，秦朝专用法律来治理，汉朝杂用霸道来治理，他们不是不想教化，但却都没有达到教化天下的目的，可见实现教化的目的是十分艰难的事情，甚至是在当今社会不可能实现的事情。

他还厉声指责说："魏徵只是一介书生，不识时务，如果听信他的胡言乱语，会导致国家的危亡。"

魏徵毫不客气地反驳说："人处在困难危急之中，最怕死亡，于是就考虑产生变化的办法。自隋以来，人们饱尝丧乱之苦，生活在危难之中，人人都希望有一个休养生息的环境，静则安，动则乱，这是妇孺皆知的道理。因此百姓可以教化，国家可以治理，关键在于执政者有没有能力和信心。"

魏徵还提出实现天下大治的策略，那就是"抚民以静"。魏徵指出，所谓的静，就是休养生息，减轻百姓的负担，等大乱给他们造成的损害渐渐消失，给他们足够的恢复生产的时间，才能进一步谋求发展。这正是安定局势、治理国家的根本所在。

唐太宗十分赞同魏徵的观点，对群臣说："我刚刚即位，治国理民，务在安静。如今，国家未安，百姓未富，应当以静安抚，我日夜思虑的问题，就是如何清静，使天下无事。"

唐太宗目睹了隋朝末年隋炀帝虐待百姓，大肆营造土木工程，又穷兵黩武，最终导致风起云涌的农民起义爆发，身死国亡的全过程，因此把对保证百姓的存活空间看得十分重要。把"存百姓"当作"为君之道"的先决条件，这在历代君王中都是十分有远见的。

唐太宗同时又认为，封建王朝能否长治久安取决于百姓能否生存，而反过来，百姓的存亡又取决于君主能否克己寡欲。他有一句名言：国君有道，那么百姓自然会推举他为人主；国君无道，那么百姓就会抛弃他而不服从。也就是说，君主能否长久保有天下，是受到百姓制约的。他把国治、民存和君贤三者有机地联系起来，反复强调民存取决于君贤，这更加显示了他的远见卓识。民为贵，社稷次之，君为轻，治国必先养民，是先秦哲人孟子的主张。从以下的谈话中，可以看出唐太宗对这种民贵君轻理论的理解与认同。

唐太宗指出："君主依靠国家，国家依靠百姓，如果剥削百姓以侍奉君主，就好像割掉人身上的肉来充饥一样，这样虽然肚子填饱了，但身体死亡了，君主富裕而百姓贫苦国家也必然会灭亡。"这就形象地表现了民为邦本、治国必先安民的远见卓识。

贞观二年，唐太宗在慰劳刺史陈君宾时就曾对他说："我最近常常是在正午过去很久了，还不记得吃饭，天还未亮时就起床穿衣，我每天这样夜以继日地思索，全是为了能够找到让百姓静养以恢复发展生产的良策啊！"

唐太宗时常告诫百官，做事情要重视顺应民心，他对侍臣们说："自古以来帝王凡是要兴建工程，必须要顺应民心。大禹开凿九山，疏通九江，耗费人力非常巨大，却没有人痛恨埋怨，就是因为民心希望他这样做，他实现了百姓的心愿。而秦始皇营造宫室，却常常遭到人们的指责批评，这是他只为了满足私欲，不跟民心一致的缘故。我最近想造一座宫殿，材料已经准备齐全，但是想到秦始皇的事情，就决定不兴建了。"

贞观四年，唐太宗又对侍臣说："建造修饰宫殿屋宇，流连欣赏亭阁池台，这是帝王所希望的，却不是百姓所希望的。帝王所希望的是骄奢淫逸，百姓所不希望的是劳累疲敝。孔子说，有一句可以终身行之的话，就是要实行仁恕之道啊！自己所不情愿做的事，不要施加给别人。劳累疲敝的事，不能施加给百姓。我坐上帝王的尊位，享有天下，处理事情都要设身处地，真正节制自己的欲望，不做百姓不希望做的事情，这样一定能够顺应民情。"

唐太宗还通过形象的比喻论述了对天下百姓实行仁义的重要性。他说："树林茂密的地方，鸟就容易栖息；水面宽阔的地方，鱼就容易游动；仁义积聚了，百姓自然会归顺。人们都知道畏惧、躲避灾害，却往往不知道实行仁义灾害就不会发生。仁义之道，应当记在心里，并且使它继续发展下去，如果有片刻的松懈怠慢，距离仁义就远了。好比用饮食来供养身体，常常能使肚子吃饱，才能够保存生命。"

王珪叩头感慨："陛下知道这些道理，天下百姓真是太幸运了！"

唐太宗还告诫官员要吸取隋朝灭亡的教训，他对黄门侍郎王珪说："隋文帝开皇十四年关中发生大旱，百姓饥饿困乏。当时国家的粮仓堆得满满的，但是却不允许开仓救济百姓，反而让百姓逃荒自己去寻找粮食。隋文帝不爱惜百姓却爱惜仓库到这种地步。等到隋文帝晚年，国家储积的粮食，可以供给全国食用五六十年。隋炀帝就倚仗这样的富裕，尽情享受豪华奢侈，荒淫无道，结果导致灭亡。所以，隋朝最终丧失了国家，父子一样都有责任。凡是治理国家的，务必积蓄于民，而不在于装满朝廷的仓库。"

在中国漫长的古代历史中，真正高举民为邦本的旗帜，并努力付诸实践的要数贞观时代。在制定政策、制度的时候，能够考虑到百姓的利益。唐太宗本着民为邦本、抚民以静的原则，作出了"大治"天下的决策，制定了一系列政策和措施，而且毫不迟疑地将之付诸实施，让这些思想策略落到实处。

唐太宗李世民传

李世民非常关心老百姓的生活，重视农业生产，主张休养生息，轻徭薄赋，不夺农时。他采取了均田、垦荒、兴修水利、奖励人口生育等一系列发展农业的政策措施，在一定程度上促进了唐初农业的快速发展。均田制始于北魏，历北齐、隋而至唐。经历了隋末的大乱，全国州县经济萧条，人口稀少，大量空荒的土地等待开垦，而这成为唐初实行均田制的前提。唐初，为了使流亡无地的农民重新回到土地上进行生产，继续推行北魏以来的均田制。

武德七年，唐政府颁布均田令。均田令规定：凡年满十八岁的男丁授田一顷，其八十亩为口分田，死后交还国家；二十亩为永业田，可以传给子孙。残疾者授口分田四十亩，寡妻妾授口分田三十亩，工商业者减丁男之半，一般妇女和奴婢不授田。有爵位的亲王、贵族和公侯可依照品级，依次授一百顷至二百顷的永业田，各级官府和官员还有数量不等的公廨田和职分田。限制土地买卖，只有在身死家贫无以供葬时，可卖永业田，从地少人多的地区迁往地广人稀的地区可卖住宅及口分田。

唐代均田制，大体承袭前代而又有所不同，唐代取消了奴婢占田，说明经过隋末农民战争的打击，奴婢在生产中已不占重要地位，同时也说明唐政府有意限制豪强势力的发展。

唐代均田制虽然限制土地买卖，但买卖限制仍比从前放宽了，从而为地主豪强兼并土地开了方便之门。贵族、官僚享有占田特权，这说明均田制并不是平均分配土地，它实际上是维护封建等级制度，保证封建赋税的收入。

唐太宗时期，继续推行均田制，由于政治安定、吏治清明，均田制在实行过程中基本上没有出现大的差错。均田制的推行，满足了农民的部分土地要求，提高了农民的生产积极性，使遭到战乱破坏的农业生产得以恢复和发展。同时，均田制的实施，有利于农民摆脱为国家服役，增加了财政收入，有利于中央集权制度的加强。唐太宗鼓励农民迁居到荒地较多的地区，即所谓"宽乡"，以方便给足田亩。贞观元年，关内遇到旱灾，粮食歉收，唐太宗就组织饥民到关外寻找生存的途径。

贞观二年，唐太宗又号召地方官员动员当地百姓迁居，下诏说："如果为官者能够按照朝廷的指示，鼓励当地百姓迁居到宽乡，安置他们各得其所，那么官人的考功成绩可以得到一定的奖赏。"

贞观十八年二月，唐太宗下令，向荒远地区百姓授田，二十一岁以上的丁男每人授田三十亩。把官员对百姓的安置与自身的考课结合起来，大大调动了官员的积极性，有利于政策的推行。这样一来，大量百姓迁居到荒凉待垦的地区，迁居的百姓中有灾民、流民，也有部分自耕农，他们开发了大片的荒地。

此外，唐太宗还进一步从政策、法律上鼓励百姓开垦荒地。贞观十一年，新颁布的《唐律》规定，住在宽乡的百姓，根据国家规定的标准，按照人口数授予一定的田地后，这一地区的田地仍有剩余，则可以额外分给他们，让他们开垦收获。《唐律》同时规定，如果百姓原来居住在荒地不多的狭乡，但愿意迁居到荒地较多的宽乡，那么可以得到减免租税的优待。律文甚至细致地规定了这种优待的享受规格，即离开原来居住地千里以外的，可以免除三年租税；五百里以外的，可以免除两年租税；三百里以外的，可以免除一年的租税。

为了保证政策的切实执行，律文还对督促此项制度的官员实行了监督规定，如果官员不按赋役令执行，则要受到两年徒刑的严厉惩罚。这些措施清楚地反映出唐初统治者鼓励农民移居宽乡垦荒的意愿。

唐初的赋役制度称为租庸调制。凡是授田农民，每丁每年要向政府纳粟二石，叫作"租"；每丁每年交绢二丈、绵三两，不产丝绵的地方可交布二丈五尺，麻三斤，叫作"调"；每丁每年服役二十天，如不亲自服役，每天可折交绢三尺七寸五分，叫作"庸"。如果加役十五天，可免调；加役三十天，租、调可以全免。和隋朝相比，农民的负担有所减轻。唐太宗即位后基本上未对租庸调制进行大的调整，在实际执行过程中却有意减轻负担。

贞观二年，山东大旱，下诏免当年赋租。贞观四年，免陇、岐二州租赋一年。贞观十一年，免洛州租调一年。贞观十二年，免朝邑当年租赋。贞观十三年，免三原县租赋一年。贞观十四年，免第安县延康里当年租赋。贞观十五年，免洛州租一年。此后，也有不同程度的租赋减免。

发展农业生产，时节十分关键，人误田一时，田误人一年。贞观年间，为了让农民休养生息，统治者征发徭役比较注意不违农时。唐太宗在《赐孝义高年粟帛诏》中说："自从我登基以来，不曾准许一个百姓遭到过分的役使，这就是为了能让百姓有休养生息的机会，从而能够恢复精力啊！"

另外，当政府活动与农时相冲突时，唐太宗也能做到不违农时。贞观五年，皇太子将要行冠礼，礼部官员援引阴阳家的占卜，提出举行礼仪的时间应该在二月。但二月份正是春耕的忙碌季节，两件事发生了矛盾。皇太子的冠礼是国家的大事，但唐太宗宁愿放弃太子的礼仪而尊重农时，阴阳家和很多大臣前来劝阻，太宗坚持不肯在春耕的季节为太子举办礼仪，而坚决把礼仪推迟到秋后农闲的十月举行。

朝廷官员到州县检查农业生产时，太宗要求他们亲自到田间地头，不要让地方送往迎来，以免耽误农时。他常说："迎送往来，多废农业。如此劝农，不如不去。"

唐太宗李世民传

太宗喜欢打猎，但是为了不妨碍农时，也尽量将狩猎的时间安排在农闲时间进行。根据史书的记载，贞观年间太宗大约有过七次田猎，而时间都是选在当年的十月、十一月、十二月。

太宗皇帝反对滥用民力、劳役无时，有人主张修建豪华的宫殿，太宗对群臣们说："崇尚豪华，装饰台阁，是帝王的需要，不是百姓的需要。劳民伤财的事，千万不能施加给百姓。"

太宗之所以不滥征民力，是因为唐初统治者目睹了隋亡的全过程，认识到统治者和被统治者之间的关系是船和水的关系，他经常对臣下说："君主，好比是舟；百姓，好比是水。水能载舟，也能覆舟。君主有道，人民推而为主；君主无道，人民会弃而不用。这是多么可怕的事啊。"

魏徵趁机说："自古以来，亡国之君都是居安忘危，处治忘乱，所以不能长久。今陛下统一了全国，四海升平，上下一心，却不陶醉于成功之中，处处如临深渊，如履薄冰，如此励精图治，国家自然能长治久安。您常说，'水能载舟，亦能覆舟'，这是千年古训，陛下能认识到这个道理，这是国家和人民的福气啊。"

太宗又对近臣说："为君之道，首先是关心百姓。如损害百姓的利益供自己享乐，就好比是割股啖腹，腹饱身死。要想安定天下，必须先正自身，没听说有身下影斜的事。玩乐声色，既浪费钱财，又损扰百姓，百姓怨仇，就会离叛。每当我想到这些，就不敢放纵自己。"在这种思想指导下，贞观年间基本上做到了轻徭薄赋，休养生息，为农业生产的恢复和发展创造了条件。

为了限制劳役百姓，唐太宗也运用了法律手段。《唐律》规定：兴建城郭、堤防等其他土木工程，都要按照《营缮令》，计算人工的多少，申报到尚书省，尚书省予以批准后才能够动工。如果不上报，或者上报了不等到批准就动工，那么要计算所役使的人力，按照比坐赃罪也就是贪污的罪名减轻一等的量刑标准处罚。

在唐代坐赃罪的刑罚是很重的，最严厉的会判处死刑，而随便动用民力只比坐赃罪低一等，可见提出这条法律的唐太宗对于治理滥用民力行为的坚决态度。

唐太宗十分强调节俭，控制自己的私欲。有一次他对褚遂良说："大舜以漆器做餐具，大禹雕琢菜板。当时劝谏舜、禹的有十余人。只为了食器之类的小事，何苦劝谏呢？"褚遂良说："奢侈的开始，就是危亡的开始。对陶器不满意，就用漆器；对漆器不满意，就会用金银器；对金银器不满意，就会用玉器。所以诤臣在其开始奢侈时就劝阻他，以防微杜渐，如果奢侈的恶习形成，劝阻也不起作用了。"

唐太宗深以为然，对身边的大臣说："如果我迷恋奇服异器，你们应及时劝谏阻止。"

贞观二年，有人针对宫中潮湿的情况，请求营建一座干燥的台阁，唐太宗说："朕患有关节病，本不适宜在潮湿的宫中居住，但建造台阁，要花费钱财。从前，汉文帝要营建一座露台，痛惜要花相当于十家民户资产的钱财，而没有营建。我的才能和品德都赶不上汉文帝，怎么能在浪费钱财上超过他呢？"群臣再三请求，太宗仍不允许。

贞观四年，太宗曾对大臣们说："华丽的楼宇，供游赏玩乐的池台，是做帝王的普遍都想得到的，但却不是百姓所希望看到的。这类劳民伤财的负担，绝对不可以施加给百姓。"

贞观五年，朝廷准备修复洛阳宫，戴胄上书说："陛下承暴隋之后，救百姓于涂炭，解黎民于倒悬，四海称赞。当今百废待兴，役作繁重，一人服役，全家不安，服兵役要准备兵器，服劳役要准备粮草。丰收之年，还可以供给，遇到水旱灾害，大多数不能承受。如果强征服役，可能会导致怨恨。况且洛阳宫还可以挡风遮雨，等到国家富足后再修复也不迟啊。"太宗虚心听取了戴胄的建议，停止修复洛阳宫。

为了减少宫廷费用，唐太宗还从后宫中放出三千多名宫女。贞观初年，他曾对侍臣说："妇人幽闭在深宫，实在可怜。自隋末以来，广采民女，充实后宫，君主不常去的宫室，也聚满了宫女，如此浪费人力物力，实不可取。如果将她们放出，任其嫁人，喜结伉俪，既节省宫廷开

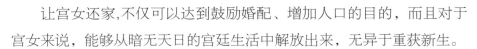

支，又各得其所，何乐而不为？"由此，三千多名宫女得到了自由。

让宫女还家，不仅可以达到鼓励婚配、增加人口的目的，而且对于宫女来说，能够从暗无天日的宫廷生活中解放出来，无异于重获新生。

唐太宗从节俭目的出发，严禁厚葬。他说："修建高坟，厚葬送终，是伤风败俗的恶习。长此以往，富人争相奢侈，越礼僭制；穷人破产伤财，陷入困境，有害无益，应当革除。秦始皇营修骊山墓，奢侈无度，最终加速他的灭亡，取辱天下，岂不可恶。"

他对自己的陵寝也作出了安排，决定以山为陵，仅容下棺木而已。同时，下令自王公以下，丧葬、婚嫁、车服都有严格的限制，要求各级官员严加检查，有明知故犯者，严惩不贷。在唐太宗带动下，贞观年间出现了许多崇尚节俭的大臣。谏议大夫魏徵，住宅内没有正堂，临死时，叮咛家属用布被裹尸，土埋了事，抑奢尚俭在当时已成为风气。

在不扰民、重节俭的同时，唐太宗更重视农业生产。贞观三年，恢复了被废弃的籍田礼仪。正月，太宗亲自祭祀农神，手操耒耜，在田野中行籍田礼。这种仪式自从东晋以后就一直弃而不用，唐太宗认为前代的人这样做，是不懂得农事的重要，他要吸取教训，恢复这一制度。当时，成千上万的百姓前来观看，热闹非凡，一片欢腾。

唐太宗经常派使臣到各地巡视，劝课农桑。他常说："国以人为本，民以食为天，如果农作物歉收，就是朕不重视的结果。"

为了表示劝农，他在自己的园苑里种了几亩庄稼，有时锄草不到半亩就汗流满面，腰酸腿疼，由此想到，农民整日在田中劳作的辛苦。作为一代帝王，能够设身处地地去体会农民的辛苦，这在历史上是十分罕见和难能可贵的。

唐初，国内战争刚刚结束，灾害频繁。为稳定人民生活，唐太宗十分重视农业生产，长孙皇后也在贞观元年三月，亲率内外命妇养蚕。六月，山东大旱，唐太宗下诏命地方政府开展赈济，并免除灾区民众当年的田赋捐税。

贞观二年，关东、关中一带大旱，接着是蝗灾。唐太宗在皇家御苑发现了蝗虫，当即抓起一只，用咒语谴责蝗虫："民以谷为命，你这个家伙却把庄稼吃了，有本事，你就来吃我的肺肠吧。"接着，即把蝗虫往嘴里送。

左右的大臣急忙劝阻说："吃了这脏东西，会生病的。"

唐太宗说："朕为民受灾，有什么好逃避的？"于是，就把蝗虫吃掉了。

大灾之年，灾民甚至有卖儿卖女以求生的，唐太宗即刻下令开仓救济，解决灾民的燃眉之急，并拿出御府金帛，替灾民赎回卖掉之子女，以免骨肉分离。这项仁政在后代帝王中，很少有做到的。重视赈灾抗灾的直接效应，就是使社会秩序相对稳定。

水利是农业的命脉，为了发展农业，唐太宗十分重视水利工程的兴修。在贞观年间，水旱连年不断，治水成为当时的一项紧迫任务。

贞观十一年七月，洛水暴涨，淹没百姓六千余家。唐太宗看到事态如此严重，下诏自责说："暴雨造成灾难，大水泛滥无边，我静静地思考这场灾难的原因，感到自己难辞其咎，因此内心十分惶恐。"

唐太宗李世民传

同年九月，黄河又泛滥，大水毁坏了很多庄稼和村庄，唐太宗也十分着急，曾亲自到现场巡视，督促水利建设。在工部，设有水部郎中和员外郎，专门负责水利工程修建和河道疏浚。京师设有都水监，掌管京师河渠疏浚与灌溉事宜。

在唐太宗的大力倡导下，各地兴修水利成效显著。据《新唐书·地理志》记载，唐前期共修水利工程一百六十余处，其中多数是在贞观年间修建的。

贞观十八年，扬州大都督府长史李袭誉，引雷坡水，筑构池塘，溉田八百余顷，百姓大获其利。沧州刺史薛大鼎带领百姓疏浚无棣河、长芦河、漳河及衡河，可灌可排，境内无水旱之灾。百姓作歌赞赏薛大鼎说："新河道能够通舟船，直达沧海捞到大量鱼盐。昔日只能徒行而今驰骋其间，薛公的恩德像大海无边。"

为了保护水利工程和堤防，朝廷还制定了有关法律条文，称为《水部式》，凡违犯《水部式》的人都要受到惩治，以法律的形式确保河水与堤防的合理使用。凡是违犯《水部式》规定的失职官员，都要重处。

贞观十八年，太常卿韦挺负责向辽东水运粮食，由于事先没有视察好河道，船舶搁浅不能前进，致使六百艘粮船滞留岸边，造成重大损失。很快，韦挺就以不先行巡视漕渠的罪名，被押解到洛阳，受到免官的处分。

农业的发展，劳动力是关键，没有充足的劳动力，就谈不上农业的发展，所以贞观年间十分重视招徕劳动力和增殖人口。贞观初年，由于长期战乱，百姓辗转流离，户口百不存一。

为了有效地控制劳动力，制定了严格的户籍登记制度，由乡、里、村基层组织检查户口，上报州县，编订户籍，将隐蔽在豪强门下的逃户变成了国家的自耕农。同时放免奴婢，驱民归田。贞观二年，从国库中拿出金银，赎男女自卖者还其父母，此后，又从突厥赎回八万口，提高了他们的身份地位和生产积极性。

为鼓励人口增殖，政府对百姓婚嫁十分重视。唐太宗曾下诏说："男二十岁，女十五岁已长大成人，要任其寻找配偶，鼓励鳏夫再娶，寡妇再嫁。家贫无钱办婚事的，乡里富人和亲戚要帮忙成亲。刺史、县令以下的官员，如能使婚姻及时、鳏寡减少，可以升迁；如劝导无方，户口减少，则要降职。"为了增加人口，政府还提倡僧尼还俗，仅贞观初年就有十几万僧尼还俗，相互婚配，还乡生产。

贞观之初，在唐太宗的带领下，全国上下一心，经济很快得到了好转。关中农业丰收，流散人口纷纷回乡。到了贞观六七年间，从伊、洛以东直到泰山的山东地区，也改变了之前人烟断绝、鸡犬不闻的荒凉境况，出现了连年丰收的局面。

到了贞观八九年，牛马遍野，百姓丰衣足食，夜不闭户，道不拾遗，贞观年间的社会经济从隋末的凋敝景象中走了出来，出现了一片欣欣向荣的升平景象。

当时，人们外出，都不用自带食粮。行旅进入山东的村落，百姓自愿拿出粮食来供享用，有时还赠送礼品，昔日面貌一去不复返了。

唐代史学家杜佑在他的史学名著《通典》中描绘当时的情况说："自从贞观以后，太宗励精图治，到了贞观八年、九年，粮食丰收，每斗米卖四五钱，马牛遍野，人们出门都不必关闭门窗。到了贞观十五年，每斗米只卖两钱。"

经济的繁荣又促进了社会秩序的稳定，许多地方没有盗贼，监狱经常是空无一人。贞观四年，全国一年才判二十九人死刑。举国上下，政治清明，经济繁荣，社会安定，史学家称之为"贞观之治"。

贞观之治的出现，有其深刻的历史原因。首先，应归功于隋末农民战争。隋末农民大起义警示了唐太宗，使他认识到了水能载舟、亦能覆舟的道理。正因为如此，才直接推动了贞观年间与民休息政策的出台。

其次，唐太宗的自身素质及其周围的人才群体，起着至关重要的作用。唐太宗的宽广胸襟、雄才大略，使他能虚心纳谏，兼听则明。魏徵的诤谏，房玄龄的谋略，杜如晦的决断，李靖、尉迟敬德的武威刚直，戴胄的铁面无私等，都或多或少地影响着当时的社会。同时，普通民众的辛勤劳作也是创造贞观年间物质文明的重要前提。

正因为有了贞观之治的积淀，才会出现唐玄宗的开元盛世——开元盛世的富庶有大诗人杜甫的诗为证：忆昔开元全盛日，小邑犹藏万家室。稻米流脂粟米白，公私仓廪俱丰实……

贞观精神、贞观故事，在诗人的笔下广泛流传。杜甫诗句有"煌煌太宗业，树立甚宏达"。而后代君主，喜欢阅读《贞观政要》，都是想以唐太宗为榜样。《贞观政要》一书流传到日本等国，日本的清和天皇还给起了一个贞观年号。

唐太宗李世民传

# 高度重视选人用人

经历了隋末大动荡的唐太宗，深知创业难，守业更难。何以守成？他认为关键在于人，特别是忠臣良将。他希望依靠大批有才干的官吏，稳定和巩固自己的统治。他认为安定天下，作为君主切不可独断专行，否则会使决策错误百出，最终导致王朝的灭亡。关于人才的重要性，唐太宗有一个恰当的比喻，他把君主比作人头，把人才比作人的四肢，两者相辅相成，才能成就事业。他常说没有舟楫难渡江河，没有构件难起大厦，没有人才难以兴国安邦。

一天，唐太宗和魏徵谈起隋炀帝，唐太宗问魏徵："我读了隋炀帝的文集后，认为他很有才华，而且学识渊博。他在字里行间又常常流露出崇尚尧舜、鄙视桀纣的强烈意向，可他为什么没有治理好国家呢？"

魏徵为他分析说："自古以来的明君贤主，都在于他有器量，能知人善任，所以有智者为他出谋划策，有勇者为他冲锋陷阵。隋炀帝虽有才华，却没有这种器量，不能发现人才，又刚愎自用，所以最终隋朝灭亡了。"唐太宗认为魏徵分析得非常正确，所以在他的政治生涯中，他求贤若渴，尚贤任能。

唐太宗曾先后五次颁布求贤诏令，求取人才。同时，唐太宗还督责大臣选贤荐贤，他把协助选贤视为大臣们的重要职责，要求大臣们寻觅、荐举贤才。为此他责令房玄龄、杜如晦不要一味忙于政务，更要注重求访贤哲。

贞观二年，唐太宗对房玄龄、杜如晦说："你们身为宰相，应当为朕分担忧劳，广开耳目，求访人才。如果整天沉浸于日常事务中，没有空暇时间，怎么能帮助朕寻求人才呢？那些日常琐事，应该交给属官办理，你们只处理军国大事和留心发现人才。"

唐太宗制定了考课法，把发现和荐举人才作为评价官员工作成效的标准，还对荐贤者给以奖励，从而形成一种求贤爱才的良好风气。常何荐举马周，唐太宗就赏赐他二百匹绢。

马周是山东清河人，出生于一个世代贫寒的农民家庭。幼时父母双亡，孤苦伶仃，屡遭当地人欺侮。但他勤奋好学，饱读诗书，满腹经纶。后来四处游历，投到了中郎将常何门下，做了一个门客，偶然的一次机会改变了他的命运。

贞观三年的一天，唐太宗下诏让官员们议论国家大事，并针对当时的形势，人人献计献策。大臣们积极响应，提出了很多好建议。常何是个武将，没读过书，不会舞文弄墨，根本想不出什么计策，但不写又难以交差。于是，马周就替他写了二十条建议，上呈皇上。唐太宗看了常何的奏章，十分赞赏，同时又感到奇怪：常何识字不多，怎么会写出这么有见地的意见呢？便招常何进殿，问他是怎么回事。

常何为人诚实，如实说出奏章是马周替他写的。唐太宗听罢，才知道居然有这么一个奇才，还被遗落在朝堂之外，于是立刻召见马周。在马周还没赶到的时候，唐太宗坐立不安，一连四次派人去催。等到马周前来，见到这位穿着普通却气质非凡的年轻人，太宗就感到这人非同一般。与之倾心交谈后，发现他很有治理国家的才能，太宗更加高兴，直叹相见恨晚，就任命他做了监察御史。后来又任命他做中书令，主持朝廷的大政。

马周终于有了用武之地，他十分感激唐太宗的信任，觉得自己得到的不仅是高官厚禄，更得到了一个充分发挥才能的机会，他尽其所学为国家做出了自己的贡献。唐太宗强调唯才是举，体现在他用人不避亲疏远近，把才能视为选拔官吏最重要的标准。他说："只要是人才，哪怕是自己的亲属和仇人，也应该荐举。"对待自己的亲戚，他也是采取唯才是举的方针，而不因私人关系有所偏颇。

他常说："君主一定要大公无私，才能使天下人信服。官员不论大小，都应当选用贤能的人才。不可以按照关系的亲疏远近，资格的深浅，来决定官职的大小。"因此，虽有大臣谏阻，他照样对长孙皇后的哥哥长孙无忌授以高官。

他的一些老部下在他当了皇帝后，觉得凭着老资格应该步步高升，但是却没有如愿以偿，位置甚至不如魏徵等人，所以很不满意，吵闹着说："我们这些人多年来鞍前马后，出生入死，今天反倒不如李建成手下的人！"

唐太宗听后对他们说："选拔人才，不能分新旧、先后，如果新人贤明，旧人愚笨，那么我只能用新人，而不能用旧人。你们发出这样的怨言，是因为你们没有为国家着想。"

所以，他能包容魏徵、薛万彻等原为敌对营垒的贤能之士，让其拥有广阔的政治舞台，发挥文韬武略，贡献聪明才智。魏徵本为原太子的心腹，但唐太宗欣赏他出众的才华和一片赤胆忠心，不记私怨，从治国的大局出发，不仅没有治魏徵的罪，反而委以重任。唐太宗甚至多次让魏徵进入自己的卧室内，询问政治上的得失。而魏徵果然不负太宗的厚望，敢于犯颜进谏，及时地纠正了太宗的很多失误。

唐太宗唯才是举，还体现在他不论贵贱，不限门第。魏晋以来，长期推行九品中正制。这种制度按照出身门第的高低将士人分为九等，结果，高官没有出身寒门的，低级官吏没有出身高门大户的，形成士族垄断政权的局面。

唐太宗以其宽阔的胸襟和远见卓识，采取士庶并举的政策，鼓励并吸纳出身贫苦但富有才华的庶族子弟入朝为官，唯才是举，不问门第。他重用士族地主杜如晦等人，同时也重用庶族地主房玄龄、张亮、侯君集等人。不仅大胆擢用庶族地主子弟，唐太宗甚至对于出身布衣而有才华者也一视同仁。

贞观三年四月，唐太宗下了一道诏令，宣布出身贫寒百姓之家但是有文武才能的人，只要言行忠诚谨慎，能够通晓时事，处理政务，就都可以录用为官。

唐太宗唯才是举还体现在他能冲破民族偏见的藩篱，敢于任用少数民族中的佼佼者。他根据少数民族将领的功勋与才能，让他们分别担任朝廷的高级将领与地方的都督之职。突厥的阿史那杜尔就因为智勇双全而受太宗器重，贞观十四年，曾经被任命为交河道行军总管，出征高昌。

唐太宗李世民传

在他获胜凯旋后，太宗赐给他从高昌得来的宝刀及各色彩绸一千丈。执失思力多次进谏忠言，深得唐太宗赏识，于是把公主嫁给他。并拜为驸马都尉，封为安国公。铁勒族酋长契苾何力投降后，太宗授予他左领军将军的职位。在平定吐谷浑的赤水源一战中，唐朝将领薛万均、薛万彻被围，兄弟二人均中枪受伤，随从骑兵死伤十之六七。危急之时，左领军将军契苾何力率数百骑前往救援，奋力厮杀，拼出血路，薛氏兄弟才幸免于难。因契苾何力的大功，唐太宗擢升他为北门宿卫。

大批的人才被召集到朝中后，接下来的一个重要问题就是如何充分调动他们的积极性，使他们尽其智、尽其能地为国家效力。可以说，唐太宗在这方面做得也相当成功。

唐太宗深谙"尺有所短、寸有所长"的道理，所以，在用人问题上，既不拘一格，又不求全责备，根据属僚群臣的不同特点，作出准确的定位，用其所长避其所短，从而使不同类型的人才皆得其所，让他们的才能得到尽可能地发挥，心情舒畅地履行自己应尽的职责。

唐太宗即位之初，命令封德彝荐举贤才，可很长时间过去了，封德彝也没有选荐一个人。唐太宗诘问他为什么不推举人才，封德彝说他已经做了努力，但确实没有发现德才兼备的人。

唐太宗十分气愤地怒斥道："用人就像使用器物，各取所长罢了。难道古代的致治明君，都是借用前代的人才吗？你自己不能了解别人，怎能妄说天下没有人才呢？这是对天下人的诬蔑！"

他还强调说："人不可能全知全能，我在用人的时候就常常扬长避短。"实际上，他任用房玄龄、杜如晦、戴胄等人，就是明证。

唐太宗看到房玄龄善于用人的才能，时常让他为自己举荐贤才。房玄龄在用人时从不求全责备，也不用自己的长处去衡量别人，总是按照才能的高低或功绩的大小加以录用、奖励，而且不嫌弃出身低微的人，得到了太宗的称赞。

对于杜如晦，太宗注意发挥其善于分析问题，能够果断决策的长处，让他与房玄龄相互配合，共掌朝政。两人配合默契，深得时人的称赞。

戴胄的长处是性情忠直、办事公正；短处是读书不多，不通经史。太宗就扬长避短，任命他为大理少卿。

由于戴胄处事干练，案无滞留，而且敢于犯颜执法，甚至太宗量刑有失偏颇时，他都大胆指出，太宗赞叹地说："法律有失公正的时候，有戴胄来纠正，我就没有什么忧虑了！"

在使用权万纪时，唐太宗不仅看到他的长处，而且还没有因为他某一方面的缺点而否定其长处。权万纪好私下告状，他上书劾奏宰相房玄龄、王珪主持考评不公正。

唐太宗让人调查，发现证据不足，王珪也不服气。魏徵奏言唐太宗说："房玄龄、王珪都是当朝重臣，即便是他们在考评时有私心，权万纪也应在考堂上当面指出。当面不说，却背后告状，而又证据不足，这不是真心替国家着想。"

虽然唐太宗对魏徵的意见一向深信不疑，但是，他认为房玄龄是当朝宰相，又是自己最宠信的人之一，权万纪敢于告发他，是不阿谀权贵，精神可嘉。因此，他不但没有处治权万纪，反而对他进行奖励。

权万纪以敢于进言得到唐太宗的重用，因此更加肆意恣情，捕风捉影，朝臣们唯恐被他告发，终日惶恐不已。

魏徵针对这一情况再次对唐太宗说："权万纪违背秉公直言的原则，所告发的都是捕风捉影，严重失实。陛下对他的告发却一一相信，所以他敢附下罔上，钓取不阿权贵、刚强直言的美名，用以迷惑陛下，搞得群臣离心，终日惶惶。像房玄龄这样的重臣都没有机会申诉自己的冤屈，何况一般小臣呢？"

唐太宗认为魏徵言之有理，就将权万纪贬官。权万纪虽然有缺点，但他不阿权贵敢于讲话，而且也比较廉洁。

唐太宗李世民传

当时，齐王李祐多行违法乱纪之事，太宗便让权万纪任齐王李祐的长史，以监督齐王李祐，权万纪尽职尽责，除向齐王奏谏外，还向太宗汇报齐王的种种不法行为。后权万纪被齐王杀害，唐太宗追赠他为齐州都督、武都郡公，谥曰"敢"。

唐太宗虽然求贤若渴，但并不潦草从事，而是从严要求，宁缺毋滥。唐太宗对魏徵说："古人说君王应当因官择人，不能因人设官。朕的每一举动，天下的人都能看到；每一句话，天下的人都能听到。如果用人得当，正直善良的人会相互鼓励；如果用人不当，邪恶的人就会四处奔走钻营。奖赏得当，无功的人会自动退下；惩罚得当，有罪的人会引以为戒，所以用人要十分谨慎。"

魏徵就此引申，指出品德对于官员的重要性，他说："了解一个人，是很难的事，所以要进行考察。如果任用某人，事前务必察访。一个人没有才能，危害并不大；如果此人虽有才干，却品质恶劣，危害就严重了。所以乱世求才，不顾其他。太平时期，要德才兼备，才可以任用。"因此，唐太宗用人十分谨慎。

贞观二十一年，唐太宗想提拔李纬为户部尚书，便向大臣询问房玄龄对李纬的看法。大臣说，房玄龄只说了一句"此人的胡须挺漂亮"，再没说什么。唐太宗意识到房玄龄对李纬的德才不赏识，便改授李纬为洛州刺史。

为了发现人才，唐太宗将各地都督、刺史的名字都写在屏风上，坐卧观看，如果哪位做了善事，就在其名下做上记录；做恶事，也在名下做上记录。他认真仔细地观察分析每一位官员的长处和短处，然后量才使用。

有一次，唐太宗下令各州向朝廷推荐人才，诸州荐举了十一人，唐太宗非常高兴，将他们引入内殿，询问治国理民的策略。然而十一位被荐举上来的所谓"人才"，相顾结舌，不知如何回答。

太宗以为他们第一次入宫见皇帝过于紧张，便将他们转移至尚书省进行笔试，但这些人构思了一天，仍然文不对题，词句也庸俗生硬。太宗大失所望，将他们放回原地，不予任用。

因为唐太宗重视人才，唯才是举，所以贞观时期贤相名将辈出，文学家称之为谋臣如雨，猛将如云，单是被太宗列入凌烟阁的特殊功臣就达二十四位。

贞观十七年二月，为了表彰文武大臣在创建唐朝、平定天下和贞观年间的丰功伟绩，唐太宗选定了二十四人，让宫廷画师阎立本将他们的像绘在太极宫的凌烟阁内，并令褚遂良题写阁名，自己亲自题写赞语。

这"凌烟阁二十四功臣"是：长孙无忌、房玄龄、杜如晦、魏徵、尉迟敬德、李孝恭、高士廉、李靖、萧瑀、段志宏、刘弘基、屈突通、殷开山、柴绍、长孙顺德、张亮、侯君集、张公瑾、程知节、虞世南、刘政会、唐俭、李勣、秦叔宝。后来，侯君集因勾结太子承乾，以谋反罪被杀，便有人建议将侯君集的画像抹掉，唐太宗没有同意，理由是侯君集有为国立功的历史。

唐太宗用人不拘一格，关陇贵族、山东贵族、草莽英雄、民间寒士、少数民族"夷狄"将领，得以各显其能。正是这些栋梁之材，用他们的聪明才智，为"贞观之治"做出了巨大的贡献。

# 积极鼓励大臣进谏

　　李世民一直鼓励极言直谏，令百官各上封事，提出关于治理国家的意见与建议。

　　短短的几个月时间，递呈的奏疏，多得直如雪片一般飞来。在一次闲谈时，他对裴寂说："最近很多人上疏直陈国家大事，我把他们的奏章都贴到墙壁上，每当走过时，就驻足观看，思考为政之道，往往到深夜才能入睡。你们应该兢兢业业，体会朕的心意。"

　　贞观二年，唐太宗反思历史，对大臣说："圣明的君主找出自己的短处反而更加英明，昏庸的君主掩盖自己的短处反而更加愚昧。隋炀帝自以为是，护短拒谏，臣下便不敢进谏了。从前，箕子见商纣无道，谏而被囚，假装疯癫才得以保全性命，孔子称其为仁。虞世基不敢劝谏炀帝，为的是保全自身，炀帝被杀，虞世基不是也难保自身吗？"

　　杜如晦听了，进一步说："天子有诤臣，虽然有过错也不致失去天下。虞世基明知隋炀帝有过错，却闭口不言，苟且偷安；又不辞职请退，与箕子佯狂而去不同，虞世基位在宰辅，竟一言不谏，死有余辜。"

唐太宗点头称是，说："如晦说得很有道理。君主必须有忠良之臣的辅弼，才能身安国宁。如果君主言行不当，臣下又不匡谏，苟且阿顺，事事称美，则君为昏君、臣为谀臣，离灭亡已经不远了。朕希望君臣上下，各尽其职，共相切磋，以成就国治民安、天下太平的大事业。各位应务尽忠谏，匡救朕的过失，朕决不会因直言忤逆而迁怒你们。"

唐太宗曾经对大臣萧瑀说："我少年时候喜爱弓箭，曾经得到几十张好弓，就以为天下再也不会有更好的弓了。不久前，拿给制弓的师傅看，他们却说那些都不是好弓，说这些木头的心不直，所以自然脉理都会邪，弓再强硬，发箭也不能直。听了这番话，我才知道自己过去鉴别不精。我当年是用弓箭平定了天下，但还不能真正识别弓箭的好坏，何况治理天下的事情，我怎么能都懂得呢？"

唐太宗非常重视谏官的作用，他任命王珪、韦挺、魏徵等人为谏议大夫，中书、门下及三品以上官员入阁议事，都有谏官跟着，随时纠正过失。唐代谏官包括左右散骑常侍四人，掌规讽过失，侍从顾问；左右谏议大夫八人，左右补阙十二人，左右拾遗十二人。他们出入朝阁，极言切谏，对唐初良好的政治风气的形成起了重要作用。

而立之年的李世民，正是血气方刚的时候，神采焕发，英武果决。他那魁伟健壮的体魄，蕴藏着十分充沛的精力。他穿着黄文绫袍，戴着乌纱帽，腰系九环带，足蹬乌皮六合靴。胸脯显得厚实而坚硬，仿佛能够承受千斤重压一样。他的肩膀特别宽，膂力强劲，五官就像是由这种膂力用铁锤打造出来的。嘴上的两撇胡髭又浓又黑又粗，翘成八字形，有人形容它可以挂弓。浓浓的眉毛根根竖起，在宽广的前额上向两边平射出去。目光明亮闪烁，赛如两团燃烧着的火，光焰灼灼热得炙人，又似剑刃一般锋利。文武官员觐见时，往往手足无措，顾忌重重，唯恐触犯龙颜。

唐太宗感到自己的威严给朝臣们带来了压力，以后凡遇人上朝奏事，必定和颜悦色，希望听到规谏的直言。有的王公大臣对此提出了异议。

李世民解释说："人要正衣冠，必须依靠镜子；君主要知道自己的不足和过错，必须依靠诤臣。君主如果自以为是，刚愎自用，臣下又不及时匡正，想不败亡是不可能的。古人说，'皮之不存，毛将焉附'，如果君主失去了国家，大臣也难以免遭灾难。因此，臣下应犯颜直谏。隋炀帝暴虐无道，臣下闭口不语，使他从来看不到自己的过失，所以很快就灭亡了。前事不忘，后事之师。你们对君主的每一件事、每一句话都要分析，凡有不利于人民和国家的，必须规劝。"

李世民还采用嘉奖的办法，鼓励臣工诤谏。元律师轻罪被重判死刑，大理少卿孙伏伽谏道："根据律令，元律师不该处死，怎么可以滥施酷刑呢？"

"谏得好。"李世民冷静一想，觉得有理，"不错，量刑得以法律为准绳。"当即免除了元律师的死刑，并把兰陵公主的花园赏赐给孙伏伽，价值百万。

萧瑀两眼睁得大大的，上前奏道："孙伏伽所谏不过是平常的事，奖赏太优厚啦。"

"朕即位以来，从未有过大胆的谏诤，故此特别给予重赏，以资鼓励。"

此后，李世民规定，凡是死刑，都必须经过中书省和门下省四品以上官员会同尚书省议定，杜绝冤屈滥杀。他表情庄重，不厌其烦地反复强调说："死刑关系重大，所以必须复议三次，减少差错。古代处决犯人，君王要撤除乐班，减少御膳，朕进膳时没有设音乐，但也不沾酒肉，只是没有明文规定罢了。有关衙门断案判刑，只依据法律条文，即使情有可原，也不敢违背律令，其中难道没有冤枉？"

"三次复议太少，"长孙无忌奏请道，"最好再增加两次，做到慎之又慎。"

"朕怕就怕受喜怒哀乐的影响，妄加赏罚。"

一阵沉默之后，魏徵说："隋炀帝时期曾经发生过一桩盗窃案，于士澄搜捕窃贼，稍有疑点即严刑拷打，屈打成招扩大到两千多人，隋炀帝下令一律处斩。大理寺丞张元济感到奇怪，试着查考其诉状，发现其中仅五人曾有前科，其余均是无辜平民。可是，他不敢据实奏报，最后仍是全部处决。"

"咳，岂止是杨广昏庸，"李世民感叹道，"臣工也没有尽职尽责尽忠。君臣稀里糊涂，国家怎能不灭亡？"

朝廷下达制文规定："判死刑的囚犯，在执行前二日之内，要五次奏报；由州府执行的，刑前也要复议三次；唯独犯'十恶'中'叛逆'罪的，只复奏一次。行刑的当天，尚食局不得进酒肉，内教坊及太常寺不得奏乐。如有依律当处死而情有可原的，应专案奏报。"

吏部尚书长孙无忌等与弘文馆学士、立法官、司法官，共同重新议定律令，从宽减少绞刑五十条，又把断趾改为加重流刑。

兵部郎中戴胄忠贞清廉，公平正直，李世民提升他当大理少卿。戴胄多次冒犯天威，坚持维护法律的尊严，对答时如同急涌而出的泉水，顺流直下。李世民非常信任他。

贞观初年，太宗曾问魏徵："为什么有人成为明主，有人却成为昏君呢？"魏徵说："所以成为明主，在于广泛听取他人意见；所以成为昏君，在于偏信某一些人。这就是兼听则明，偏信则暗。从前，尧舜治理天下，即便是农民樵夫的意见也要听取，所以目明耳聪，无所不知。秦二世偏信赵高，堵塞群言，结果天下溃叛，自己还蒙在鼓中。梁武帝偏信朱异，侯景发动叛乱，竟然不知。隋炀帝偏信虞世基，城破亡国，还不知道为什么。所以，人君应兼听天下，群臣应极力进谏，下情上达，自然能成为明君。"

在封建时代，君主对臣下有生杀予夺的权力，伴君如伴虎。君主要使臣下无所顾忌，能尽肺腑之言行，就要有容人之量。魏徵的话，深深打动了唐太宗。

朝廷派人征兵，右仆射封德彝上奏道："中男虽然不满十八岁，但

167

是其中体格健壮的，也可以提前服役。"李世民准其所奏。敕令送到门下省，魏徵坚持反对，不肯签署，往返四次。

李世民愤然不能自抑，将他召进宫中，责备道："中男体格健壮的，实际上都是成丁。奸民在年龄上进行欺骗，用来逃避兵役。提前服役，并无害处，你却从中设阻。"

"军马在于整饬得法，而不在于人数众多。陛下征召健壮的成丁，加强训练，足以无敌于天下，何必多征些还未成年的少年徒增虚数？而且陛下常常说：'朕以诚信治理天下，冀望臣民都没有欺诈行为。'现在陛下登极不久，却已经多次失信了。"

"朕哪些地方失信了？"李世民露出了愕然的神态。

"陛下刚即位时，就下诏说：'积欠朝廷的债务，一律免除。'有司以为秦王府的财物不属于朝廷，对于臣民所积欠王府的债务继续追索。陛下由秦王当上了天子，府库里的东西不属朝廷又该属谁？"

"嗯，算你讲出了道理。所有债务一笔勾销。"

唐太宗李世民传

"'关中免收两年的租庸调，关外免除徭役一年。'也是陛下即位时传下的诏书。可是不久又作了更改：'已纳税和已服徭役的，从下一年开始免除。'把已退还了的税金，又重新征收回来。"

"国家穷，国库空虚，正急需用钱啊。"

"治理国家，首先得取信于民。敕文一经颁发，切切不可朝令夕改。再者，地方官身处国家的基层，朝廷政令都靠他们落实，等到检查役男体格时，却又怀疑他们瞒上欺下，用人而又疑人不是开明的做法。"

"以前朕以为你倔强固执，不通达政务，现在听你谈论国家大政方略，口若悬河，引经据典，言之凿凿，对答如流，都切中要害。你说得很对，朝廷政令如果没有公信力，百姓则不知所从，如何能够治理好国家？"

李世民转怒为喜，露出了笑容。他知错即改，不仅收回了征召不满十八岁而体格健壮者入伍的文书，还赏赐魏徵一只金瓮，奖励他畅所欲言。贞观二年，隋通事舍人郑仁基的女儿年方十六七岁，容貌艳丽，堪称绝代佳人。长孙皇后听说后，请求将她留在后宫，太宗也同意纳为妃嫔。

就在诏书已经发出，但册封的使者尚未出发的时候，魏徵听说郑仁基的女儿已许嫁给陆爽，急忙劝阻太宗说："陛下作为百姓的父母，抚爱百姓，应该以百姓的忧虑为忧，以百姓的欢乐为乐。

"自古以来，有道义的君主，都把百姓的心愿作为自己的心愿，所以君主住在亭台楼阁，就想到百姓应有房屋安身；君主吃着美味佳肴，就想到百姓应该没有饥寒交迫；君主眷顾妃嫔之时，就要想到百姓也有娶妻成家的欢乐。

"这是作为国家的君主应当经常想到的道义。现在我听说郑氏的女儿，很久以前就许配给了别人，陛下毫不迟疑地聘娶她，也没有询问她的情况，这件事传播到全国各地，难道是作为百姓父母的国君应该有的道义吗？我知道的只是传闻，并没有亲自调查验证，但因为怕它会损害圣上的形象，所以不敢隐瞒实情，急忙谏止。何况君王的一举一动，史官都会记录下来，所以，愿陛下深思。"

太宗听了魏徵的话，非常吃惊，深深自责，紧急下诏，立即停止派遣册封的使者，下令将郑女送给其未婚夫。这时，左仆射房玄龄、中书令温彦博、礼部尚书王珪、御史大夫韦挺等反对说："传说郑女许嫁给陆氏，并没有明显的证据，况且诏书已下，大礼即将举行，不能中途停止啊。"

这时，陆爽担心冒犯皇上，自己上表说："我的父亲陆康在世时，与郑家来往，有时互相馈赠资财，但却没有订立婚姻关系，外人不知道实际情况，才妄传已订立婚姻之约。"

大臣们见陆氏否认婚姻之约，又劝太宗迎娶郑女，太宗犹豫不决，就问魏徵："群臣这样劝说，也许是讨好我，但是陆爽为什么否认婚约呢？"

魏徵说："按照我的考虑，陆爽的意思可以理解，他是把陛下等同于太上皇。"

太宗说："这是什么意思呢？"

魏徵说："从前，太上皇刚进京城，遇到辛处俭的妻子，有所爱慕。当时，辛处俭为太子舍人，也在宫中。太上皇知道后很不高兴，就下令将辛处俭调出东宫任万年县令。辛处俭因此怀有恐惧之心，经常担心不能保全性命。陆爽认为陛下今天虽然宽容了他，但以后会对他暗加谴责贬官，所以再三自我表白，本意就在这里，并没有什么可奇怪的。"

太宗笑着说："外人的想法或许这样，然而我所说的话，还不能使人一定相信吗？"于是发出诏书说："现在听说郑氏之女，过去已经接受别人礼聘，先前发出诏书的时候，对此事没有详细审查，这是我的错误，也是有关官署的过失。迎聘之事，就此停止。"人们听说后，无不感慨太宗的圣明。

一次，李世民宴请黄门侍郎王珪，让原庐江王李瑗的爱姬侍奉。这位美人本有夫君，庐江王贪其美色，将其丈夫杀掉后霸为己有。庐江王谋反被杀，这位美人又被纳入太宗的后宫。

宴乐之间，太宗指着美人对王珪说："庐江王真不道德，杀掉她的丈夫，强纳入室，残暴如此，哪能不灭亡呢？"

"庐江王所作所为，是对，还是错？"王珪问太宗。

"杀人夺妻还有对的吗？你明知故问，是什么意思？"太宗说。

"知善而行，知恶而改，是做人的基本准则。陛下认为庐江王杀夫夺妻不对，为什么又将这位美女留在身边，这叫作知恶而不改啊。"

唐太宗听后，后悔莫及，下令将这位美人送还给她的亲属。

越王李泰是太宗四子，非常聪敏，很得太宗喜爱。太宗听说三品以上的官员都轻蔑越王，便在齐贤殿面见三品以上的官员，大家坐定，太宗大怒说："我有句话要对你们说，往年的天子是天子，今天的天子也是天子，往年的天子儿是天子儿，今天的天子儿难道不是天子儿吗？隋朝的诸王，达官以下，任其折辱。我的儿子，自然不允许他放纵，你们

唐太宗李世民传

才这般好过。我如果放纵他们，难道不能折辱你们吗？"

房玄龄等文武高官，各个胆战股栗，不敢吱声。只有魏徵却严肃地说："当今群臣并没有轻视越王。从礼法上讲，越王虽然年幼，位在诸侯之上。今三品以上的公卿都是天子大臣，陛下对他们也十分敬重。即使稍有过失，越王凭什么折辱他们？如果国家纲纪废坏，情况另当别论。当今圣明之时，越王岂能如此？隋朝时，宠纵诸王，使其无礼，自寻灭亡，不可效法，又有什么可称道的呢？"

太宗认为魏徵言之有理，就说："朕刚才所讲，出自对儿子的爱护。魏徵所说，是国家大法。朕刚才发怒，还自以为有理。听到魏徵的话，才知道自己错了。"

由于魏徵对唐太宗的批评毫不客气，太宗对他既尊敬又畏惧。一次，太宗要去南山，临行之际，魏徵外出归来，太宗又决定不去了。

魏徵对太宗说："人们都说陛下要临幸南山，外面都严阵以待，整装待发，您又突然不去了，这是为什么？"唐太宗说："开始确有这个打算，可又怕你批评，所以中途停止了。"

唐太宗喜爱雀鹰，常将它放在臂膀上玩耍。有一天，太宗正在玩耍一只雀鹰，突然看见魏徵走来，太宗怕魏徵说他玩物丧志，急忙将鸟藏在怀里，魏徵装作没有看见，故意拖延奏事的时间。等魏徵离开，鸟已经憋死在太宗怀里了。

贞观年间，天下太平，国泰民安，群臣议请到泰山封禅。因为古代帝王中的功高德厚者，都要东封泰山，秦皇汉武都曾多次封祭。对于此事，只有魏徵认为不可。

唐太宗问魏徵："希望你直说，别避讳。难道我功不高吗？德不厚吗？国家没治理好吗？五谷不丰收吗？为什么不可以封禅？"

魏徵说："陛下虽然功高，但百姓还没有从中受到恩惠；德虽厚，却还没有泽被天下；天下虽然安定，隐患并未消除；四夷虽然归附，却没有满足他们的要求；吉兆虽已出现，自然灾害仍然很多；虽然五谷丰登，仓库尚不充实。这是我认为不可的理由。我不能拿远的相比，就用一个人作比喻吧。有一个人患病十年，刚刚治愈，虽然皮骨犹存，并无力气，让他背负一石重的东西日行百里，必然不可以。隋朝的祸乱，不止十年，陛下好像良医，刚刚将病乱医治过来，尚未将社会恢复到健康发展的轨道，此时就告天地，称成功，臣以为不可。况且东封泰山，各国都要派使者祝贺，如今关东一带刚从动乱中平静下来，苍茫千里，人烟断绝，鸡犬不闻，如果周边国家前来，岂不是将自己的虚弱告诉别人吗？如果遇到水旱灾害，百姓产生邪念，一旦有变，后悔就来不及了。"唐太宗静静听完后，称赞魏徵说得颇有道理，最终放弃了封禅泰山的劳民伤财之举。

唐太宗的儿子蜀王恪有个十分宠爱的妃子，其父杨誉凭着这层关系，肆意妄为，甚至在京城公开争夺官奴婢，都官郎中薛仁方依法将杨誉拘留审问。

杨誉的儿子正巧是唐太宗的侍卫官，就在殿廷上对唐太宗说："古人说'礼不下庶人，刑不上大夫'，五品以上的高级官员，如果不是犯谋反罪，一般不得拘留。我父亲因和陛下有亲戚关系，被薛仁方节外生枝，拘留审查，打狗尚且看主人，况且是陛下的亲戚呢！"

唐太宗听后，勃然大怒，下令将薛仁方革职，并将他痛打一顿。魏徵挺身辩护说："薛仁方身为司法人员，为国守法，是忠于职守，怎么能因为他拘留违法的外戚而对他妄加刑法呢？有些外戚自恃权势，目中无法，就像是城狐社鼠，危害不浅，如果因他们是外戚，投鼠忌器，不予惩治，这是自毁堤防，后果不堪设想。"唐太宗深感自己考虑不够周全，收回了对薛仁方不公正的处理意见。

由于魏徵处处为国家利益着想，直言敢谏，唐太宗常常觉得很尴尬，脸上无光而又无可奈何。有一次，在被魏徵指出过失后，太宗退朝回到宫中，见到长孙皇后，怒气冲冲地说："总有一天，我要杀掉这个乡巴佬儿！"长孙皇后问杀死谁，唐太宗说："魏徵常常当众顶撞我，使我下不了台，真是可恶！"

长孙皇后听完就退了出去。过了一会儿，只见她穿着礼服，恭恭敬

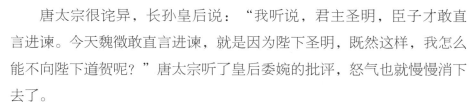

敬地走上前来向太宗道贺。

唐太宗很诧异，长孙皇后说："我听说，君主圣明，臣子才敢直言进谏。今天魏徵敢直言进谏，就是因为陛下圣明，既然这样，我怎么能不向陛下道贺呢？"唐太宗听了皇后委婉的批评，怒气也就慢慢消下去了。

贞观时期，由于魏徵多次进谏诤言，使得唐太宗避免了很多政策失误，唐太宗对魏徵十分信赖甚至依赖。

魏徵病重时，唐太宗得知魏徵家连正厅都没有，当即把自己建楼的材料拿来给魏徵造正厅。还派人送去被子和白色的衣服，成全他一贯的朴素节俭。魏徵死后，唐太宗亲自到他家里，哭得十分伤心。追赠魏徵为司空，谥号"文贞"，亲自为他撰写碑文。

唐太宗临朝时对群臣说："用铜作镜子，可以端正衣冠；用古事作镜子，可以明白兴衰；用人作镜子，可以明白得失。过去我常常注意保持这三面镜子，谨防自己犯过失。现在魏徵去世，我失去了一面镜子啊。"魏徵能够大胆进谏的前提，是唐太宗的虚心纳谏，君臣两人配合默契，成为贞观之治得以实现的重要条件之一。

正因为唐太宗能够如饥似渴地纳谏，所以，贞观时期除了魏徵之外，其他大臣也都敢于直言进谏。

贞观四年，太宗下令修复洛阳宫，给事中张玄素认为修复洛阳宫并不是最紧要的事情，上书反对。

他对太宗说："秦始皇剪灭六国，一统天下，想要传之万世，却二世而亡，这是为什么？这是奢侈无度，赋役繁重，百姓不能承受。只有俭约从事，息事宁人，才能使江山永固，长治久安。从前汉高祖刘邦要营建洛阳，大臣娄敬只说了一句话，刘邦就改变了主意。我听说隋炀帝修宫殿，装饰华丽，曾用两千人拉一根大柱，从几千里以外运到洛阳，这样劳民伤财，给百姓造成非常大的苦难。遗憾的是阿房宫修成，导致秦亡；乾阳宫修成，导致隋亡。如今，战乱刚刚结束，我朝的财力不如隋朝，人民的元气也还没有恢复，满目疮痍，百废待兴，陛下理应以身作则，节之以礼。陛下却先忙着修缮洛阳宫，这不是比隋炀帝还贪暴吗？望陛下三思而行。"

唐太宗听到张玄素拿自己与隋炀帝相比，很不高兴，说："你认为我还不如隋炀帝，那么我比桀、纣如何呢？"

张玄素说："如果这个工程不停止，陛下一定会得到和隋炀帝、夏桀、殷纣一样的下场的。"这番不客气的批评让唐太宗听起来很不舒服，但思前想后，还是觉得张玄素的话有道理。

唐太宗感叹地说："按玄素这么说，就算露天坐卧，我也没有什么可痛苦的了，我考虑不周到，你说得很对。"于是立即下令停止修建洛阳宫殿。而张玄素也因及时合理的劝诫，受赏彩缎二百匹。

贞观三年，李大亮为凉州都督，境内产名鹰，唐太宗的使者来州内巡视，知道太宗喜欢游猎，便示意李大亮向太宗进献名鹰。李大亮不但不进献，还上书太宗说："陛下日夜为国操劳，很久没有田猎，今使者为陛下求鹰，如果是陛下的旨意，我认为陛下不应该如此；如果是使者擅自所为，则是陛下遣使不当。"

唐太宗李世民传

唐太宗回信说："你文武兼备，才委以重任。使者暗示献鹰，你不屈从，不阿谀，不隐瞒自己的观点，非常诚恳，有你这样的大臣，我就没有顾虑了。古人说一言千金，卿之所言，何值千金？今赐金壶、金碗各一枚，虽无千金之重，却是朕自用之物，望能志在远大，再接再厉。同时，赐荀悦的《汉纪》一部，望能在闲暇的时候，阅读典籍，对你可能有所帮助。"唐太宗这封回信，既表明接受了李大亮的劝谏，同时又对臣下关心备至。

由于太宗的大力倡导，甚至连一些地方小官也敢于说出自己的意见。栎阳县丞刘仁轨认为，唐太宗在秋收大忙季节出去打猎，不合抚民以静的治国策略，就上书要求将畋猎时间改在冬闲的时候进行。唐太宗觉得很有道理，不但采纳了他的意见，还予以提拔，以示鼓励。

贞观十一年十月，唐太宗在洛阳围猎野猪，合围之后，野猪向太宗这边突围，太宗一箭一头，四头野猪当场毙命。但是，一头雄野猪凶猛迅捷，已经突进到唐太宗的马镫旁边。兵部尚书唐俭一见，立刻手忙脚乱上来援助，还没有等他到来，唐太宗手起刀落，那头野猪断为两截，而这时的唐俭则是狼狈不堪。

唐太宗哈哈大笑，说你这个天策府的长史，没有见过我这个天策上将杀敌吗？为什么这么胆小？唐俭也不示弱，说马上打天下不能马上坐天下，陛下以神武定天下，现在又跟一头野兽逞威风，有这个必要吗？那时候的唐太宗不仅雄姿英发，而且心胸开阔。他对唐俭说："好，你说得对，咱们这就罢猎。"

正因为有唐太宗这样虚怀若谷的君主，才成就了魏徵这样的名臣。唐太宗与魏徵君臣之间的故事一直为后人传为美谈。通过虚心纳谏，使身居尊位的唐太宗可以了解各方面的情况，避免和防止了一些决策上的失误。同时，也正是唐太宗的虚心纳谏，才造就了一个个敢于犯颜直谏的忠臣，形成了良好的政治风气。

贞观盛世

# 与大臣共谋和平

作为一代明君，唐太宗十分懂得君臣和谐的重要性。要建立良好的君臣关系，他认为一个重要的方面就是信任臣子。他坚持用人不疑、疑人不用的原则，对贤能之士十分信任。

即位之初，唐太宗曾召景州录事参军张玄素进宫问政，张玄素说："隋朝的皇帝自作主张，独自处理日常政务，而不将国家事务委任给群臣；群臣内心恐惧，只知道秉承旨意加以执行，没有人敢违命不遵。但是，凭借一个人的智力决断全天下的事务，即使得失参半，乖谬失误之处也在所难免，加上臣下谄谀，皇上蒙蔽，国家的灭亡就不远了！"

"人们常说费力不讨好，"唐太宗踱了几步，"隋炀帝倒是一个很有说服力的例子。"

"陛下如果能谨慎地择取群臣的意见，让他们各司其职，自己拱手安坐，清和静穆，考察臣子的成败得失，并据此实施刑罚赏赐，国家一定能够治理得好！"

"说下去。"

张玄素在唐太宗的鼓励下，把想法一股脑儿端了出来，滔滔不绝地说着："我观察隋末大动乱，三十六路反王，七十二路烟尘，其中想要争夺天下的，不过几人而已，大多数只是希望保全乡里和妻室儿女，等待有道之君而归附，由此可知好犯上作乱的人并不多，只是君王不能使他们安定罢了。"

"说得好。"唐太宗很欣赏张玄素的建言，擢升他担当侍御史。

朝廷收集经史子集四大类书籍二十余万卷，藏于弘文殿，并于殿旁设置弘文馆。遴选虞世南、褚亮、姚思廉、欧阳询、蔡允恭、萧德言等国内精通学术的人士，以原职兼任弘文馆学士，让他们轮流值宿。

唐太宗主持朝会后，如果时间宽裕，就把他们召唤到内殿，检讨从前的言语行事和利弊得失，商榷当今大计，有时甚至谈到深夜。又选取三品以上官员的子孙，充实弘文馆。

唐太宗亲自裁定开国元勋长孙无忌等人的爵位采邑，命令陈叔达在殿前唱名公布。他开诚布公地强调说："朕分等级排列你们的功劳及赏赐，若有不当之处，可以各自申诉。"

朝堂上顿时活跃起来，喁喁哝哝，叽叽呱呱，喧闹汹汹。淮安王李神通不服气，气哼哼地说："我在关西起兵，首先响应义举，而房玄龄、杜如晦等人只是捉刀弄笔，功劳却排在我的前头，难以心服。"

"义旗刚举时，叔父虽然率先起兵，但其中也含有自救成分。"唐太宗态度和蔼而措辞尖利，"后来窦建德攻打山东，叔父全军覆没。刘黑闼纠集余部叛乱，你又吃了败仗。房玄龄等运筹帷幄，奠定社稷，论功行赏，功劳自然在叔父之上。叔父是皇家至亲，朕并不吝惜，然而也不可徇私情而滥与勋臣同等封赏。"

气氛缓和下来。臣僚不再争功论赏了，转而互相倾谈起来，带着感情抒发胸臆说：

"陛下至公至正，对皇叔都不偏心，我们怎敢不安分？"

"功大功小，其实也难说清楚。世上没有常胜将军，不要光想过五关斩六将的威风，还要回头看看走麦城的狼狈相。"

"我们能够活到今天，比起慕容罗睺、罗士信和敬君弘他们，算是太幸运了，还抢什么功劳？"

经过一番议论，众人都心平气和了，心悦诚服。房玄龄记起了一件事，出班奏道：

"秦王府的僚属没有升官的，有些抱怨情绪。他们说：'我等侍奉陛下多年了，而封赏反而落到了前东宫和齐王府僚属的后面。'"

"君王公正无私，"唐太宗回答说，"才能使天下人服气。朕跟你们平日的衣食，都取自百姓。设置官位，拟定职守，都是为了百姓，理应选择贤才加以任用，怎么能将新旧关系作为当官的准则和先后顺序呢？倘若新人贤能，故旧不才，岂可放弃新人而取故旧？不问贤愚，只问新旧，那不是为政之道。"

最初，李渊想以加强皇室宗族的势力来巩固政权，所有跟他同曾祖、高祖的远房堂兄弟及其子侄，即使童孺幼子，都封王爵，多达数十人。

唐太宗觉得过了头，亲自征求群臣的意见："遍封皇族子弟，对国家有利吗？是利大于弊，还是弊大于利？"

"从前，只有皇兄、皇弟和皇子才可以封王，其他宗亲即便建立了大功勋都没有封王的。太上皇厚待皇亲国戚，大肆分封宗室，自两汉以来都没有过如此之多。所封的爵位既高，又多赐给仆役，臣以为不是以天下为公的治国举措。"

封德彝的对答表达了众人的心声，唐太宗也受到了启发。他说："朕做天子，是要抚育万民，怎么可以不顾百姓劳苦来供养我的家族？"于是将宗室郡王降格为县公，只有功勋卓著的几位不降。

在议论周朝和秦朝的寿命为什么有长有短时，萧瑀发表见解说："商纣王无道，周武王出军讨伐，是以有道伐无道。而周朝及六国均无罪，秦始皇却把他们消灭。夺取天下的方式虽然一样，人心的归向却不同。"

唐太宗李世民传

"你只知其一，不知其二。"唐太宗眉峰耸了耸，"周朝开国后重视修行礼乐仁义，秦朝建国后继续推行诈术和暴力，这才是主要原因。争夺天下时或许可用非常手段，治理国家则必须用正道，顺应民心。"

萧瑀等在场的大臣都佩服不已。

在君臣对答中，唐太宗对关中人和山东人颇有分别。殿中侍御史张行成跪倒丹阶，直截了当地启奏道："如今江山一统，四海一家，都是陛下的子民，不应当有东方西方的区分差别，那样未免显得太狭隘了。"

唐太宗欣然接受，给予张行成丰厚的赏赐。从此每当朝廷有大事，都让他参与谋划。

建国初期，官吏中多有接受贿赂的，唐太宗十分忧虑，便秘密安排身边的人去试探他们。刑部的司门令收下了一匹绸缎，唐太宗打算处以死刑。

民部尚书裴矩谏道："官吏贪赃枉法，自应处死。但是陛下派人送上门去让其接受，是故意引诱人触犯法律，恐怕不符合孔子所谓'用道德引导，用礼教治理'的古训。"

"说得有理，说得有理。"唐太宗眉开眼笑，召集五品以上的官员，欢欣鼓舞地说，"裴卿能够面对皇上竭力争辩，不肯一味顺从，假如每件事情上都能像他一样明辨是非，正确对待，就不必担心国家治理不好。"

右骁卫大将军长孙顺德接受别人馈送的绸缎，事情暴露出来了。唐太宗疾首蹙额地说："长孙顺德要是能有益于国家，朕愿与他共享国库，何至如此贪婪？"

"大将军是元谋功臣，不便惩罚。"宇文士及提示道。

"不能放任自流呀！不震慑他一下，让他反省过来，不行。"

"响鼓不用重槌，不妨先刺激一下看看。"

唐太宗想出了一个刺激的法子。在殿堂上，反过来当众赐给长孙顺德数十匹绸缎。

黄门侍郎王珪感到不可理解，睁大眼睛率直谏道："长孙大人贪赃枉法，罪不可赦，怎么还要赏赐绸缎？"

"王爱卿你没有理解朕的用意，"唐太宗走到他跟前，细声慢语解释说，"不妨再深思一下。如果他还有人性的话，得到朕赐给绸缎的羞辱，远胜于受到惩罚。如果不知惭愧，不过是禽兽而已，杀之又有何益？"

"陛下所用的反刺激法，一下子确实很难理解。"

"朕听说西域胡商得到宝珠，就用刀割开身上的肉皮，把它藏到里面，有没有这回事？"

"有。"

"人们笑他爱明珠，而不惜身体。官吏贪污腐化依法受刑，帝王追求奢侈国破家亡，跟胡商的所作所为有什么区别？"

"魏徵讲过一个故事，春秋时代，鲁哀公对孔子说：'有人得了遗忘症，搬家连妻子都记不住。'孔子说：'还有比这更严重的事实，夏桀王和商纣王把自己的性命都忘掉了。'大概也属于类似情形。"

"咦，魏徵快要回了吧？"

"陛下老念着他，似乎少不了那头犟牛。"

"他奉旨宣抚山东，顶翻了濮州刺史庞相寿。昨天雷云吉转奏朕，庞相寿请求见驾。长孙皇后提示朕，最好等魏徵回京后，一同召见。"

唐太宗李世民传

王珪的心骤然变得沉重起来。他知道庞相寿曾在秦王府充任幕僚，和雷氏兄弟十分友好，都是皇上的心腹。"魏徵呀魏徵，你为什么偏要跟庞相寿过不去，撤他的职，罢他的官？"他猜不透唐太宗到底会听谁的，不由得替魏徵捏着一把汗。

魏徵返回长安，来不及歇息，径直步入东宫正殿显德殿复旨。唐太宗即命传庞相寿进殿。

庞相寿双膝跪倒丹阶，做出一副可怜巴巴的样子，喊冤叫屈。长孙无忌、房玄龄和杜如晦跟庞相寿都有旧交情，顿生同情之心，觉得魏徵做得太过分了。

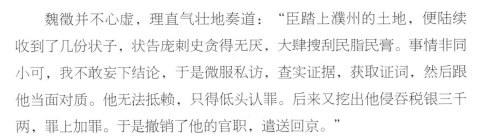

　　魏徵并不心虚，理直气壮地奏道："臣踏上濮州的土地，便陆续收到了几份状子，状告庞刺史贪得无厌，大肆搜刮民脂民膏。事情非同小可，我不敢妄下结论，于是微服私访，查实证据，获取证词，然后跟他当面对质。他无法抵赖，只得低头认罪。后来又挖出他侵吞税银三千两，罪上加罪。于是撤销了他的官职，遣送回京。"

　　唐太宗狠狠瞪了庞相寿一眼："看你干的好事，还有脸面来见朕？！"

　　"皇上息怒，"庞相寿磕了两个响头，"容臣申述一二。臣的犯罪事实，均发生在武德年间。皇上即位以后，臣决计重新做人，打算兴修水利，治理黄河水患，造福于民，将功补过。"

　　"人心隔肚皮，谁能猜透你的心思？你愿意改过自新，多少还得有所表现呀。"

　　"臣的贪污都如实作了退赔。治理黄河，初步勘探完毕，已绘制出了图样。"说罢，庞相寿呈上了治黄图本和奏章。

　　长孙无忌等大臣互相交换了一个眼色，异口同声地为庞相寿求情，帮他说话："知错认错，还能改错，很不容易。惩前毖后，无非治病救人。庞相寿在濮州跌倒了，怎么不可以让他在原地爬起来？"

　　"你们都想保他？"唐太宗产生了怜悯心，也想让庞相寿官复原职，仍归原位。

　　"乞请皇上赦免他一次，下不为例。"长孙无忌出班奏道。

　　"不可法外施恩。"魏徵昂起凸额头，据理力争，"庞相寿身为一州父母官，上不思报效朝廷，下不思造福万民，反而鱼肉百姓，乱我朝纲，不管功劳多大，毕竟功不抵过。王子犯法，与庶民同罪。若是姑息迁就，替庞相寿网开一面，怕只怕大唐律令日后难以施行啰。"

　　长孙无忌勃然大怒，眼珠子瞪得拳头大："魏徵你也不要做太绝了！庞相寿不过一念之差，一时之错，犯不着非要一棍子打死不可。"

　　"他上任三年，黄河两度决口，"魏徵也激动起来，"南岸被冲成了百里荒滩，百姓流离失所，逃荒讨米，怨声载道。《治黄图》并非出自他之手，而是前任刺史留下来的。如今交他实施，谁还会听从？"

"另作安排，行吗？"唐太宗综合二者的意见，打算折中处理。

"不行。"魏徵寸步不让，"臣并非不晓得他的来历，也晓得因他要担莫大的风险，之所以下狠心整治他，是因为要以此警告地方官吏，一旦腐化堕落，营私舞弊，无论他过去的功劳多大，后台多硬，照样逃脱不了法律的制裁。"

"用朕的脸面保他一次呢？"

"也不行。秦王府的旧僚属在朝廷内外不少，如果都仗恃陛下的私惠恃宠而骄，作威作福，必将使品行端正的人莫名其妙，不知如何是好。"

唐太宗被魏徵说服了，走下御座，俯身对庞相寿说："我从前当秦王，是一府之主。如今做天子，是四海之主，人人都是朕的子民，必须一视同仁，不能再偏袒旧部了。"

"魏徵安抚山东，"庞相寿转守为攻，"见了原东宫和齐王府的人就保，而对待秦王府的人则骨头里面挑刺，从严从重处理，也许别有用意噢。"

"别误会。魏徵纯粹是执行朕的旨意，比如说，处分你，就是朕批示的。今日当殿对证，也是朕的安排，主要是想考一考魏徵的钢火硬不硬。魏徵不愧为良臣，经受住了考验。"

唐太宗把担子往自己肩上一搁，谁也不敢再反对了。他赐给庞相寿一些金银绸缎，表示抚慰，同时又勉励他改过自新，做一个安分守己的良民。庞相寿流着泪叩辞而去。

魏徵得到了唐太宗的支持，胆子更大了，只要知道的，从不隐瞒，都一五一十地兜出来。唐太宗也愿意听他的，多次召入寝殿，询问政治得失，共商国家大计。

自古以来，不少君王的一个通病，就是用人多疑，因而使得君臣之间往往不能肝胆相照、相互信任。

贞观初年，唐太宗曾对近臣说："朕认为前代的谗佞之徒，都是损国害民的蠹贼，有的巧言令色，结党营私，有的主上昏庸，被人迷惑，以致忠臣孝子流血含冤。朕防微杜渐，以绝谗言，恐怕力不从心，还望各位大臣时时提醒，以免祸端。"

奸佞小人是贤能之士施展才华的最大阻碍，因此斥小人、杜谗邪就显得尤为重要。唐太宗作为一代明君，对奸佞小人的危害看得很清楚，把任用小人比作养恶草，指出养了恶草会对好谷子有伤害。

唐太宗还引用北齐和隋朝的历史教训，说明群小之徒诽谤君子、谗害贤臣给国家造成的危害。唐太宗对谗言有所警惕，使得一些诬告未能得逞。

贞观三年，监察御史陈师合上《拔士论》，声称房玄龄、杜如晦的思虑有限，不可让他们总理一切，企图排斥房、杜的宰相地位。

唐太宗说："朕以公心治理天下，任命房玄龄、杜如晦并不是因为他们是我的老部下，是因为他们有才华。陈师合无事生非，妄加毁谤，企图离间我们的关系。从前蜀后主刘禅昏庸无能，诸葛亮所以能鞠躬尽瘁，死而后已，是因为不相猜忌。朕如今任用房玄龄、杜如晦等，也是如此。"

于是，唐太宗将陈师合流放到岭南。事后，唐太宗对房玄龄、杜如晦说："朕听说自古以来成就大事业的帝王，都是上下一心，依靠股肱大臣的力量。如果君主猜疑臣下，就不能上通下达，想使臣下尽忠，岂不困难？如果有人故意谗毁，破坏君臣关系，就应当以他谗毁别人的罪名惩治他。"

当然，贤能之士毕竟不是神人，有时难免犯小的失误和过失。居心叵测的人往往抓住不放，借机毁谤。对于这种情况，唐太宗看得很清楚，态度也十分明确，总是竭尽所能保护贤能之士。

有一次，魏徵、温彦博在处理政务的过程中，都曾犯过一些小的过失，有人据此上奏太宗弹劾他们。太宗对这些奏章丝毫不理，对魏徵等人的信任也从未曾改变。这样一来，魏徵等人就能够安心做事，充分发挥治国的才华。

一次，唐太宗问曾在隋朝担任大臣的房玄龄和萧瑀："隋文帝作为一代君主怎么样？"

　　两人回答说："隋文帝勤于治理朝政，有时临朝听政，会一直延长到日落西山的时候。五品以上的官员，围坐论事，卫士传送餐饭。虽然他品性算不上仁厚，但可以称得上一位励精图治的君主。"

　　唐太宗不赞同这种说法，对他们说："你们只知其一，不知其二。隋文帝是一个十分不精明而且喜欢苛察的人，因为他不精明，所以使得君臣上下不能通融一气，因为他苛察，所以对事物多有疑心，所有的事都自行决定，而不信任群臣。天下如此之大，他一个人日理万机，费心劳神，难道每一件事都能做得合乎情理吗？群臣既然已经明白主上的意见，那么就只有无条件接受，即使主上出现过失，也没人敢争辩纠正，所以隋朝到了第二代就灭亡了。我就不是这样：选拔天下的贤能之士，让他们分别担任文武百官，让他们考虑天下大事，然后汇总到宰相处，宰相深思熟虑，然后才上奏到我这里。这样，有功则行赏，有罪则处罚，谁还敢不尽心竭力，各司其职呢？这样一来，何必担心天下治理不好呢？"房玄龄和萧瑀听后深以为然，心中庆幸遇到了明君。

　　贞观十三年，有人诬告尉迟敬德企图谋反。唐太宗不但不信，还将此事告诉了他。敬德听后，脱下衣服，露出满身伤疤，对唐太宗说："我跟随陛下征战四方，身经百战。现在天下安定了，难道陛下要怀疑我吗？"

　　"请赶快穿上衣服，我不相信诬告，才将此事告诉你，你何必恼怒呢？"唐太宗流着眼泪动情地说。

　　几天后，唐太宗为了表示对尉迟敬德不疑，决定将女儿嫁给他。尉迟敬德一边叩谢，一边说："臣的妻子虽然年老珠黄，但与我同甘共苦多年。臣虽然没有学问，不知书达理，也知道富不易妻的古训。我实在不愿接受陛下的厚爱。"唐太宗感到尉迟敬德言之有理，不再勉强。

　　贞观十七年，萧瑀因为自己不受重用，嫉妒房玄龄，诬告房玄龄交结朋党，把持朝政，提醒皇上明察秋毫，以防被他们蒙蔽。但太宗深信

唐太宗李世民传

房玄龄的为人，并没有因为萧瑀的话而怀疑房玄龄。相反，他严厉地批驳了萧瑀的诽谤，使其不敢再挑起事端。

由于唐太宗知人善任，用人不疑，君臣之间、臣子之间都能从国家大局出发，相互信赖无疑，精诚团结。因此，贞观时期的大臣，多数都是鞠躬尽瘁，尽职尽责。

中书令岑文本，虽贵为中书省的长官，但住的房子又小又湿，家里甚至连帷帐这样的东西都没有。有人劝他经营一点产业，产业就是家业。

岑文本说："我没有什么功劳，仅仅因为写文章就担任了这么重要的官职，这已经让自己很担心了，哪里有心思搞什么产业。"他想的不是自己的家产，而是自己是否对得起这个重要的职务。

中书省的机密最多，因为任何重大的事情首先是中书省知道，皇帝的什么想法，也总是先通过中书省草拟诏敕。在当中书令之前，岑文本当中书侍郎多年。如果要经营产业，他早就有机会，但他一心考虑的是朝廷大事。

户部尚书戴胄是国家财政经济的一把手，国家的预算、决算、税收、土地、人口等都在他管辖范围之内。他去世的时候，因为家里房屋又破又小，没法设堂祭奠。

李大亮曾任左卫大将军、太子右卫率和工部尚书，还担任过剑南道巡省大使和凉州都督。他死的时候，家里没有珠玉可以作为口含之物，只有五斛米、三十端布。朝廷给他的赏赐，他不据为己有，而是发给亲戚和下属。他抚养的孤儿，与他如同父子的就有十五人。

可见，贞观时期，皇帝对待大臣信任有加，大臣对皇帝和朝廷尽心尽力。上下合力，共同造就了贞观之治。

# 积极推行依法治国

　　贞观初年，朝廷围绕教化和刑威展开了争论。封德彝主张威刑严法以整治天下，他说："秦朝严刑峻法，汉朝杂以霸道，都是形势所造成的。如今是大乱之后，法制紊乱，隋朝的弊政还未消除，只有威刑严法，才是立国之本。"

　　魏徵主张实行仁政，慎刑宽法，他说："从前，黄帝征蚩尤，高阳征九黎，商汤逐夏桀，周武伐商纣，都是在大乱之后，都以仁政致天下太平，所以治国之本在于仁恩，宽仁恤典，慎用刑法，必能大治。"

　　"宽仁慎刑"是儒家的主张，以从宽处罚为立法的原则，与法家的严刑峻法、杀一儆百的思想是对立的。唐太宗采纳了魏徵的意见，后来唐太宗曾经回忆说："贞观初年的时候，人们议论纷纷，说当今根本不可能实现帝道、王道，只有魏徵认为可以。我听从了他的劝说，过了不到几年，就实现了华夏的安宁，边境的降服。"

　　孟子的"仁政"学说对唐太宗的政治法律思想影响很大，他指出：

"治理国家的道理，必须用仁义来安抚百姓，向百姓展示威信，体谅百姓的心思，而不用苛刻的刑罚。"

唐太宗还从秦、隋的灭亡之中得出了结论，认为"古来帝王以仁义来统治的，国运就会长久；用法律来统治的，虽然能够救弊于一时，但败亡也很快"。因此，他把立法的宽严同王朝的兴亡联系在一起，多次提出要以礼制律、礼刑相辅。

在这一思想指导下，唐太宗开始对唐代法律进行修订。最初，李渊进入长安后曾与关中父老约法十二条，以争取各阶级、各阶层的支持。武德初年，李渊又宣布废除隋朝的《大业律》，下令重新修订法律。裴寂、萧瑀、刘文静等在隋《开皇律》的基础上，修成新法《武德律》。

唐太宗即位后，令长孙无忌、房玄龄等以隋文帝开皇年间修的《开皇律》为蓝本，以李渊的《武德律》为基础，本着删繁就简、以轻代重、宽仁慎刑的思想，历时十年，于贞观十一年制成《贞观律》，从而奠定了整个《唐律》的基础。

《贞观律》是一部体例严谨、内容完整的封建法典。《贞观律》共三十卷，律文五百〇二条，分为十二篇。

第一篇是《名例律》，共有五十七条，是关于刑法的种类及其适用范围的一般性规定，是整部律法的总纲，相当于现代的刑法总则。

第二篇是《卫禁律》，共有三十三条，是关于宫廷警卫和守卫关津要塞的相关规定，其目的在于确保皇帝的尊严和人身安全以及严禁私度关津要塞等。

第三篇是《职制律》，共有五十九条，主要是关于惩治官吏违法失职的相关规定，主要内容是对玩忽职守、官署设置过限等罪行的处罚，尤其是严惩贪赃枉法。

第四篇是《户婚律》，共有四十六条，主要是关于户籍、田宅、赋役和婚姻家庭方面的规定，其主要内容有严格保护国有土地和私有土地的所有权，严禁欺瞒户口、逃避赋役，维护封建的婚姻家庭关系等。

第五篇是《厩库律》，共有二十八条，主要涉及牲畜、仓库管理方面的有关规定，它的目的是保护官有财物不受侵犯。

第六篇是《擅兴律》，共有二十四条，主要涉及士兵征集、军队调动及兴造方面的有关规定，主要内容为严禁擅自发兵、严惩贻误与泄露军机的行为，以及禁止随意兴造等。

第七篇是《贼盗律》，共有五十四条，主要涉及保护个人的生命财产不受侵犯的法律规定，主要内容包括对谋反、谋大逆、谋叛罪等等危害国家和皇帝特权及人身安全等犯罪的严惩以及对其他危害生命安全犯罪的严惩，特别是对窃盗、强盗、监守自盗等盗窃行为和买卖人口的严惩。

第八篇是《斗讼律》，共有六十条，主要涉及斗殴伤人和控告、申诉等方面的法律规定，主要内容包括斗殴犯罪和诉讼方面的规定等。

第九篇是《诈伪律》，共有二十七条，主要是关于惩处欺诈和伪造内容的法律规定。

唐太宗李世民传

第十篇是《杂律》，共有六十二条，主要涉及不能编入其他篇的犯罪行为的法律规定，主要内容涉及买卖、借贷、市场管理以及男女奸情等方面。

第十一篇是《捕亡律》，共有十八条，主要涉及追捕逃犯、捕捉罪人和逃避兵役及徭役的兵员、役丁等法律规定。

第十二篇是《断狱律》，共有三十四条，主要涉及司法审判和监狱管理等方面的法律规定。

唐高宗永徽年间，宰相长孙无忌又奉旨对《贞观律》逐条进行了详细解释疏证，于永徽四年颁行天下，这就是现存的我国最早最完整的封建法典《唐律疏议》。

这部法典承上启下，内容完备，不仅成为后世历代封建王朝的法律范本，而且对朝鲜、日本等国的律法产生了重大影响。因此，《唐律》被称为世界五大法律体系之一的中华法系的代表，在中外法制史上占有重要的地位。

除了《唐律》之外，还有令、格、式三种内容："令"是有关国家制度方面的具体规定；"格"是内外官署衙门处理行政事务的规范；"式"是国家机关的办事细则和公文程式。"律"则是对违反令、格、式和各种犯罪者的判处规定。因此，四者以律为主，相辅相成。

由于唐太宗坚持宽仁慎刑，《唐律》比以往的刑律简约，仅死刑就减去了一半，与隋朝《开皇律》相比，减死刑为流刑九十二条，减流刑为徒刑七十一条，同时还废除了鞭背、断趾等酷刑，变重为轻，不胜枚举。

贞观元年，唐太宗在修改《唐律》之初，就告诫侍臣们说："死者不能够再生，所以用法必须要宽简。古人说，卖棺材的人，希望别人遇到灾疫，不是希望别人都得病，而是希望自己的棺材卖得出去。今天，行使司法权力的官员必须要事实确凿才能定罪，不能为了上报考课的需要，随便治罪于民。"

房强的弟弟因为对朝廷不满，阴谋反叛，但还未采取行动就被朝廷发觉。按照法律规定，尽管还没有行动，犯人也要被处死。房强虽然毫不知情，但是按照兄弟连坐的法律规定，他也要被处死。

唐太宗在审查这个案子的时候，非常同情房强。他认真考虑后对房玄龄说："谋反有两种，一种是兴师动众地已经有行动，一种是讲几句反叛的话而没有行动，这两种情况应该区别开来。"

随后，唐太宗就让房玄龄把言论罪和行动罪区别开来分别对待，规定只有言论没有行动的罪犯，他的弟兄不必实行连坐的处罚。

在宽仁慎刑的立法原则之下，为了保证法律条文在量刑上的准确性，唐太宗又强调法律条文的统一，防止执法官员利用法律条文之间的矛盾漏洞进行舞弊。

唐太宗还非常重视法令的相对稳定性，《贞观律》自其制定之后，虽然经过了后来几代皇帝的修改，但其指导思想以及大体的框架内涵都没有发生根本的变化，可以说，《贞观律》在其制定的时候，已经具备了相当成熟的法理思想。

贞观十一年，唐太宗对侍臣们说："诏、令、格、式，这些法律条文如果不能统一固定下来，那么人心多有疑惑，就容易生出奸诈。汉高祖日理万机几乎没有时间顾及法律的制定，政治家萧何只不过是刀笔小吏，但是他们一旦制定了法律之后，还要统一执行，不是经常进行变动。今天我朝百官这样严谨地制定出法律，颁布了各项诏令，既然这样，就应该把它们作为永远遵循的律文，不得轻易更改。"

唐太宗希望大臣们能像当年萧何那样，使修订后的唐律也能像汉律九章那样统一，从而防止执法官员利用漏洞进行舞弊，消除轻罪重判、重罪轻判等弊病。

唐太宗所提出的立法统一性的原则，是保证量刑准确性的前提之一。在《唐律》中明文规定：所有的罪行都需要详细引据律、令、格、式的正文，如果不这样做的话，要受到笞打三十的惩罚。由此可见，唐太宗强调的立法统一性原则的目的在于按律定罪，即为犯罪行为的惩罚提供法律条文上的准确根据。

贞观十年，唐太宗对大臣们说："法令不可以总是改变，总是改变的话就会繁乱，执行法律的官员不能全部记住，而前后会有差违，这样奸猾的官吏就能够为非作歹，自今以后，如果确实需要对原来的律文进行改动的，都应该慎重地进行。"

唐太宗李世民传

虽然唐太宗提出了法律不可以常常改动的原则，但是当客观实际确实发生变化，并要求更改法律以维护新的社会关系时，唐太宗也主张对已有法律作出适当的修改，他认为这样做是制定法律所必需的。

《唐律·户婚》中有这样一条法律条文：各种不便于时的律、令、式，都需要由尚书省审议，然后上奏；如果有不合时宜的律文，而尚书省不审议并上报，自行更改的，犯有此项罪行的官吏要被处以两年的徒刑。

这里所说的尚书省议定是指由尚书省召集七品以上的京官，集体讨论评定，然后再上奏皇帝裁定。可见，修改法律，需要详细审议后上奏，经过皇帝批准后，所作的修改才能生效；不经过讨论而上奏的，将给予两年徒刑的严重处罚。

立法是制定法律，司法是法律的贯彻执行。贞观年间，依法办事良好局面的出现，在于有完备的司法机构和完善的审批程序。

唐代中央的司法机关是大理寺、刑部和御史台，三者各有所司，遇有重大案件，则由三个部门的长官联合会审，称为"三司推事"。

大理寺，置大理卿一人，从三品。其职责是处理疑难案件，平反昭雪冤案和公平审理大案。大理卿之下有少卿二人，协助大理卿治事。大理寺的属官有大理正二人、丞六人、主簿二人、录事二人、狱丞四人、司直六人，各自都有不同的分工和任务。各州县判决的死刑，要到大理寺复审核准。大理寺有权驳回审判不当的案件。

刑部，为尚书六部之一，长官称刑部尚书。刑部下辖刑部、都官、比部、司门四司。其职责是依据法律条文对刑犯量罪定刑。

御史台，为监察机关，对重大案件也参与审理，同时还会同刑部复查囚犯。

贞观时期对囚犯的判决，有严格的程序。不许刑讯拷打、屈打成招。如果法官违法拷讯，处以"杖六十"的刑事处分。还规定拷囚不得超过三次，总数不得过二百。拷满仍不承认犯罪，取保赦放。

对于死囚的审判更为严格，一般要三次奏请，后来规定两日五次奏请。贞观五年，太宗下诏说："司法机关奏决死囚，虽说是三次奏请，却是一日完结，没有仔细思考的余地，三奏有什么用处？即使有所追悔，也来不及纠正。自今以后，京师各司法机关奏决死囚，应两天内五次奏请。"

贞观初期，朝廷开科取士，有人假造资历，给录取带来混乱。唐太宗下令诈伪者自首，否则处死。不久，果然有诈伪者被查出，唐太宗就把诈伪者交给大理少卿戴胄审理。

戴胄根据当时的法律规定，判处这些人流刑。唐太宗听到这个判决结果后大发脾气，质问戴胄说："我下过命令，不主动自首的人就要处死，而你却只判他们流刑，这不是让我言而无信吗？"

戴胄镇静地回答说："陛下如果当时查出诈伪的人不交给我审讯就

杀了他们，我当然没有办法。但是，既然交给我审讯，我只能按照法律的规定来办事啊。"

唐太宗固执己见地说："你自己倒是得到了执法的美名，却让天下人议论我不讲信用！"戴胄辩解说："陛下之前所下的命令只不过是凭一时的喜怒而说出的。而法律是国家向天下公布的最高的行为准则，所以守法才是最大的信用；按照法律办事，就要能够忍耐个人一时的愤怒而保存国家的信誉啊！"

唐太宗觉得戴胄说得有理，自知理亏，不得不自找下台的台阶说："你能这样秉公执法，我还有什么可担忧的呢？"

贞观九年，岷州都督高甑生因不服李靖的调度受到李靖的指责，便诬告李靖谋反，结果被流放到荒凉的边境地区。有人向太宗求情说："高甑生是秦王府的旧臣，应从宽处理。"

唐太宗李世民传

太宗对求情者说："秦王府旧臣的功劳，我自然不会忘记，但治国守法，应当人人平等。如果因旧臣而赦放，一些侥幸之人便会目无法纪。况且，太原起兵时，随从征战立有战功的人很多，如果高甑生获免，其他人就会攀比，有功之人，都恃功犯法，法律就会形同虚设。我所以不赦免高甑生，正是为了维护法律的尊严。"结果，高甑生受到法律的惩治。

唐太宗十分注重法治，他曾说："国家法律不是帝王一家之法，是天下都要共同遵守的法律，因此一切都要以法为准。"作为一位万人之上的君主能够说出这样一番话来，唐太宗不愧是一位开明的皇帝。在大多数情况下，他能执法守法，自己违法也能主动引咎自责。

贞观五年，张蕴古为大理寺丞，他的老乡李好德患有精神病，犯病的时候胡说八道，还大骂皇帝，被人告到了官府，唐太宗就让大理寺丞张蕴古审理这个案子。

张蕴古经过调查禀报唐太宗说："李好德患有精神病是实情，根据法律不应该判刑。"唐太宗答应可从轻处理。张蕴古却私下将太宗皇帝的旨意告诉了李好德，并与李好德在狱中游戏取乐，被侍御史权万纪告发。唐太宗大怒，下令将张蕴古斩首于长安东市。

不久，唐太宗意识到自己未按法律程序办事，以沉重的心情对房玄龄说："你们都是吃国家俸禄的人，理应为国分忧，事无巨细，都应留心。不询问你们就不发表意见，遇事也不谏诤，怎么能起到辅弼的作用呢？比如张蕴古一事，蕴古身为法官，与囚犯游戏取乐，又私下泄露朕的旨意，罪责较重。但即便依照法律，也不至被处死。朕当时盛怒之下，下令将蕴古处斩，你们竟无一人谏诤，有关司法部门也没提出不同意见，就奉旨执行，真是岂有此理？"说罢，太宗脸上流露出愧悔的表情，并下令说，"凡有死刑，虽然已下令处决，还需要五次奏请，以免冤杀。"

广州都督党仁弘，勾结豪强，擅敛赋税，私自将当地的少数民族充作奴婢，罪当处死。唐太宗可怜其年老多病，又是晋阳起兵时的元老，便从宽处理，贬为庶人。

事后唐太宗又自觉有违司法尊严，便召集五品以上的官员，当众宣布说："朕以私情从宽处理党仁弘，是扰乱法律，有负于天。我将住在南郊的草席庐中，连续三天粗茶淡饭，向苍天谢罪。"

众大臣再三劝阻，唐太宗仍固执己见。房玄龄劝唐太宗说："从宽处理党仁弘，是因为他从前立有战功，并不是念及私情。况且天子操有生杀之权，没有必要如此自责。"

经过再三苦劝，唐太宗才答应不去南郊向苍天请罪，但仍下诏自责说："朕有三罪，一是知人不明，二是以私乱法，三是未能惩恶扬善。"这件事虽然具有作秀的嫌疑，但从一个侧面可以看出唐太宗对法律的重视。

张亮为相州刺史时，他的养子有谶语"弓长之主当别都"，张亮认为"弓长"合起来是自己的姓"张"。不久，有人告张亮收养义子五百人，阴谋造反。唐太宗召集百官议论，多数人认为张亮罪当处斩，只有李道裕认为证据不足，不可处斩。

太宗盛怒之际，下令将张亮处死。不久，刑部侍郎空缺，太宗说：

"我已有人选了。从前议论张亮的事情，只有李道裕反对处斩，他的看法是公正的。我当时未能采纳他的建议，至今追悔不已。"于是授李道裕为刑部侍郎。

在贞观时期，唐太宗以身作则，带头守法，执法严格，量刑慎重。在他的苦心经营下，社会和谐，经济发展，治安良好，犯法的人少了，被判死刑的更少。贞观时期的社会秩序好得让人难以置信，是真正的夜不闭户，道不拾遗。贞观三年，全国判处死刑的犯人只有二十九人。

贞观六年年底，辞旧迎新之际，唐太宗来到长安的监狱，当他看到即将被处死刑的囚徒，顿生怜悯之心，下令让全国的死囚犯都回家过年，与亲人团聚，等来年秋天再回来，不来就处死。

规定的日期到了，结果死囚犯全部回来报到，无一逃亡。唐太宗为这种诚信所感动，就将他们全部赦免释放了。可以想见，当时的场景是怎样的感人。人们称唐太宗是讲人道的明君，不是没有道理。

难道唐太宗就不怕他们逃走吗？其实，一方面这是唐太宗在以心感人，本来，这些囚犯已做好了要死的准备，皇帝竟如此信任他们，很容易就被感化了；另一方面，唐帝国政治清明，社会稳定，人民安居乐业，丰衣足食的人不会因生存铤而走险，心平气和的人也不易走极端。而且，在严密的地方组织机构下，依法治国，令行禁止，逃了也很难跑掉。

由高度自信带来的信任，使唐太宗能够作出大赦的决定。这件事，被大诗人白居易写进了《七德诗》中，诗曰"死囚四百来归狱"。

唐太宗李世民传

# 尊崇和实行儒学

　　唐太宗出身将门，长于乱世，戎马倥偬中，平复叛乱，几乎是无往不胜。在那段时间里，他基本上无暇读书。在以武力拨乱反正，完成和巩固了统一之后，治理天下由武功转为文治。

　　面对这一现实，魏徵建议唐太宗说："偃武修文，既能安定中国，又能让周边少数民族臣服归顺。"

　　唐太宗非常认同，欣然采纳了这一建议，他说："我虽然是以武力平定天下，但是最终还是要以文德教化海内。文武之道，各自按照适当的时机来应用。"为此，唐太宗采取了一系列文治措施，其中首要的就是尊崇儒学，以文治天下。

　　唐太宗登基之后，武力夺天下的历史已经结束，急于寻找治国之策的唐太宗对黄门侍郎王珪说："今人治国为何不如古人？"

　　王珪回答说："古代帝王治理天下，都崇尚清静，以百姓的需要为己任，当今却出现了损害百姓来满足自己私欲的迹象，所任用的大臣也并非是满腹经纶的饱学之士。汉代的宰相，无一不精通儒学经典，朝廷有军国大事，都能引经据典，明果断决，所以人人懂礼教，天下太平无事。近代以来，重武轻文，严刑峻法，儒学受到冲击，淳朴的民风遭到破坏。这是今不如古的重要原因。"

对此，唐太宗非常赞同。但是，贞观初年的政坛，武官居多，文臣偏少。因此，唐太宗积极提拔精通经史的人做官，百官中文人的数量渐渐增多。

贞观二年，唐太宗对大臣们说："我现在所爱好的，只有尧舜、周公、孔子的治国之道。有了它，就像鸟有了翅膀，鱼有了水；失去了它，则难以生存。"这说明唐太宗自即位以后，留心于典籍，体会到儒家学说可以维护等级秩序，有助于风俗教化，比起那些纯用"严刑""峻法""霸道"治国方略，实在是高明得多，对于封建统治，具有妙不可言的作用。所以，马上得天下的唐太宗，为了下马治天下，也埋头经典，热衷文治。

唐太宗李世民传

贞观二年，尚书左仆射房玄龄和国子博士朱子奢向太宗建议，提高孔子及其门徒在太学中的地位。

唐太宗采纳了这一意见，下令在长安国子监内建孔子庙，称孔子为先圣，以其著名弟子颜回为先师，召集天下大儒赶赴京师，举行隆重的典礼，向孔子顶礼膜拜。

贞观四年，唐太宗下令全国各州县建造孔子庙。贞观十一年，太宗又下令尊孔子为宣父，在兖州设庙殿，专门拨出二十户人家维护供养。唐太宗还下诏对历代名儒与经学大师表示敬仰和尊崇。

贞观十四年，下诏对梁、陈、周、隋四代的九位名儒进行优赏，对其子孙予以荫袭封官。贞观二十一年，又下诏将自先秦和魏晋以来的名儒左丘明、卜子夏、公羊高、谷梁赤、伏胜、高堂生、戴圣、毛苌、孔安国、刘向、郑众、贾逵、杜子春、马融、卢植、郑玄、服虔、何休、王肃、王弼、杜预、范宁等二十二位先儒列入孔子庙。这样，儒家先圣孔子和历代名儒的社会地位，就得到了极大地提高。

即位之后，唐太宗考虑到文学馆只是自己任秦王时的府属机构，十八学士多调任要职，文学馆已没有存在的必要，于是就设置弘文馆，精选天下名儒虞世南、褚亮、姚思廉、欧阳询、萧德言等人，都以本官兼署学士。

散朝之后，太宗将他们引入内殿，讲经论义，共商国是，有的时候到了深夜才回去，而且弘文馆的学士可以参与议定礼仪、典章、律令等重大活动，所以，唐太宗开弘文馆的目的，不仅仅是讲经论义，更重要的是商议政事，是为其文治服务的。

南北朝的长期战乱之后，儒家经典多有散佚。对此，唐太宗十分重视，命令时任秘书监的魏徵负责经籍图书的搜集与整理工作。魏徵等人广泛征集募购，将所得图书分为四部，详细校订，手抄誊写。至此，"经""史""子""集"四部的图书分类法正式确定。

在国家经史子集已经完备的情况下，为了便于学生学习和科举考试，统一思想，巩固统治，唐太宗通过两个步骤，完成了对儒经的统一工作。

儒家经学从西汉初年就出现了今古文学之争。东汉末年以来，经学大师郑玄以古文经为主，兼采今文经学说，遍注经籍，形成了一个经学流派，世称"郑学"。

三国的经学家王肃又独树一帜，不再分今文、古文，对各家经义加以综合，形成了与"郑学"对抗的"王学"。西晋永嘉之后，这两个学派的斗争就代替了今古文学之争。南北朝时，政治上的分裂导致南北学派的对峙。

南北朝后期，因为南北学派的交流，使得南北经学的差异缩小。隋朝的建立，则结束了长达几百年的政治分裂局面。而政治上的统一，必然要求思想和经学上的统一。当时，经学已经出现了南北融合的趋势。著名的经学大师刘焯、刘炫等都是学通南北、博古通今的硕儒。但由于隋朝短命而亡，南北经学仍然未能统一。

唐太宗第一步，颁行《五经定本》。鉴于古代经籍因年代久远，文字讹谬，加之南北经学各有师承，解说各异，唐太宗便让精通训诂学的颜师古在秘书省考定"五经"。

唐太宗把考订"五经"的工作交给颜师古，是颇具眼力的。颜师古的祖父颜之推是一代名儒，颜师古少传家业，遵循古训，博览群书，尤精训诂之学，具有研究经学的扎实基本功。因此，颜师古是考定"五经"最恰当的人选。

颜师古利用秘书省的经籍图书，悉心校刊，历时两年多，完成《周易》《尚书》《毛诗》《礼记》《左传》"五经"的刊定，呈献给唐太宗。唐太宗十分重视，召集诸儒进行评议。

由于时代久远和师门不一，诸儒议论纷纷。颜师古援引晋以来的古今版本，援据详明，一一作答，诸儒都很佩服。于是，被唐太宗批准为《五经定本》，颁布全国。

颜师古的这项工作，是对魏晋以来"五经"版本混乱局面的一次大清理。这就为当时学校教育提供了统一的课本，也满足了科举考试的需要。另外，颜师古还是唐代著名的史学家，他所作的《汉书注》，博采众长，匡谬补阙，是《汉书》现存最重要的注本。

第二步，编纂《五经正义》。"五经"的版本统一之后，接下来就是对经书的注疏工作。唐太宗针对儒学门派多，历代相沿的经文解释中的歧义迭出的状况，诏令国子祭酒孔颖达与诸位儒学大师共同撰定"五经"义疏。

孔颖达自幼聪明睿智，博闻强记，八岁就开始学习古经，尤其喜欢《左传》《尚书》《周易》《毛诗》《礼记》等儒学经典，同时还通晓天文历算，又善写文章。唐太宗平定王世充的时候，孔颖达正避居在虎牢一带，李世民慧眼识人，将他引到秦王府做文学馆学士，从此受到重视。

与孔颖达一起从事编撰工作的也都是硕学大儒，如于志宁、司马才章、王恭、马嘉运、王德韶、朱子奢、贾公彦等。他们坚持疏不破注的原则，对于六朝以来儒学的纷纭，一律以汉魏古注为权衡，考订是非。

唐太宗李世民传

由于孔颖达等人贯通诸家学说，并且治学态度严谨，因而《五经正义》的编撰，使汉魏以来儒家的门户之见一扫而空，如古今文之争、郑王学之辩、南北学之分等都销声匿迹了。

《五经正义》的编订，是初唐诸儒集体智慧的结晶。唐太宗对这项工作也十分满意，下诏褒奖道："你们博古通今，义理准确恰当，考察前儒的不同说法，符合圣人的旨意，实在做了一件不朽的大事啊！"

但是，由于《五经正义》的编撰出自很多人之手，存在许多弊病，唐太宗又下诏重新修订，由于孔颖达已年老退休，无法主持修订工作，终贞观之世未能完成修订。直到唐高宗永徽四年，才修订完毕，作为钦定的全国性的教科书，正式颁行于天下。此后一直到宋代，科举考试皆以此为标准。

《五经定本》和《五经正义》的颁定，不仅适应了唐太宗"偃武修文"治国方略的需要，为贞观之治的出现奠定了思想基础，而且实现了儒家学说的空前统一，在中国儒学发展史上，具有重大的意义。

唐太宗以儒家思想为统治思想，但他不禁绝其他思想流派和宗教。他尊崇道教，也允许其他教派的活动。

唐太宗所以尊崇道教，是因为道教是中国土生土长的宗教。作为中国人，首先尊奉的应是本土宗教，而不能是从外地传入的宗教。再则，与唐太宗的"尊祖"意图有关。

在魏晋南北朝时期，人们的门阀观念很强，李姓并非贵姓，所以唐太宗要重修《氏族志》将李姓列为一等姓。而道教以老子李耳为教祖，李耳与唐朝的皇帝同姓，为了追崇李姓的高贵，使李姓政权披上君权神授的外衣，便将道教始祖老子拉出来，神化老子，以攀附祖先。

唐代诸帝、后妃公主、达官贵人，甚至文人骚客，许多人信奉道教。道教在统治阶级的组织和扶持下，在唐代得到迅速发展。

唐太宗在位期间，在尊崇道教的同时，也十分注意利用佛教，基本上对两者都予以宣扬利用。只是随着形势的变化，时有侧重。

贞观十七年，著名佛学家玄奘从印度取经归国。次年春夏之交到达于田，并上书唐太宗，唐太宗令敦煌官员前往迎接。回到长安时，高僧俗士倾城出迎，焚香撒花，顶礼膜拜。

贞观十九年，唐太宗在长安召见了玄奘，并称赞他意志坚强、词论典雅、风节高尚，在佛教造诣方面超过了前人。玄奘提出要翻译佛经，唐太宗也同意了他的请求，并召集部分通晓佛经的人，与玄奘共同完成这一事业。

另外，唐太宗对刚刚传入中国的景教也给予了合法的地位。景教是基督教的一个支派，贞观九年，波斯景教教主阿罗本来到长安，唐太宗命宰相房玄龄到西郊迎接，待若上宾。贞观十二年，又准许他在长安建造大秦寺，并下诏称：道无常名、圣无常体，各种教派，都是为了济度众生。

唐太宗尊崇道教，又不以本土宗教排斥外来宗教，而是在确立道教首要地位的前提下，允许其他教派自由发展，对各种宗教采取宽容的策略。能做到这一点，是出于对自身文化的高度自信；而这种自信，既来自强大的国力，又源于豁达的胸襟。

# 大力革新礼乐制度

　　唐太宗贞观初年，房玄龄和杜如晦召集一部分礼官和学士，对《隋礼》进行了修订。封建礼乐制度集中体现着统治者的意志和利益，是规范人们言行的准则，也是维护封建等级制度的重要工具，它可以培养和造就千千万万的顺民，心甘情愿地接受封建统治者的统治。从西周初年周公旦制礼作乐以来，历代统治者在建国后都会重修礼乐，唐王朝也不例外。唐太宗即位以后，把制礼作乐作为头等大事，力图充分发挥礼乐的社会功能，彰显贞观盛世的深邃文化内涵。

　　贞观七年，《贞观新礼》颁行天下，篇目与《隋礼》大致相同：吉礼六十二篇，宾礼四篇，军礼十二篇，嘉礼四十二篇，凶礼六篇，国恤五篇，共一百三十篇。初次修订的《贞观新礼》难免有不尽如人意之处，加上围绕是否举行封禅大典，大臣争论激烈，意见纷纭。于是，唐太宗又命房玄龄、魏徵、王珪等人进一步修订，同时召集一批著名儒家学者如颜师古、孔颖达、令狐德棻、李百药等人参加。

贞观十一年三月，《贞观新礼》最后修成。《贞观新礼》共一百三十八篇，比贞观七年修订的新礼多了八篇。成书之后，颜师古、孔颖达、令狐德棻、李百药等都晋爵为子，可见唐太宗对这项工作的重视与赞赏。

《贞观新礼》内容完备，既合乎人情，为百姓所接受，又具有一定的约束力，规范百姓的言行。为了适应当时的政治形势，孔颖达等人根据风俗人情对三礼进行了变通，主要表现在吉、凶、军、宾、嘉五礼的一些具体规定和礼节上。比如在姨舅服制的问题上，按照古制，姨服很重，小功五月；舅服较轻，缌麻三月。

修订《贞观新礼》时，唐太宗提出，舅之与姨，亲疏相似，而服纪有不同之处，这在道理上是讲不通的。于是，魏徵、令狐德棻等就将其改为舅姨同服小功的规定，既坚持了古礼的原则，又有所变化。作为一世英主，唐太宗对于"礼"的见解不同于一般世俗的观点，他本人的行为也在遵循古礼的前提下，以比较开明的心态，做到了与时俱进。

贞观十七年，唐太宗生日那天，他心情沉重地对近臣诉说："今天是我的生日，按照风俗应以生日为喜乐，宴请亲朋好友。朕此时却特别思念自己的双亲。如今，自己君临天下，富有四海，而想侍养父母，却再也不可能。从前，仲由侍奉父母时，自己吃糠咽菜，却为父母借米做饭。父母亡故后，便到楚国经商，拥有百万资产，成为富翁。子路很痛苦，因为想自己吃野菜而为父母借米做饭已经不可能了。父母生育我，多么辛苦啊，为什么在父母辛劳的日子里却要进行宴乐活动呢？这并不合于礼。"所以，唐太宗认为为自己的生日再去劳累父母，实在不符合礼法。他的观点与传统习俗相同，想法新颖别致。

避讳是礼的重要内容之一，一般说来对帝王的名字要避讳。太宗即位后却对侍臣说："前代帝王，活着时并不避讳自己的名字，周文王名昌，《诗经》中有'克昌厥后'的诗句。鲁庄公名同，《春秋》中有'齐侯、宋公同盟于幽'的记述。近代以来的帝王，妄自尊大，让人们避讳他的名字，于礼不合，应当改革。今后，官号、人名和公私之籍中

唐太宗李世民传

有"世"和"民"字，只要两个字不连读，就不必避讳。"

唐太宗的这一态度，与那些为强调皇权独尊而强求臣民避讳，甚至因此而杀人的帝王相比，要开明得多。礼部尚书王珪的儿子敬直娶唐太宗的女儿南平公主为妻，王珪认为：按礼的要求，儿媳应该拜见公爹、公婆，即便是公主也应如此，我接受公主的参拜，不是为了自身荣耀，而是不使国家礼仪遭到破坏。

于是，王珪与妻子就位而坐，让南平公主参拜，并让公主手捧水盘，自己在水盘中洗手。而按照传统做法，历代帝王都强调皇权的独尊，与"皇"字沾边的都尊贵无比，皇子、皇妃也要受朝臣参拜。唐太宗知道这件事后，没有认为自己的女儿受到委屈，反而称赞王珪做得对。并规定以后公主出嫁，都按此行礼。

礼仪制度对于维护封建统治十分重要，魏徵对此深有认识。他在《论时政疏》中就曾指出："为国的根本，要看德礼，君主要保其地位，在于讲诚信，讲诚信就可以立于天下，百姓就不会有二心，德礼诚信，是立国之本。"

魏徵提出，君主要以礼对待臣下，从而调整好君臣关系。他说："君主能够遵守礼仪，臣下才能竭忠尽智，上下之间要相互信任，上不信下就没有办法指挥他，下不信上就不能更好地侍奉他，这是值得相信的道理啊！"

唐太宗十分赞同魏徵的话，贞观年间，君臣相互信任，约之以礼，出现了上下和谐的君臣关系。唐朝建国之初，首要的任务是平定天下，来不及制定新的音乐，典礼仪式沿用隋朝的《九部乐》。南北朝时期，由于种族与地域的隔阂，形成以"齐、梁之音"为代表的南乐与以"周、齐之音"为代表的北曲。

大唐的统一，打破了南北地域的界限，唐太宗顺应时代潮流，确立了修订《大唐雅乐》的原则：打破南音、北曲的界限，融合南北乐曲，把南北音乐、胡汉之声熔为一炉，赋予贞观新乐以崭新的内容，体现天下一统的气势，让人们在享受音乐的同时，受到道德的熏陶。

在太常少卿、著名的音乐家祖孝孙等人的努力下，《大唐雅乐》制成，其中包括燕乐、清商乐、西凉乐、扶南乐、高丽乐、龟兹乐、安国乐、疏勒乐、康国乐和高昌乐。这十部乐曲既可按曲演奏，又可随声起舞。《大唐雅乐》是我国各民族文化融合和中外文化交流的丰硕成果，它的出现，奏响了健康向上、天下一家的和谐乐章。

唐太宗不仅锐意改革原有的音乐舞蹈，而且还亲自创作改编了新的歌舞。武德三年，李世民平定刘武周，收复并、汾故地之后，庆贺胜利，军民载歌载舞，当时唱的歌叫《秦王破阵乐》，是表现李世民显赫战功的赞歌。

贞观六年，李世民进行了改编，使其变为雅乐，在殿堂演奏。唐太宗还向群臣解释说："我过去受委派征讨各地，民间就有这支曲子，虽然没有文德雍容，但是我的功业是由此建立的，我不敢忘记这个根本啊！"

贞观七年，李世民又亲自设计了一张《破阵舞图》，请著名的音乐家吕才担任艺术指导，按图教练乐工一百二十人舞蹈，舞者身着戎装，象征车骑与步兵相间，往来击刺，还以乐队伴奏，歌者伴唱。另外，还请魏徵、虞世南等人改制歌词，更名为《七德舞》。七德典出《左传》"舞有七德"，意为发扬武功圣德。

唐
太
宗
李
世
民
传

贞观六年九月，唐太宗亲幸诞生地武功别馆（已改名庆善宫），赏赐乡里父老。故地重游，触景生情，感慨万端，不禁赋诗十韵，表现对故土的怀念和胜利的豪情。不久，吕才为这些诗谱曲，命名为《功成庆善乐》。还挑选六十四名身着盛装的儿童，伴着优雅的乐曲，翩翩起舞。《功成庆善乐》的舞步轻缓雅致，与《七德舞》一文一武，对比鲜明，象征了唐太宗的文治武功。

唐太宗对音乐艺术的社会作用的认识也颇有见地。他和群臣就音乐的作用进行了讨论，御史大夫杜淹说："北齐将要灭亡，齐王却作《伴侣曲》，过路的人听到后，莫不悲哀，称其为亡国之音。由此看来，国家兴亡，与乐有关。"

唐太宗反驳说："不然！声音并不能改变人的行为。同一首乐曲，欢乐的人听到后感觉喜悦，哀愁的人听到后感到悲哀，悲哀和喜悦在于人心，并不在于乐曲。将要灭亡的政权，人心烦恼，苦怒相感，听到后自然悲哀，乐曲悲哀能使快乐的人也悲哀吗？如今，《玉树后庭花》和《伴侣曲》还存在，朕能演奏，诸位听到后，肯定不会悲伤。"

魏徵说："乐在人和，不在音调。"

唐太宗非常赞同魏徵的见解。"乐在人和"的思想，正是对音乐艺术社会作用的理解，强调"人和"是"乐和"的前提，体现了贞观君臣的民本思想。

一天，主管音乐的官员张文收建议修改太乐，唐太宗不同意，他说："乐本来是因人而言，人和则乐和。隋炀帝末年，天下丧乱，即使制作出多么优美的音律，也听着不和谐。如果国内安定，百姓安乐，音律自然调和，不用修改太乐。"

贞观七年，唐太宗在玄武门宴请三品以上的官员，乐工表演《秦王破阵乐》，该乐表现的是唐太宗做秦王时击破刘武周的故事。

太常卿萧瑀对唐太宗说："《秦王破阵乐》在全国表演十分普遍，然而对于当年击破刘武周的英雄气概表现得还不够充分，应当让乐工生动形象地表演出刘武周、薛举、窦建德、王世充被擒获时的狼狈形态，展现艰苦卓绝的战争场景。"

唐太宗不同意，并解释说："当年天下未定，群雄并起，朕为了拯救万民于水火之中，不得已才领兵征战，民间据此内容编成舞曲，国家又在此基础上进行改编。然而，舞曲雅乐的内容，只是当年战争的一个大概，如果表现得十分具体，容易联想到具体的人。朕现在的许多文臣武将中，不少人以前都是刘武周、薛举、窦建德的部下，如果让他们重新观看当年被擒获的形象，势必会引起他们的痛伤，所以不能更改。"

萧瑀听后，连忙承认考虑欠周全。其实，如果真像萧瑀所说的那样去表现唐太宗的英明决策和敌人的负隅顽抗，倒是能很真实地表现唐太宗的盛德、神威和武功，但却会使君臣关系蒙上阴影，不利于君臣之间的"人和"。

# 注重修史与教育

从秦王到天子，从创业到守成，唐太宗体会到了文治的重要性。由于唐太宗注重以古为镜，以史为鉴，所以贞观年间出现了前所未有的修史盛况。

大约从秦汉到魏晋时期，我国没有固定或专门的修史机构，史官或附属兰台，或归东观管理。北齐始设史馆，由秘书省管理。为了加强皇帝对修史工作的控制，唐太宗把史馆移至宫禁之中，并由宰相直接监修史书。这样，史官的地位和待遇都相应有所提高。

唐太宗设置史馆的主要目的是修撰国史和前朝史书。唐朝的国史有起居注、实录和国史三种类型。

起居注是一种编年体史书，记录皇帝的言行，由门下省兼任起居郎负责。实录是皇帝政事的总结，由史官编写。贞观年间撰写的实录有《高祖实录》和《今上实录》。

唐太宗还令史官姚思廉等根据中央和各地报送史馆的有关资料，修成国史八十卷，开有唐一代八次撰修国史的先河，为后晋、北宋修新旧《唐书》等，积累了大量珍贵的一手材料。

唐太宗有句名言，即"以古为镜，可以知兴替"。"以古为镜"，就是吸取历史上治乱兴衰的经验教训，对照现实，励精图治。为此，唐太宗不惜耗费巨资，组建了强大精干的史官队伍，大修前代史书。

贞观年间由国家主持修撰的前代正史有六部。《梁书》《陈书》《北齐书》《周书》和《隋书》，史称"五代史"，另外还有《晋书》，占整个封建社会所修二十四史的四分之一，可谓盛世修史的壮举。

唐太宗是一位比较重视总结历史经验教训的皇帝。他平时喜欢读史书，他在自己撰写的《金镜》中记述说：

> 朕日理万机，仍抽空浏览前代历史，仰望历代帝王的高风亮节，观察历代的遗迹。兴盛和衰亡，都有它的规律性。每当我读到尧舜治国时，便浮想联翩，赞叹不已；读到夏桀商纣、秦汉暴君时，便有如临深渊、如履薄冰的感觉。

唐太宗还提倡臣下读史。贞观三年，为了奖励凉州刺史李大亮的上书直谏，特赏赐荀悦《汉纪》一部，并称赞该书叙事明了，议论深刻，要李大亮好好阅读。以史书作为奖品奖励臣下，史上罕见，显示了唐太宗的过人之处。

不仅爱读史书，而且对于载于史籍的事情，唐太宗不盲从偏信，能够以冷静客观的态度，提出自己的看法。贞观初年，有白鹊在寝殿内的槐树上筑巢，叫声十分动听，苑内又有灵芝仙草出现。

大臣们纷纷以出现吉祥的征兆向唐太宗庆贺，唐太宗酌古鉴今，对大臣们说："朕见你们都以见到祥瑞为好事，上表庆贺。我却想假如天下太平，百姓家给人足，安居乐业，即使没有祥瑞出现，也可以德比尧舜；如果政局不稳，国困民穷，百姓怨愤，即使灵芝满街、凤凰满树，与夏桀、商纣又有什么不同呢？我曾听说后赵石勒时期，有人用连理枝作柴煮白鹊肉吃。可见当时作为吉祥之兆的连理枝和白鹊很多，难道能说石勒是明君吗？隋文帝爱好祥瑞，秘书监王劭又用歌谣、图谶、佛经加以美饰，撰成《皇隋灵感志》三十卷，宣示天下，让百姓洗手焚香，闭目诵读，曲折有声，犹如歌谣。我看到史书上的这些记载，认为荒唐可笑。作为君主，如果能得到百姓拥护，就是最大的祥瑞。自此以后，各州县再有祥瑞出现，不必申奏。"

读史的目的在于以古为镜，引以为戒。唐太宗在处理国政时，经常引古证今。玄武门政变不久，太宗重用了曾经反对过他的原东宫和齐王府的人才，却没有对秦王府中的平庸之辈授以高官。

秦王府的人感到不公正，中书令房玄龄将这一情况向唐太宗作了汇报。唐太宗说："古代被称为公正无私的人，都是公平地对待任何事情。丹朱、商均分别是尧、舜的儿子，因为无能而被废；管叔、蔡叔是周公的叔叔，因为不贤而被杀。所以君主应以天下为公，不偏私任何人。诸葛亮是小国蜀汉的宰相，还声称自己心如秤杆，不能不公正，又何况我如今治理大国呢？朕与你们的衣食都出自百姓，就应当事事为百姓着想，我任人唯贤，而不是任人唯亲，就是为了百姓的安定。"

唐太宗设置史馆，大修国史和前代史书，而且在执政的过程中，能够自觉地以史为鉴，这也是促成贞观之治的重要因素。

如果说修史是为了借鉴前人，那教育就是要教化后人。唐太宗即位以后，对自己小时候好弓马骑射，长大后又长期征战，无暇读书的经历，非常感慨，深感读书博学的重要性。

另外，唐代学校与科举的关系极为密切，由中央学校选拔出来的"生徒"和由州县荐举的"乡贡"，是参加科举考试的主要生源，因此，学校可谓科举的后备队、官员的养成所。

为了培养和选拔德才兼备的合格人才，太宗对学校教育极为重视，他采取以下措施，大力复兴教育事业。

唐太宗时期，唐代的教育制度逐渐完备，确立了中央、州、县三级

唐太宗李世民传

208

官学制度。在中央，以国子监为最高学府。国子监所属有国子学、太学和四门学三种学校。

贞观元年，唐太宗下令扩充国子监所属三种学校的学生人数。其中，国子学学生三百人，招收文武三品以上官员的子孙；太学学生五百人，招收五品以上官员的子孙；四门学学生一千三百人，招收七品以上官员的子孙，以及平民中有才华者。国子三学的学生总数为两千一百人，比唐初扩大了六倍多。

唐太宗诏令在国子监之下设立书学、算学和律学，分别培养书法、数学和法律等方面的专门人才。学生来自两个群体：一是八品以下官员的子弟；二是庶人中精通其中一门学问的人。这样，唐初的国子三学就变成了国子六学。

唐太宗还设立了弘文馆和崇文馆，在皇亲国戚和三品以上京官子弟中选拔，两馆分别招生三十人。

为了鼓励士子们的学习，唐太宗多次亲临国子监，参加"释奠"仪式。所谓"释奠"，就是每年仲春和仲秋，学校师生敬祭先师孔子的隆重仪式。而且前往国子监听祭酒、博士讲论儒家经典，还规定成绩优异者除可以举送到尚书省参加贡举考试外，还可直接授予官职。甚至连玄武门飞骑经博士授业有能通经者，也可参加贡举。

地方上的学校，主要是州学和县学，其中优异者，经过州试合格的，可以参加中央的贡举考试，称为"乡贡"。"乡贡"合格者，就可以获得做官的候补资格。由于组织上比较健全，物质上有保证，再加上贡举和入仕的吸引力，贞观时学校迅速发展。

国子监的高官有祭酒一名，司业二名。六学中各有博士、助教多人，负责具体的教学活动。唐太宗十分重视教师的选拔和任用，面向全国征聘儒学大师，名儒孔颖达、马嘉运、司马才章等都曾被征召到国子监讲学。王恭原来在乡间教授弟子，声名远扬，贞观初年被任命为太学博士。

鉴于儒家"五经"师说多门、众说纷纭、文字有异、章句繁杂的情

贞观盛世

况，命颜师古考订《五经定本》，令孔颖达等编撰《五经正义》，作为国子监的教材。这样，就使学生们学有依据，不至于因文义不同而无所适从，为学校师生和科举考生提供了统一教材和参考书籍。

唐太宗还下诏允许中外各国的酋长及贵族子弟在国子六学就读。国内的少数民族酋长如吐蕃等派其子弟，千里迢迢到长安学习；新罗、百济、高丽、日本等国的统治者，也仰慕贞观之治，纷纷派遣子弟到唐留学，国子监成为当时世界上规模最大的学府。

为了更好地招纳人才，唐太宗还大力推行科举取士的制度。所谓科举制度，就是由朝廷设立科目，通过分科考试的方式，把统治阶级认为合格的人才推举、选拔出来，让他们担任政府的官吏。

科举制始创于隋文帝时期，它打破了九品中正制下士族门阀对官场的垄断，是我国官员选拔制度的重大变革。但隋朝只有"进士科"，也没有形成定制。唐太宗即位后，社会安定，教育飞速发展，科举制逐步走向成熟和完善。

唐太宗李世民传

可以参加科举考试的，有生徒、乡贡和制举三种资格或途径。生徒来源于学馆，即国子学、太学、四门学、律学、书学、算学和弘文馆、崇文馆等京师六学和两京各馆的考生；乡贡来自地方，为各州、县选拔及第来中央参加考试者；而"制举"则是根据特定的需要，以天子的名义征召各地知名人士，由州府荐举到京都应试。

唐代科举的科目有秀才、进士、明经、明法、明书、明算六科，其中又以明经、进士两科影响最大。由于进士的仕途明显优于明经，所以，举子们对进士科的考试趋之若鹜。

由于进士难考，为了达到取中的目的，应考的举子常常在考前和考试期间想出种种办法进行活动，让达官贵族、社会名流了解自己的才华。他们"跑关系"常用的办法叫"行卷"，并非卷子会跑，而是把自己的诗文献给达官贵人或者学界名流，请他们把自己推荐给主考官。一次不行，就再送一次进行"温卷"。

当时有句谚语，"三十老明经，五十少进士"，意为举子们三十岁考中明经，已属老于科场；五十岁中进士，还算年轻，属少年得志。唐人赵嘏一语破的："太宗皇帝真长策，赚得英雄尽白头。"可见进士登第之难。

士人考中了进士，就取得了做官的资格，但是真正得到官职还得经过吏部的考试，这个考试就叫"铨选"。铨选合格的，就呈请皇帝授给官职。

铨选考试的内容一共有四项：一是"身"，就是指相貌外表要端正；二是"言"，就是指言辞表达要清楚；三是"书"，是说字要写得端正美观；四是"判"，就是要有审定文字的能力。

考中了进士，叫作"及第"，其中第一名叫状元，第二名叫榜眼，第三名叫探花。后来，到了武则天的时候，皇帝还在宫殿上亲自出题考试。所以那时有人把进士叫作"天子门生"，因为他们是由皇帝亲自考取的。

科举取士，打破了贵族垄断仕途的局面，许多贫寒子弟通过科举做了高官。李义府出身贫寒，通过科举考试入仕朝廷，他担心出身卑微，不受重用，赋诗感叹说："上林许多树，不借一枝栖？"

唐太宗说："我将整棵树都借给你，难道只是一根树枝吗？"唐太宗的一句话，打消了李义府的顾虑，后来官至宰相。通过科举，朝廷选拔了大批人才，当唐太宗在金殿上看到新进士鱼贯而出的盛况时，情不自禁地说："天下的英雄，都来到我这里了。"

在推行科举制的同时，贞观时期也保留了"恩荫"制度，一些贵族官僚子弟可凭借父祖的官爵而任官，但恩荫并不是选任官员的主流，它只是科举制的补充形式而已。

唐太宗采取的尊崇儒术、大办学校、制定礼乐、编纂史书、盛奖科举等一系列文治措施，对唐代社会的稳定和发展起了重要作用。

# 依靠积聚平定突厥

历经三年多时间的整饬，励精图治，唐朝国力增强，基本上做好了与突厥一决雌雄的准备。这时候，双方的力量发生了逆转，突厥由优势趋向劣势，唐朝则由劣势转向优势。

贞观三年八月，代州都督张公瑾上疏奏称，可以出兵进攻突厥。李世民喜出望外，立刻调兵遣将，整顿军马，筹备军需粮草，决计把握住有利时机，转入战略反攻，对突厥实施毁灭性地打击。

唐太宗即位以后，边患未除，东突厥汗国和薛延陀汗国相继雄踞漠北地区，骚扰北部边境；西突厥汗国占有西域，威胁西北；吐谷浑拥有青海，野心勃勃；吐蕃政权崛起于青藏高原，虎视眈眈。

大唐虽然立国不久，国力不强，但中原汉民族掌握着当时最先进的生产技术，创造了大量的物质财富。周边少数民族经济、文化比较落后，以游牧为生，生活不能自给自足，时刻觊觎中原。所以，摆在唐太宗面前的，是严峻的周边形势。

突厥是我国北方境内的一个古老民族，最初生活在叶尼塞河上游，后迁入今新疆博格达山，五世纪中叶又迁至金山南麓，六世纪时逐渐强盛起来，并逐渐与中原王朝建立了友好关系。

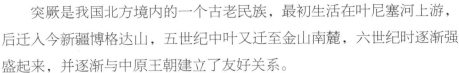

西魏大统十八年，突厥酋长土门建立了突厥汗国，自称伊利可汗。突厥汗国是在游牧部落基础上建立起来的奴隶制政权，最高统治者称大可汗，大可汗封他的兄弟子侄为小可汗，分别带领各部落。

隋朝初年，突厥贵族集团分为东西两部。东突厥控制漠南、漠北等地，西突厥占有西域各地。东突厥被隋文帝击败，纳贡称臣，西突厥也一度衰落。

隋末唐初，东突厥乘中原战乱重新振兴起来，一跃成为雄踞漠北的势力，薛举、窦建德、王世充、刘武周、李轨、梁师都及高开道等，俱面北称臣，接受他的封号。

李渊晋阳起兵时，也不例外，连续向启民可汗的三个儿子始毕、处罗和颉利分别称臣纳贡。贪得无厌的东突厥铁骑，动辄卷土而来，有时竟直逼长安，对唐王朝构成了严重的威胁。

面对北方的边患，李世民坐不安席，食不甘味，一方面感到父皇称臣于突厥，是一种奇耻大辱；另一方面国家初建，人力物力财力单薄，不敢大肆用兵。

虽然身处两难之间，李世民并没有丝毫气馁，他当时就发下誓言："十年之内，降服突厥！"因此，他不断激励自己奋发图强，自强雪耻，彻底打败东突厥汗国。

唐朝建立以后，东突厥颉利可汗和突利可汗声称自己对唐朝的建立有功，多次派人到长安索取财物，骚扰北部地区。李世民即位，梁师都尚未平定，唐朝仍无国力抵御强敌，继续往朝颉利可汗。然而突厥欲壑难填，准备再次入侵。

唐太宗李世民即位仅半个多月，东突厥颉利可汗听到唐朝帝位更替的消息，认为是大掠中原的天赐良机。于是，在盘踞朔方的梁师都的策应下，率领十余万大军进犯关中，唐行军总管尉迟敬德在泾阳挫败突厥，但突厥主力并未受损。不到五天时间，主力部队到达离长安只有四十多里的渭水便桥北岸。

为了对唐朝进行军事讹诈，颉利可汗派心腹执失思力一人单骑进入长安，耀武扬威，索要财物，观察形势。一时间，京师震动，长安戒备森严。执失思力对唐太宗说："我可汗率兵百万，列阵渭水北岸，千里而来，总不会空手而归吧？"

唐太宗回答说："我与可汗曾订立和约，如今他却背约兴兵，是何道理？如今兴兵进入我京师地区，我应当先斩下你的头颅，以儆效尤。"

虽然皇帝的宝座还未坐热，但唐太宗并不慌张。因为根据多年与突厥来往的经验，他知道，突厥人居住于茫茫草原，以游牧为生，生活用品匮乏，骚扰的目的是掠夺财物，并无抢夺帝位的想法。当时唐朝的兵力不如突厥强大，他就对大臣们说："我刚即位，在这个时候要好好治理国家，务必要使天下安定。如果战事不断，时常搅扰百姓，使他们流离失所，穷困潦倒，是很难实现大治的。"

于是，唐太宗一边囚禁执失思力，一边亲自率领高士廉、房玄龄等来到渭水便桥之南，与颉利可汗对话。萧瑀见唐太宗亲临渭水，以为太宗轻敌，扣马进谏。

唐太宗对萧瑀说："我已考虑成熟了，突厥此次全军入侵，认为我刚即位，内部局势混乱，不能组织力量抵御。我如果闭门守城，突厥一定大喜过望，纵兵掠杀。所以我亲临渭水，告诉他我不怕他们。我还让军队结阵南岸，让他们知道我们准备决一死战。突厥远师而来，害怕交战后不能快速取胜，不会轻易作战，就会请和。制敌之策，在此一举。"

颉利可汗突然见唐太宗亲临渭水，十分吃惊。唐太宗高声喊道："颉利可汗，我与你订立盟约，互不侵犯，你为什么背弃盟约，侵扰我的领土？"颉利可汗理亏无言。

唐太宗又指着天说："我是天子，对不起我，就等于对不起天。你

唐太宗李世民传

214

知道这样做的后果吗？"

颉利可汗不敢回答，突厥的士兵本来就迷信鬼神，目睹唐太宗的英姿，更加敬畏。突然，鼓声震天，旌旗招展，唐军主力相继到达，气势压倒颉利可汗。

颉利可汗见唐太宗义正词严，毫无惧色，便心生疑忌，以为唐军已经做好了充分准备，担心自己不是唐军的对手，主动请求罢兵议和。唐太宗答应了颉利可汗的要求，双方收兵一日。

第二天，唐太宗和颉利可汗在便桥之上，斩了白马，举行了隆重的仪式，签订了"便桥之盟"。

结盟之后，由于得到了大量的金帛财物，颉利可汗带兵北撤回到塞北。这样，唐太宗没有废一兵一马，没有增加百姓的兵役之苦，避免了拼搏厮杀，最终化干戈为玉帛。虽然损失了一些财物，但避免了一场流血战争，保证了唐王朝政权的稳定，总体上看，得大于失。

事后，宰相萧瑀问唐太宗的退兵之策说："颉利来犯，诸将请战，陛下不许，不久，颉利自退，用的是什么策略？"

唐太宗分析说："突厥的军队数量虽多，但军纪不整，唯利是图，也不能上下一心。我令长孙无忌、李靖在幽州一带布置好伏兵，打败颉利易如反掌。只是我刚刚即位，首先解决的问题是安定，一旦与突厥开战，死伤必然很多，虽然能打败突厥，但不能使其灭亡，与其结怨，对我们并不利。如今与他讲和，突厥必然产生骄傲情绪，骄傲就是灭亡的开端。"

这段话虽然带有很明显的自矜之意，但唐太宗正确分析了突厥南侵的目的。实际上，使突厥退兵的"胜利"，是牺牲大量的财物换来的。所以，唐太宗感到很不光彩，不久，他就把"便桥之盟"称为"便桥之耻"。

由此，唐太宗感到了边疆局势的紧迫性，认识到单靠贿赂求和，不能使周边地区真正安宁。只有富国强兵，才能立于不败之地。于是，就加紧训练府兵，整顿兵制，在发展社会经济的同时，提高军队的战斗

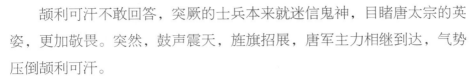
贞观盛世

力，积极为自卫反击做准备。

每天，他都在大殿前带将士练习枪法箭技，且赏罚严明。他对将士们说："突厥入侵，本来是一件很常见的事，但如果平时不加警惕，在安逸的生活中习惯了，忘记战争的危险艰苦，那么当敌人到来的时候就会束手无策。现在我不让你们修筑花园，专教你们学习弓箭，平时我是你们的老师，突厥入侵之时，我是你们的将帅。这样，全国的百姓就可以得到安宁了。"

一位大臣向唐太宗进谏说："法律规定，凡是带兵器到皇宫者，一律处以死刑。如今这些普通将士竟然在大殿上张弓拉箭，万一出点差错，对陛下不是很危险吗？"

唐太宗不以为然，告诉他说："一个好的皇帝，应该把四海之内的百姓都看作一家人，开诚相见，推心置腹。为什么要平白无故地猜忌自己身边的将士呢？"将士们听到这话，都十分感动，更加刻苦练习。几年间，唐太宗就训练出一支骁勇善战的精锐部队。

贞观元年，东突厥形势明显恶化，所属薛延陀、回纥和拔野古诸部族相继起来反抗其统治。颉利可汗和义成公主信任汉人赵德言，言听计从。

赵德言恃势专权，大量变更突厥人旧有的风俗习惯，政令烦琐苛刻，臣民都不满意。颉利可汗亲近外族人，而疏远本族人，外族人又多数贪财舞弊，反复无常，不得人心。加之连年对外用兵，干戈不息，天怒人怨，内外交困。

唐朝众多官员奏请乘机出兵。李世民问萧瑀和魏徵："突厥君臣昏庸暴虐，面临危亡，若是现在出兵讨伐，我们已经跟他订立了盟约，师出无名。不出兵，又怕失去机会。如何为好？"

"依臣之见，"萧瑀对答说，"不如出兵。突厥从来不守信约，穷凶极恶，他不仁，我不义，不灭夷狄，我朝休想安枕。"

"不可背信弃约。"魏徵的看法相反，"突厥并未侵犯边境，何必劳民伤财，挑起事端？"

"失今不取，更待何时？"

"暂时还不到用兵的时候，目前百乱待治，百废待兴，百端待举，必须休养生息，抚民以静。"

魏徵的一席话，启发了李世民的思路："百足之虫，死而不僵。敌我双方的力量还没有发生根本性的变化，突厥还没有走到山穷水尽那一步，还得按兵不动等一等。"于是打消了兴师征服的念头。

最初，突厥国力鼎盛时期，敕勒诸部分散，有薛延陀、回纥、都播、骨利干、多滥葛、同罗、仆固、拔野古、思结、浑、斛薛、奚结、阿跌、契苾和白霫等十五部，都在瀚海沙漠群以北，风俗习惯大抵跟突厥相同，依附于东突厥。

东突厥内政混乱，薛延陀、回纥和拔野古等先后背离。颉利可汗派侄儿欲谷设统领十万骑军讨伐，回纥酋长菩萨率五千骁骑在马鬣山迎战，大破突厥军。欲谷设仓皇奔逃，菩萨追到天山，俘获突厥上万兵马。颉利可汗威风扫地，回纥声震一方。薛延陀与回纥相互配合，协同作战，也打败了东突厥四个设的军马。

这一年冬天，连降大雪，积雪深厚，牛羊马多数被冻死，突厥粮食奇缺，草料匮乏，处在危困之中。

东突厥日益衰败，百姓纷纷离散，又遇上天降大雪，平地积雪达数尺厚，马羊牛等牲畜大量冻死，百姓饥寒交困。颉利可汗恐怕唐朝趁他处境困难发动攻击，于是带领兵马进抵朔州边界，扬言狩猎，实际上带有防备的意思，展示一下军威。

鸿胪卿郑元璹出使东突厥还朝，奏报唐太宗说："戎狄的兴衰更替，在牛羊马匹上可以看出来。突厥百姓饥荒，牲畜瘦弱，是亡国的征兆，看来不会超过三年。"

唐太宗对萧瑀和长孙无忌说："颉利君臣昏庸，危亡只在旦夕。如果征伐，有违渭桥盟约；如果不征伐，又恐坐失良机，如何是好？"

长孙无忌回答说："如果突厥不进犯而征伐，是弃信劳民，不可不考虑。"这番话打消了唐太宗的出兵念头。

贞观盛世

217

"陛下，现在该出兵啦。"大臣们都劝说李世民乘机袭击东突厥。

唐太宗对大臣们说："每个人都应该讲信用，何况是一国之君呢？我们既然与突厥订立盟约，就不能乘突厥灾荒之机出兵攻袭。乘人之危出兵，获得胜利，并不光彩。即使突厥诸部叛乱，六畜都死，我也要坚守信用，决不出兵。"

"那要等到什么时候？"

"一定要等到他先行冒犯，然后才进行讨伐。"

贞观二年，西突厥统叶护可汗派真珠统俟斤陪同前年出使西突厥的唐高平王李道立来到长安，呈献镶嵌宝石的马鞍和用金丝装饰的马缰，以及骏马五千匹，迎娶唐朝公主。

东突厥害怕唐朝与西突厥和亲，不断派兵骚扰唐朝的边境。又派人警告统叶护可汗说："你想迎娶唐朝公主，要知道，必须通过我的领地！"统叶护可汗被吓住了，不敢去长安娶亲。

唐太宗李世民传

西突厥跟东突厥的关系更加恶化了，这样，唐朝也就达到了离间两突厥的目的。唐太宗又采取措施进一步孤立东突厥，在其内外煽动背叛分裂。东突厥突利小可汗的御帐建在幽州北面，主持东部事务。他和唐太宗结拜成了兄弟，又是郎舅弟兄，一直保持着亲切的情谊。奚结等部落逐渐背离东突厥，归附唐朝。

突利小可汗置若罔闻，放任自流。颉利可汗非常恼怒，训斥了突利小可汗一通，然后命他带兵攻打薛延陀和回纥。突利小可汗吃了败仗，一个人单骑逃回来。颉利可汗煞如闪电撕碎乌云般地暴怒起来，鞭笞突利小可汗，还把他囚禁了十几天。突利小可汗更加怨恨颉利可汗，准备叛变。

颉利可汗几次向他调军，他都不理睬，反而上表唐太宗，请求到长安朝见。唐太宗像一个农夫播下了种子，不久就将看见嫩苗长出来那样的喜悦，乐陶陶地对大臣们说："从前，突厥强大，拥有雄兵百万，侵凌中原，骄横放纵，丧失民心，如今陷入了困境。"

"突利请求依附，"魏徵说，"假如不是走上了穷途末路，怎肯如此？"

"朕也有同感。阅读表文时，既欢喜，又不安。道理很简单，突厥衰弱则我北方边塞安宁，所以欢喜。然而朕若有过失，日后也会跟突厥一样，能不担忧吗？"

颉利可汗发兵攻打突利小可汗，突利小可汗派人向唐朝求援。唐太宗召集文武大臣商议，说："朕与突利结为兄弟，他有急难不能不救。可是颉利跟朕也订立了盟约，如何对待为好？"

"戎狄不守信用，"杜如晦直接地说，"终究会背约，不如趁其内乱消灭他们。《书经》指出：'取乱侮亡。'谋取离乱者，征服自寻灭亡的国家，是古代圣人的训示。"

"我以为还得看一看，看准了再说。好事不必从匆忙中开始。"魏徵主张坐山观虎斗。

唐太宗也觉得大举兴师打击颉利可汗的条件还不成熟，于是，采纳了魏徵的意见。

于是，唐太宗命将军周范屯兵太原。颉利可汗迅速做出反应，拥兵与唐军对峙。这时，有人向唐太宗建议征发民役，修筑长城，以阻挡突厥。

唐太宗不同意，他说："突厥境内，在炎炎盛夏却出现霜冻。据说天上同时出现五个太阳，连续三个月没有黑夜，灾害不断，凶兆万端，而颉利却不修德养善，这是不畏敬上天。迁徙无常，游无定居，这是不畏敬地神。突厥的风俗是死后焚尸，如今却起坟造墓，有悖祖先传下的规矩，这是慢待鬼神。颉利与突利不和，内部相互残杀，这是不和睦亲人。凭这四点，就足以使他灭亡，根本用不着修筑长城来阻止他。"

这时，契丹部落酋长率部众向唐朝投降。颉利可汗派使节来到长安，提出用梁师都来换回契丹。

唐太宗沉下脸来，断然拒绝道："契丹人跟突厥人是两个种族，他归附大唐，你们有什么资格来讨还？梁师都本是中原汉人，侵占土地，欺压百姓，突厥却一再庇护他。大唐出军讨伐，你们总是救援。如今他

贞观盛世

219

好比鱼游釜中，早晚将亡。即令一时不能消灭他，也不会用归附的民族搞什么交换。"

"陛下用不着生气，"突厥使节感到浑身像长出了许多芒刺，很不自在，"我们并无恶意。"

"好意恶意，你我心中都有数。"

"那就告辞啦。"

"恕不远送。"

唐太宗把唇髭翘起的尖端咬在嘴里，扬起眉毛，龙目闪闪放光，给对方摆出一副泱泱大国之君的风度和神圣不可侵犯的姿态。突厥使节碰了个硬钉子，窘得手足无措，茫然行了唐人的跪拜大礼，垂下头，灰溜溜地走了。

唐太宗李世民传

在此之前，唐朝得悉东突厥政局腐败混乱，已无力庇护梁师都，唐太宗曾致函晓谕利害，劝梁师都归降。梁师都执意不从。房玄龄、杜如晦和魏徵建言采取骚扰方略，挑起梁国内乱。

唐太宗便命夏州都督府长史刘旻、司马刘兰成设法对付他。刘旻等不断遣轻骑践踏梁国农田的庄稼，又使用反间计，离间其君臣关系，降唐的人接踵而至。

梁国名将李正宝等密谋将梁师都抓起来，事情败露，逃奔唐朝，梁国朝廷上下越发猜忌。刘旻判断时机等到了，上疏朝廷，请求出兵。

唐太宗派右卫大将军柴绍、殿中少监薛万均率师出征，又让刘旻据守朔方东城，形成夹击之势。梁师都引导东突厥军抵达东城城下。刘兰成偃旗息鼓，按兵不动。

梁师都被镇住了，半夜过后紧急撤退。刘兰成尾随追击，大败梁军。东突厥出动大军救援，柴绍等迎战，在距朔方不远处两军相遇，唐军奋力拼杀，大破突厥军，进围朔方城。城中粮草断绝，被击败的突厥军不敢援救，梁师都的堂弟梁洛仁杀死梁师都，献城投降。唐朝在朔方设立夏州。

西突厥统叶护可汗被其伯父弑杀，其伯父继承汗位，自称莫贺咄侯屈利俟毗可汗。国人不服，弩矢毕部落推举泥孰莫贺设当可汗，泥孰不应允。统叶护的儿子咥力特勒躲避政变，逃到了康居，泥孰迎回他，推举他当乙毗钵罗肆叶护可汗。

两位可汗互相攻击，战争不断，都派使节到唐朝请求通婚。唐太宗热情接待，然而态度暧昧，闪烁其词地搪塞："你们正在内乱，君臣尚未确定，还谈不上求婚。"他劝告各部落保持安定，不要再互相攻战。

原先依附西突厥的敕勒各部落及西域诸国，都脱离了西突厥汗国。唐太宗派遣长孙无忌和魏徵与敕勒及西域诸国通好，开展通商贸易，增进友好往来。

东突厥北方各部落大都背叛了颉利可汗，归附薛延陀部落，共同推举薛延陀俟斤夷男当可汗。夷男不敢接受。唐太宗正要征服东突厥，便派遣魏徵和马周携带册书，从小道前往薛延陀，封夷男当真珠毗伽可汗，并赐予大旗巨鼓。

薛夷男大喜过望，遣使进贡，在郁督军山下建立牙帐。薛延陀版图扩大，东至靺鞨，西到西突厥，南接沙漠，北临俱伦水。回纥、拔野古、阿跌、同罗、仆固都成为新崛起的薛延陀汗国的附属部落。

薛夷男派遣他的弟弟统特勒到唐朝进贡。唐太宗赐给他宝刀和金鞭，表示授予权力："卿所统管的部属有犯大罪的用刀斩首，小罪用鞭子抽打。"

颉利可汗得悉薛延陀和唐朝的关系发展到了非常亲密的消息后，十分恐慌，不得不采取低姿态，派使节向唐朝称臣，请求迎娶公主，以女婿的身份进贡财物。

正在此时，代州都督张公瑾上疏，陈述对东突厥实施打击的因由："颉利可汗奢侈残暴，诛杀忠良，亲近奸佞，是其一；薛延陀等部落均已叛离，是其二；突利、拓设和欲谷设都被他定罪，没有立身之地，是其三；塞北霜冻干旱，粮食匮乏，是其四；颉利疏远本族，亲信外族，而外族人反复无常，我朝远征军一旦压境，他们内部肯定会发生变乱，是其五；中原百姓流亡北方，人数众多，聚集在山谷险要处，攻打颉利，他们自然会响应，是其六。"

张公瑾的分析有理有据，唐太宗接受了张公瑾的建议，找到了大规模讨伐东突厥的借口：颉利既跟唐朝和解，却又援助梁师都。

贞观三年十一月，唐太宗命兵部尚书李靖为行军总管，屯兵定襄；以并州都督李勣为通汉道行军总管，屯兵云中；以左卫大将军柴绍为金河道行军总管，屯兵金河；以营州都督薛万彻为畅武道行军总管，屯兵营州；以任城王李道宗为大同道行军总管，屯兵灵州。几路兵马总兵力达十余万人，整装待命，由李靖和张公瑾统一指挥，准备全力征讨突厥。

李靖是隋代名将韩擒虎的外甥，跟从唐太宗李世民南征北战，多有战功，具有实战经验，善于捕捉有利战机，出奇制胜。唐太宗令李靖总管征讨突厥，正是看中了他的才华和实战经验。

鼙鼓咚咚，旌旗猎猎，枪影摇空，剑光耀日。金银盔甲濯冰雪，十万貔貅鬼神泣。在唐朝大军压境的情势下，东突厥九位俟斤率三千骑军向唐朝投降了。

拔野古、仆固、同罗和奚结部落的酋长也带领部众归顺了唐朝。颉利可汗怒不可遏，调遣人马攻击西河。肃州刺史公孙达武和甘州刺史成仁重迎战，大败突厥军，俘虏一千余人。李道宗也旗开得胜，冒着风雪进军，在灵州击破了东突厥军。突利小可汗到长安朝见。

李世民走下丹阶，迎进殿堂，执手嘘寒问暖。突利小可汗热泪纵横，叩头谢恩。李世民用手掠一掠浓黑的胡须，开心地对左右大臣说："以前太上皇为了百姓的利益，忍辱向突厥称臣，朕非常痛苦难过。现在颠倒过来了，突厥可汗向朕磕头，多少可以洗掉一点从前的耻辱了。"

"小可汗和白雪公主兄妹为朝廷立过汗马功劳，"长孙无忌奏道，"不要轻视他。"

"突利和朕可算患难之交，是好兄弟。有朝一日，朕要帮助他复兴汗国，重建家园。"

贞观四年正月，天寒地冻，雪虐风饕。定襄道行军总管李靖率领三千骁骑，冒着严寒自马邑进驻突厥腹地恶阳岭，将人马隐蔽下来。夜晚，寒流卷着鹅毛大雪呼啸而至，群山轰鸣，酷似隆雷滚动。

李靖乘其不备，袭击定襄城，取得大胜。颉利可汗没料到李靖出军异常神速，惊慌得浑如冰水浇身，不安地翕动着鼻翼，显露出随时准备逃窜保命的模样。

隋文帝时期嫁到突厥的义成公主倒是沉着稳重，脸不变色心不跳，平静得像一潭清水。"风雪狂暴，大军行动不便，来的不过是小股精锐的骑军而已，不必大惊小怪，自己吓唬自己。"她镇定地说。

"唐朝如果不是举国出动，"颉利全身痉挛，"李靖一支人马，绝不敢孤军深入。"

"大汗一定要稳定情绪，保持冷静的心态，不要被唐军气势汹汹所吓倒。与其后撤，还不如以进为退，主动出击，打下他的威风，把他赶走。"

"人心离乱，士气消沉，只能三十六计——走为上。"

唐军神出鬼没，突厥兵马一天之内数次受惊，吓得魂飞魄散。颉利可汗再也坐不安稳了，义成公主也阻止不住了，他下令将御帐迁到了碛口。

这时，李靖又派出间谍，或造谣生事，或离间其心腹，或收买内线，或进行恫吓，制造种种莫名的恐怖，闹得突厥人胆战心惊，惶惶不可终日。

到了长安，先前投降的突厥人揭发检举："唐朝官民中有人私下给萧后写过书信，正好可以查实。"

李世民眯起一只眼睛，没有吭声，好像在用心思考。张玄素手捧笏板步出班部，奏请道："陛下，事情非同小可，不可放过，应该当面询问萧后，查明事实真相，查个水落石出。"

"大唐天下未定时，突厥正当强盛，愚民无知，或许做过不应该的事。现在全国统一，既往的过错，不必再追究了。"李世民宽容地挥了挥手。

"太便宜那些人啰。"

"让他们自己去反省，进行自我教育，效果可能还好些。朕不想分散注意力，精力要集中在战争上面，如何剪灭东突厥，根除国家的祸患。"

通汉道行军总管李勣配合李靖的军事行动，从云中出发，向西北进军。侵肌裂骨的北风卷着雪花，漫天飞舞，雪尘蔽空，遮断视线。

走着走着，狂风铺天盖地而来，飞沙走石，天地仿佛连成了一片，核桃大小的冰雹劈头盖脸地打下来，打得满脸肿疼。将士们只好佝偻着腰，用手捂住面孔向前行走。

人马进抵白道，李勣决计采取强攻。他让左右两军从两侧迂回包抄突厥，堵住他们窜逃的道路。自己带领中军主力从正面展开进攻，在最前沿摆开两列横一百〇八人纵三十二人的弓箭手方阵，中间是骑军方阵，步军方阵紧随其后。

唐太宗李世民传

李勣怀抱令旗令箭，在侍卫的簇拥下，站在高阜望着蔽日的旌旗、林立的刀枪。战马踏动四蹄，发出一阵阵嘶鸣，他心头腾起了熊熊烈火："我们终于拥有了强大的骑士军团，可以远距离地追逐敌人，实施毁灭性地打击喽。"

"好啊，让瀚海沙漠群在我们的脚下发抖吧！"丘行恭兴奋得手舞足蹈。

军马排列严整，万箭齐发。弓箭手轮番射击，压得敌军抬不起头来。骑军发起了冲锋，马刀飞舞，大地在马蹄的践踏下发出沉重的喘息声。突厥军乱了阵脚，边抵抗边后退，人马像朽木一般栽倒，鲜血染红了枯黄的草原。

风雪满天飞扬，尘沙蒙蒙，混沌一片，酷若扯起的灰黄色帐幔，简直分辨不出何处是天，何处是地了。战场上杀得昏天黑地，一会儿浑如野兽吼叫，一会儿又低沉下来，化作哀诉般的尖号。激战不到一个时辰，突厥兵马便开始溃败，逃的逃，降的降。唐军大获全胜。

颉利可汗带着数万残兵败将退到阴山北面的铁山，寻着一个三面环山易守难攻的地方驻扎下来，一个人坐在大帐中喝闷酒。"李蛮子，你欺人太甚，逼得老子没有退路了！"他恨恨地骂道。

马奶酒已把他那紫色脸膛烧灼得变成了马肝色。他举起银碗"咕嘟"灌了一口酒，胡须沾上了星星点点的酒花，他下意识地拿衣袖擦了擦。

"苍天啊，你为什么老向着唐朝，而容不得突厥？我们也同样祭祀你，求你赐福，你却连年降灾。难道你要毁了咱们突厥民族？天不认人，老子也不认天！"

狂怒中，他把马刀朝阴霾的天空掷了上去。寒风摇撼着树枝，暴啸怒号，刮断了旗杆，刮走了旗幡。雪糁子随风而至，夹在团团片片的风雪里，顷刻间迷漫了整个原野。

义成公主在自己的帐里进餐，听到颉利可汗的号叫声，蹙起了前额。她一心要替隋朝报仇，不断怂恿颉利可汗南侵。可是老天爷偏要和她作对，天灾人祸接连不断。如今又被唐军一追再追，风声鹤唳，草木皆兵。她本想晚上与颉利可汗好好商谈一下，如何摆脱困境，谋求一条出路。不料颉利可汗酗酒发疯，还有什么好商量的呢？

漠北一旦出现鸦噪，灾难就会降临。颉利可汗的狂号，比乌鸦的叫声还要阴森可怖，令人毛骨悚然。突厥似乎就要毁在他刺耳的叫声之中了，或者四分五裂。不，不能让他任性而为——我复仇的希望会泡汤！——看来还得去劝阻他，开导他向前看，重新振作起来。

义成公主穿上银狐裘，走出毡包，向金顶御帐走去。颉利可汗还在风雪中咆哮，怒吼。没有人敢靠近他。许多猫狗，平常一扎下营寨就在帐篷周围窜来窜去，而今也不知躲到哪儿去了。

"大汗，"义成公主喊道，"你不要再折磨自己了。我们还有数万人马，还有回天的力量。"

颉利可汗发泄了一通，累出了一身汗，酒也醒了几分。胸脯剧烈地起伏着，气喘咻咻："别瞎扯，咱不会自轻自贱的。咱只要有一口气，就要跟李世民干到底。有他无咱，有咱无他。”

“对着干，方显出英雄本色。不过，眼下士气好比退潮一样跌落，你得赶紧设法挽回他们的斗志。”

“事情真的那么严重了吗？噢，不要紧的，请相信咱突厥民族的坚韧和顽强。”

“我说的是眼下。”义成公主睨视着他的脸庞，“要是不采取紧急措施，到明天早晨，你只会看到一轮血红的太阳，周围连猫狗都消失了。”

颉利可汗意识到情势的危急性，弯腰从地上拾起马刀插进鞘里，上前搂着义成公主的肩膀：“咱的好可敦，你提醒得好。走，咱们进帐去，好好谈谈。”

义成公主在御榻上坐下来，颉利可汗割下一片羊胸脯肉，送进她的嘴里：“吃，它是咱的心头肉。你说，咱们汗国会毁在咱手上吗？咱对不起祖先哇，对不起咱英勇顽强的民族！”他一头扎进义成公主的怀里，呜呜地痛哭起来，哭得连毡帐都在颤动。义成公主轻轻地抚摸着颉利可汗的脑袋，任凭他孩儿般地哭泣。

等他哭够了，义成公主才开口说：“别气馁。你是万民之主，只要坚强起来，渡过难关，我们很快就会出现转机的。”

“你可心有成算？”颉利可汗睁了睁红肿的眼睛。

“四个字：缓兵之计！”

颉利可汗采纳了义成公主的计策，派执失思力到长安觐见唐太宗，当面谢罪，请求倾国降服。

唐太宗遣鸿胪卿唐俭和马周当正、副使节，前往阴山慰问安抚突厥军民，又诏命李靖率军迎接颉利可汗。颉利可汗外表卑屈，言辞尤其谦恭，而内心另有所图，打算依照义成公主的策划拖到草青马肥时，继续向漠北逃遁，重振旗鼓。

李靖的人马跟李勣在白道会师，商议说：“颉利虽然挫败，可是部众还有很多，势力还相当强大。假使让他穿过瀚海沙漠，向北逃走，前面的道路非常遥远，交通阻隔，我们就很难追到他了。”

"决不能让他跟旧部会合，那样事情就麻烦喽。"

"现在朝廷的使节已经到了突厥的营地，颉利的警戒定然松懈了，要是挑选一万精骑，携带二十天粮草，潜行到那里进行偷袭，可以不战而生擒颉利。"

"对，攻其不备，就地歼灭，才是上策。"

二人不谋而合，便将计谋告诉了张公瑾等主要将帅。张公瑾一手捻着胡子，带着深思的口气说："皇上接受了颉利投降，我们的使节都在他那里，怎么好发动攻击呢？"

"当年韩信就是靠偷袭打败齐国的。"李靖解释说，"我们以军国大事为重，至于唐俭和马周等人的性命，那只能靠他们自己相机行事了。"

丘行恭提议道："事关重大，应该先请诏令。"

"将在外，君命有所不受。千载难逢的良机，不可错过。倘若奏请朝廷，往返延宕，而军机瞬息万变，耽误不得。因此，我主张立刻出兵。"

众人都表示服从将令。李靖亲自带领一支轻骑，不避风雪，连夜出发。李勣随后跟进。唐军行进到阴山脚下，发现了马蹄印在雪地上的痕迹。翻过一座山包后，又见到了大片被践踏过的草地，并留下了一堆又一堆马粪。

李靖传令将士不得喧哗，悄悄前进。黄昏时，连环探马陆续前来禀报，前方不远处，有一千多座突厥帐篷。李靖让人下马歇息。将士们卸了马鞍，松了马肚带，从马背囊里拿出草料喂马，自己就着马鞍坐下来，以雪代水，吞食干粮。

午夜时分，唐军偷袭了突厥的营帐。熟睡中的突厥人没有防备，还没有来得及抵抗，便全部成了俘虏，由丘行恭押着他们随军行走。

颉利可汗见到唐朝使节，暗自喜悦，大大松了一口气，即命铺排筵席，以烤全羊招待唐俭和马周等人。义成公主劝他小心谨慎，多派斥候，提防唐军的突然袭击。

颉利可汗得意扬扬地从鼻孔里发出"嘿嘿"的奸笑，自以为唐太宗中了他的缓兵之计，将一捋络腮胡子，挺着那凸起来的肚子向后帐走去，又寻乐去了。

李靖派出副将苏定方带着二百骁骑做前锋，每人都备两匹战马，一匹主骑，一匹从骑，利用雪雾掩护急速行军。进至距突厥御帐七里路远时，才被发觉。

突厥的巡哨匆匆跑到后帐，叩门禀报道："来了唐军！大汗，唐军杀过来了！"

颉利可汗听到帐外的声音，拉开门，朝外面瞧了瞧：

"有话快说，有屁快放！"

"大汗，唐军潜行过来了！"

"看清没有？"

"咱们都看见了，没有错。"

巡哨的话还没说完，颉利可汗跨出了门槛。他踉踉跄跄走进前帐，直视着唐俭和马周，质问道："唐天子既然应允咱降服，为何又出兵偷袭？"

"我们一路而来，"唐俭离座立起身子，"并未见到唐军的踪影。想必是李总管没有接到圣旨，所以发兵前来的。"

"可汗不必惊疑，让我等前去阻拦，定可叫他停止进攻。"马周补充说。

"快去，快去！"颉利可汗捧着昏昏沉沉的脑袋，疲软地坐下了。

唐俭和马周等出了大帐，翻身上马，挥鞭疾驰而去。

颉利可汗没做任何准备，静等着唐俭返回。唐朝大军逼近的警报不断传来，颉利可汗方才感到势头不对。当他惊慌走出帐篷时，只见漫山遍野布满唐军，他慌忙骑马逃跑。

唐军闯入突厥营地，如入无人之地，很快就把颉利可汗的部队彻底击溃。颉利可汗没有逃出多远，就被唐军活捉。

不到半年的时间，不可一世的东突厥被征服了。东突厥灭亡的消息传来，唐朝举国上下一片欢腾。唐太宗兴奋不已，对侍臣说："从前，对突厥称臣，朕坐不安席，食不甘味。今出师北疆，连连得胜，洗雪国耻，大快人心。"

于是，唐太宗大赦天下，祝酒五日，而且重奖李靖、李勣等将领。御史大夫温彦博妒忌李靖的军功，说李靖军无纲纪，致使突厥的奇珍异宝落入散兵之手。又说突厥本可招降，李靖不顾唐俭等人的性命，贸然出兵，是贪天功为己有。

唐太宗不但不责怪李靖，反而对温彦博大加责备，并对周围的大臣们说："从前，隋朝大将攻破达头可汗，有功不赏，反而以罪被杀；朕则不然，有功必赏。"

听到突厥归降的消息，唐高祖李渊十分感慨地说："我们的军队能灭掉突厥，活捉颉利可汗，真是扬眉吐气啊！"他还让唐太宗和公卿大臣们以及贵妃等人举行盛大宴会，庆贺胜利。宴会上唐高祖亲自弹起琵琶，唐太宗即兴起舞，热闹非凡。

突厥颉利可汗被押解到京师长安，唐太宗在顺天楼举行庆祝仪式，颉利可汗在唐军押送下低头来到唐太宗面前。

唐太宗掩饰不住内心的喜悦，先是哈哈大笑，继而对颉利可汗说："虐待百姓是你的第一条罪状；与我朝屡次立盟而又连连爽约，言而无信，是你的第二条罪状；恃强好战，屠杀生灵，是你的第三条罪状；多次入侵我大唐境内，肆意烧杀抢掠，是你的第四条罪状；我一再给你机会，好言劝你投降，可你都拒不接受，这是你的第五条罪状……"

颉利可汗吓得面无人色，汗如雨下，以为自己必死无疑。但唐太宗接着说："不过，自从便桥之盟以来，你没有再次大举入侵我朝，还算有所顾忌，所以我今天赦免你不死，但从今以后，你一定要改邪归正。"颉利可汗听到自己能免一死，急忙磕头谢恩。

唐太宗以泱泱大国之主的宽大胸怀，归还了颉利可汗的家属，并让太仆安排他们食宿。颉利可汗过惯了游牧生活，不适应定居，唐朝虽然给他安排了华屋美食，他仍然郁郁寡欢，常与家人悲歌相泣，身体一天天消瘦。

唐太宗十分可怜他，便让颉利可汗到多山林野兽、可射猎游乐的虢

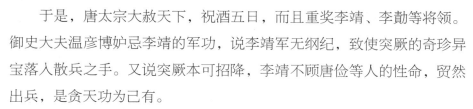

贞观盛世

州居住，颉利可汗辞谢。太宗又授颉利可汗右卫大将军，赐良田美宅。

东突厥汗国灭亡以后，其归降的部众有十万多人，如何安置他们，是摆在唐太宗面前的亟待解决的重要问题。为此，唐太宗与大臣们展开了一场讨论。

有人说："突厥长久以来危害中原，今天灭亡而归降，并非自愿，而是不得已。请将突厥各部落遣散到黄河以南的兖州和豫州一带的空闲地带，使他们远离本土，散居到各州县，教给他们耕田织布，将他们转化为国家的编户农民。如此一来，大唐可增加户口，塞北自然空虚，边患可永久解除。"

中书令温彦博提出了不同意见，他说："汉朝时，将归降的匈奴安置在五原塞下，保全他们的部落，不改变他们的生活习惯，并对他们进行安抚，一则可利用他们守卫空虚的边塞地区，二则表示对其无猜疑之心。这是以德怀远的道理。如果将突厥安置在兖、豫内地，其不服水土、不习风俗，偏离他们的故土，这并不是最好的办法。"

秘书监魏徵认为："自古以来，突厥与中原为仇，如今被迫降服，即使不将其诛灭，也应遣返到黄河以北，势弱则归附，势强则反叛，无义无信，这是他们的天性。自秦汉以来，所以用精兵良将抵御他们，就是不让他们接近中原。陛下怎么能让突厥居住在黄河以南呢？况且归降者多达十万，数年之后，滋生数倍，而近在京畿，这就是心腹之患。"

针对魏徵的意见，温彦博说："实际不然。天子对于四夷，就像天地滋养万物，如今突厥破灭，余众归附，如果不加哀怜而弃之不问，不合天地蓁养之义，而有阻灭四夷之嫌。臣以为置突厥于河南，是使他们死而复生，亡而复存，他们将感恩戴德，怎会有反叛之理？"

中书侍郎颜师古、给事中杜楚客、礼部侍郎李百药等都劝太宗将突厥安置在河北地带，使其分为许多部落，互不相属，最终也形不成抗衡唐朝的力量。

经过激烈争辩，唐太宗最终采纳了温彦博的意见，以怀柔为主，教化突厥。将突厥降众安置在东自幽州西至灵州的广大地域。设立顺、祐、化、长四州都督府，以四州都督府统辖突厥人。任命突利小可汗为顺州都督，让他带领部众返还原地。

临行前，唐太宗对他说："你的祖先在破亡之际，投靠隋朝，依靠隋的支持逐渐强大起来。对隋的恩情，却未曾报答，到你父始毕时反而成为隋朝的隐患。自你以后，又每年都侵扰中原。苍天有眼，大降灾难，你等到穷途末路才来归顺，我之所以不立你为可汗，正是吸取隋朝的教训。我想让中国长治久安，也希望你们突厥家族长远，所以授你为顺州都督。你应当不负朕望，依我国法，管理好部众，不得妄想侵掠，如有违犯，定当重罚。"

在原来由突利小可汗统辖的地区，分置了顺、祐、化、长四州。又在突厥原来居住的漠北地区分置北开、北宁、北抚、北安等州，并分为左右两部，左置定襄都督府，右置云中都督府，以统辖突厥人。

同时，还把突厥各部投降的大小酋长，迁到京都长安，拜为将军、中郎将，其中五品以上的高官就有一百多人。随从这些酋长迁入长安的，将近万家。

因为突厥长期骚扰边地，劫掠民财，破坏生产，民众不能安居乐业。平定突厥后，北境平安无事，使生产迅速发展起来。突厥势力强大时，窥视中原，企图分割唐朝的土地，还与唐朝的一些地方割据势力狼狈为奸，破坏唐朝的统一。唐太宗对突厥的战争，顺应了国家统一的历史潮流，从性质来讲，是正义的战争。

唐太宗为了对付突厥，长期隐忍。忍的目的是为了积蓄力量，后发制人，并不代表着屈服。唐太宗的过人之处，就在于忍一时而夺一世，最终以强硬手段制服突厥，洗雪了长期臣服突厥的耻辱。

唐太宗对突厥降众的安置，摒弃了狭隘的民族偏见，体现了大国天子的宽阔胸襟。因此，唐太宗得到了东突厥和漠北各少数民族酋长及百姓的衷心爱戴，被他们尊为"天可汗"。唐太宗愉快地接受了这一尊号，宣布此后所有发往西域、北荒等地的文书中，皇帝都称为"天可汗"。

# 促使北方逐渐安定

薛延陀分薛和延陀两部，原是铁勒部的一部分，由秦汉时期的匈奴族发展而来。隋朝时期，薛延陀散居于东起蒙古、西至里海之间的广袤地区。在突厥强大时，东、西突厥对薛延陀进行野蛮统治，其中，东突厥的统治尤其残暴，民族仇视情绪十分强烈。

贞观二年，西突厥境内的七万多薛延陀人在酋长夷男的带领下，树起反叛大旗，并往东越过金山，迁徙到漠北，进入东突厥境内。东突厥衰败后，夷男乘机发展势力，逐渐控制了漠北地区，迫使东突厥南迁进入漠南地区。

贞观二年，唐太宗为了对付东突厥，便采取远交近攻的策略，拉拢北方的薛延陀，企图与之南北夹击东突厥，便派游击将军乔师望为使者，潜入漠北地区，册封夷男为真珠毗伽可汗，并赠送了一些礼物。夷男十分高兴，派遣使臣致谢，表示归附唐朝。

贞观三年，夷男派遣其弟统特勒向唐朝进贡，唐太宗热情招待，赏赐精刀和宝鞭，并对薛延陀的使者说："如果谁有过失，可用我的宝鞭抽打他。"夷男对此引以为荣。东突厥颉利可汗听说后十分恐慌，也连忙遣使唐朝，表示臣服。

贞观四年，东突厥灭亡，北方形势发生了变化，夷男率薛延陀各部乘机向东发展，基本上占据了古代匈奴控制的地域，薛延陀汗国在漠北崛起。当时，夷男拥有兵力二十余万，由两个儿子大度设、突利失分别统领，号称南、北二部。

此时，唐朝与薛延陀夹击东突厥的联盟失去存在的基础，随着薛延陀势力的扩张，唐朝与薛延陀之间逐渐产生了矛盾。夷男是个狂妄自大、野心勃勃的人，之前对唐朝的恭顺，目的在于借助唐朝的威望，稳定内部的统治。

贞观六年，夷男击败西突厥的肆叶护可汗，势力达到准噶尔盆地，欲与唐朝在西域争锋。

唐太宗担心薛延陀强盛后威胁北方边境，便在贞观十二年遣使封薛延陀的两个儿子为小可汗，表面上看是器重薛延陀，实际上是企图制造薛延陀内部的纷争。

贞观十三年，唐太宗将散居黄河以南的突厥降众迁至黄河以北的漠南地区，用以阻挡夷男南下骚扰。

贞观十五年，突厥俟利苾可汗率部在定襄建立牙帐，并向唐太宗上奏说："臣无德受恩，被册封为部落长，愿世世代代做大唐的臣子，守卫大唐北大门。如果薛延陀胆敢南下进犯，我将率部众进入长城一带，奋起抗敌。"此话正合唐太宗心意，于是便准许了突厥的请求。

当时，突厥部落有三万余户，兵力四万余人。虽然势力不如薛延陀强大，但背靠唐朝这座大山，薛延陀也不敢轻举妄动。不久，唐太宗东行到泰山封禅，各国都出兵相随，北方边地兵力空虚，夷男便蠢蠢欲动，与他的部下商议说："唐天子东封泰山，各归附国都出兵随行，边境空虚，如果乘机攻击俟利苾，如同摧枯拉朽，必能取胜。"于是，夷男派他的儿子大度设率精兵二十万南下，突然向黄河北岸的突厥俟利苾部发动进攻，俟利苾抵抗不住，急忙向唐朝求援。

贞观十五年十一月，唐太宗命令营州都督张俭统所部从东进击，朔州道行军总管李勣率步兵六万、精骑三千屯兵朔州，灵州道行军总管李大亮率步兵四万、精骑五千屯灵武，庆州道行军总管张士贵率兵一万七千出云中，凉州道行军总管李袭誉出武威，共计十余万兵迎击薛延陀。

临行前，太宗告诫各位将领说："薛延陀自恃兵多，越过沙漠南下而来，经过数千里的跋涉，人疲马瘦。用兵之道，有利就迅速出击，不利就迅速撤退。薛延陀此次出兵，不能速战，既然已越过长城，又不可能速退。我已令突厥烧剃秋草，使薛延陀找不到粮草。不久前，有侦探来报告说，薛延陀的战马啃食林木，树皮都被吃光了。各位不要急着与他们交战，只待其粮草断绝，将要退兵时，一齐出击，必可制胜。"

当大度设的军队赶到长城时，突厥人已向南逃去。大度设无敌可打，便派人在长城上叫骂，恰好李勣赶到。李勣派敢死队和精骑直冲大度设的军队，大度设估计硬战不可能取胜，便渡过诺真水，布阵以待。

从前，薛延陀曾与沙钵罗及阿史那杜尔作战，都是以步兵取胜，这次与突厥及李勣对垒，大度设仍沿用以前的办法，舍弃战马不用，每五人为一伍，一人牵马，四人在前面作战。

交战时，突厥兵诈败，薛延陀兵奋力追赶。李勣及时救援，李勣以步兵百人为一队，避实就虚，薛延陀兵阵溃乱。李勣部将薛万彻率轻骑冲入敌阵，将牵马者——俘虏。

薛延陀兵失去战马，不能逃跑。唐军获胜，斩杀数千人，获马一万五千匹，大度设只带少数随从逃奔漠北。当时正值漠北大雪，大度设部下饥饿冻死者达十之七八。

经过这次战役，薛延陀受到重创。在反击薛延陀的斗争中，李勣立了大功。不久，李勣患重病，有偏方说用胡须灰可治愈，唐太宗便自剪胡须为李勣和药。

李勣深受感动，顿首感谢，泣不成声，唐太宗诚恳地说："我之所以这样做，是为了国家利益，不必深谢。"

战争结束，薛延陀在长安的使者请求返回，唐太宗对他说："大度设自恃人多马壮，越过大漠攻击突厥。李勣仅带领数千兵马，就将大度设击败。返回后告诉你的可汗，凡事应考虑利害，择善而行，不要轻举妄动，以免自招祸端。"

夷男被唐军击败后，薛延陀汗国内部的各种矛盾迅速激化，夷男的可汗地位岌岌可危。为了依靠唐朝威势，树立在国内的威信，夷男向唐朝派遣使臣谢罪，并献马三千匹，向唐朝求婚。

薛延陀的使者来到长安，请求与突厥讲和，唐太宗对他说："我约定你们与突厥以大漠为界，大漠以北，由薛延陀统辖；大漠以南，由突厥控制，有敢越界相掠者，诛杀不赦。薛延陀既然归附我却又违背我的诏令，这不是叛乱吗？又提出与突厥讲和，这本是以前约定的，还请示什么？"唐太宗并不理会薛延陀使者提出的要求。

贞观十六年，薛延陀又献马、牛、羊、驼等，再次求婚。唐太宗对大臣们说："北狄世代骚扰中原，破坏生产，如今薛延陀强悍崛起，应该及早考虑对策。朕深思熟虑，只有两个方案：一是选精兵十万，将其击败，将其灭绝，荡除凶源，可保百年无忧；二是答应他们的请求，结以婚姻，也可保持三十年的安静。不知哪种方案更为合适？"

房玄龄回答说："今大乱之后，疮痍满目，宜休养生息，况且兵凶战危，应当慎重。战争虽然胜利了，也有危险，不如和亲。"

唐太宗点头称是，并接着说："朕为天下苍生的父母，如果此举对天下苍生有利，我岂能不舍得一个女儿。"于是许以新兴公主下嫁薛延陀，并派兵部侍郎崔敦礼前往薛延陀向夷男通报，诏夷男迎亲，唐太宗将亲赴灵州，送公主成婚。

夷男大喜过望，对本族人说："我本是铁勒部的一个小帅，大唐天子立我为可汗，如今又嫁我公主，天子亲自到灵州，谁能赶上我这般荣耀，我还有什么不知足的？"

于是，夷男向各部征调羊马为聘礼，准备往灵州朝拜太宗。部族内有人劝夷男说："我薛延陀可汗与大唐天子都是一国之主，为何前去朝拜？如果被拘留，悔之不及？"

夷男说："我听说大唐天子以德怀远，日月所照，皆来宾服。我真心归附，希望能目睹天子龙颜，死无所恨。漠北地广千里，必当有人统领，大唐不会舍我别求。我决心已定，请勿多言。"

正当新兴公主即将亲赴漠北和亲之际，铁勒契苾部唐将何力勇敢进谏，认为公主不宜远嫁漠北和亲。因为何力曾经到过薛延陀，目睹了夷男等人对唐王朝的深重敌意，揭破了夷男求婚的真实目的，就是想利用大国女婿的身份，巩固汗位，一旦羽翼丰满，必定卷土重来。

唐太宗接受了何力的进谏，决定拒婚。但为了避免失信之嫌，采纳了何力的建议，命夷男备齐聘礼后，亲自送到灵州。唐太宗对大臣们说："汉朝时，匈奴强而中原弱，所以厚饰女子嫁与匈奴单于；如今，中原强而北狄弱，汉兵千人可以击败其数万。薛延陀所以表示归附我大唐，不敢骄慢，是惧怕我另立其他部族为君长，同时也倚靠我大唐来镇服其他部族。如拒绝其婚姻，诸部落知道薛延陀已失去了大唐的支持，就会反抗薛延陀，薛延陀灭亡的日子也就不远了。"

唐太宗李世民传

由于薛延陀向来没有政府储备，夷男为准备聘礼只好向部下征调。又因天旱，缺水乏草，马羊多死，聘礼未能按时备足，唐太宗随即名正言顺地拒绝了夷男的求婚要求。

贞观十八年，薛延陀利用唐兵东征高丽的机会，向突厥发起攻击。双方多次交战，互有胜负。突厥俟利苾可汗不善于抚御部众，突厥人纷纷南渡黄河，请求内迁，得到唐太宗的准许。

朝中大臣则有些顾虑，认为将突厥南迁，离长安太近，恐怕发生不测，并劝太宗不要亲征高丽。从力量对比上看，突厥构不成对唐的威胁，因此，唐太宗看到群臣顾虑，便心平气和地对他们说："夷狄也是人，同华夏人没有什么本质的区别。做君主的，唯恐恩德不能泽被每一个人，不必猜忌他们。隋炀帝昏庸无道，大失民心，远征高丽时，百姓都断手足以避役；如今突厥贫弱，我收而养之，其感恩不及，岂可反叛？况且突厥与薛延陀都属北狄，他不向北依靠薛延陀而南下归顺唐朝，就说明问题了。"其实，此举还有借此挑拨突厥和薛延陀的关系，使之相互仇恨，以坐收渔利之效。

贞观十九年，夷男病死。他的两个儿子相互争杀。嫡子拔灼袭杀庶子曳莽，自立为颉利俱利失薛沙多弥可汗。当时，唐太宗正亲征高丽，多弥可汗为了转移国内部众的不满情绪，乘机进攻唐朝北部边境。

由于唐朝早已布置了一道坚固的防线，很快将其击退。多弥可汗率残部逃亡，途中为回纥所杀。其余部众逃奔西域，立夷男侄子吐摩支，号伊特勿失可汗。新汗即位，遣使请和。

唐太宗一面让兵部尚书崔敦礼前往安抚，一面让李勣准备征讨，并对李勣说："降则招抚，叛则击灭。"李勣率军出击，斩首五千余级，吐摩支兵败被俘，无奈向唐请降。薛延陀汗国二十年历三主，至此灭亡。

薛延陀灭亡后，唐太宗前往灵州，会见归降的各部酋长。走到泾阳时，恰遇铁勒十一部请求归附的使者，唐太宗大喜，赐宴招待诸部使者，并下诏说："戎狄自古以来扰乱边疆，朕派遣兵将，擒获颉利，平定突厥；略施谋略，消灭薛延陀。铁勒百余万户散居北疆，派遣使者前来归附，这是前所未有的局面，这一盛举应当备礼祭祀，以告宗庙，颁示天下。"欣喜之情，溢于进表。

九月，太宗至灵州，铁勒各部落数千人又前来拜谒，表示世世代代归附唐朝，死而无憾。唐太宗返回长安不久，回纥、仆固、同罗、思结、契苾等铁勒诸部的酋长，都入朝进贡。

唐太宗在长安大明宫芳兰殿摆下盛宴，予以隆重接待。唐太宗把北方地区分为许多州县，令各部首领分别担任都督和刺史，北方地区逐渐安定下来了。

# 顺利打通丝绸之路

在连接中西丝绸之路的交通要道上，有一个吐谷浑汗国。吐谷浑是鲜卑族慕容氏的一支，最早居住在西拉木伦河上游。约在公元380年，其祖先慕容吐谷浑西迁到今青海地区，建立吐谷浑汗国。

吐谷浑畜牧业发达，尤其是青海湖一带盛产名马，如"龙种""青海骢"等。吐谷浑所在的青海地区是连接中西丝绸之路的交通要道。

在唐高祖时期，李渊曾经派人出使吐谷浑，双方还有频繁的边境贸易往来，吐谷浑从中获得了大量的生活必需品。但随着力量的逐渐强大，吐谷浑伏允可汗逐渐不满足于在双方互市中获得的财富，趁唐朝忙于统一战争之机，勾结党项羌人，多次入侵河西走廊，对唐朝与西域间的交通和经济交流造成严重威胁。

贞观八年，伏允可汗发兵侵犯凉州，并拘留唐朝鸿胪丞赵德楷，拒不放还。唐太宗多次派使者交涉，但都无济于事。于是，唐太宗下诏大举征讨吐谷浑。

贞观八年十二月，唐太宗任命李靖担任西海道行军大总管，统率侯君集、李道宗等六支军队进击吐谷浑。第二年正月，李道宗在库山击败了吐谷浑的精骑部队，伏允可汗为了阻击追兵，大量焚烧沿途的野草，又带领手下轻骑逃往沙碛。由于途中没有草料，唐军的攻势受挫。对此，唐军多数将领认为，途中没有了野草，骑兵就不可能深入，不如撤回鄯州，再寻找机会。但侯君集等人认为吐谷浑败于库山，已经是穷途末路，应当乘胜追击，否则后悔莫及。

行军总管李靖最终采纳了侯君集的策略，分兵两路，一路由李靖率领李大亮、薛万彻等从北路进击，另一路由侯君集和李宗道率领从南路追赶。李靖指挥北路军所向披靡，先后在曼头山、牛心堆、赤水源大败吐谷浑。在赤水源之战中，李靖部将薛万均被吐谷浑大军围困，薛万彻前来解围，两人带兵浴血奋战，无奈被围。幸好契苾何力及时赶到，才使得薛氏兄弟绝处逢生，反败为胜。同时，得到了大量的物资，保证了军需供应。

李靖的另一部将李大亮则在蜀浑山大创吐谷浑。与此同时，由侯君集指挥的南路军，西进柏海，追击吐谷浑余部。北路唐军穿过人迹罕至的不毛之地，克服了恶劣天气和饮水匮乏的困难，在大漠中与伏允可汗展开激战，大败伏允可汗。唐军冲进敌人的牙帐，斩杀数千人，获得了牲畜二十余万头。伏允可汗被手下所杀，他的儿子慕容顺被立为可汗，归降唐朝。至此，李靖胜利地完成了平定吐谷浑的任务。

对于归降的吐谷浑，唐太宗采取宽大的政策，仍然让他们居住在故地，承认慕容顺为他们的可汗，还派李大亮带领几千骑兵，帮助慕容顺重建家园。这样，不仅解除了吐谷浑对河西走廊的威胁，也为防范日益强大的吐蕃，建立了一道屏障。唐太宗击败了吐谷浑，为打通丝绸之路奠定了基础。但是，位于新疆吐鲁番地区的高昌，仍是丝绸之路上的最大障碍。高昌地处河西走廊与西域交界处，是西域通往中原的必经之路，又是贯通天山南路、北路的要地，从政治、经济、军事等方面看，位置都极其重要。

唐初，在位的高昌王麴伯雅是汉人，他的政权也是一个以汉人为主体的封建割据政权。境内土地肥沃，谷麦可一年两熟，其文字、语言、刑法甚至风俗都与中原大致相同，政治、经济、文化都比周围其他民族发达。隋朝时，麴伯雅曾与中原宇文氏有婚姻关系。唐朝初年，伯雅死，他的儿子麴文泰即位，唐高祖李渊派人前去吊唁。唐太宗即位后，文泰又贡奉玄狐裘，以示祝贺。唐朝战胜东突厥，高昌归附唐朝。

贞观四年，麴文泰亲自前往长安朝见，唐太宗以国家最高的礼仪接见他。麴文泰的妻子请求加入唐朝宗籍，李世民非常爽快地答应了她的请求，封她为长乐公主，赐姓李。不久，西突厥和吐谷浑迅速崛起，丝绸之路被阻断。高昌向西突厥称臣，垄断了通往西域的商路，严重损害了唐王朝的利益。麴文泰阻隔西域各国与唐王朝通商，还随意对途经高昌出使唐王朝的西域大使加以拘留，抢夺送往大唐的贡品，并且侵扰唐的伊州和属国焉耆。

焉耆本臣属于西突厥，后来归附唐朝，高昌却与西突厥共同攻击焉耆。早在隋朝末年，有大批汉人为逃避战乱逃奔突厥，突厥被唐朝击败后，有一部分汉人逃入高昌，唐太宗让高昌护送他们回国，高昌却将他们扣留，罚作苦役。

唐太宗派出使者劝说，文泰却说："苍鹰在蓝天上翱翔，雀鸟在蓬蒿间飞跃，猫在殿堂上游走，老鼠在洞穴内安居，各得其所，不是很好吗？"言外之意就是，虽然唐朝强大，高昌弱小，但都是独立的国家，应当各安其事，互不干涉。

当时，薛延陀曾多次派人到长安谒拜唐太宗，文泰挑拨说："你既然自立为可汗，就与唐天子地位平等，怎么可以拜倒在他人脚下呢？"

不久，高昌又与西突厥攻取唐朝属国焉耆的三座城市。焉耆王向唐朝控诉，唐太宗派李道裕调查，高昌王才勉强派遣使者到唐谢罪。唐太宗严厉训斥了高昌使者，并下诏让麴文泰入朝，麴文泰假托有病不来。唐太宗大怒，拜侯君集为交河道大总管，出兵平定高昌。

当时，朝中大臣都认为攻打高昌要出兵万里，还要行经茫茫大漠，恐怕难以取胜。况且高昌又地处偏远，即使攻取后也难以防守，竞相劝阻。虽然感到十分困难，但唐太宗主意已定，不为所动，坚持对高昌用兵。文泰听说唐朝前来征伐，不但不害怕，反而一笑置之，认为高昌距离唐朝有七千里之遥，其中两千里都为流沙所覆盖，寸草不生，寒风凛冽，运送粮食都成为很大的问题。

文泰悠闲地对左右臣僚说："从前，我去长安时，见秦岭、陇北地区，城乡一片萧条，经济凋敝。唐军万里征伐，兵多则粮草难以供应，若兵在三万以下，我们能将他制服。唐军长途跋涉，穿越沙漠而来，沿途地无水草，冬季寒风如刀割，夏天热浪似火烧，一百个行人中也到不了一个，即使唐军兵临城下，二十天必定用尽所带粮草。待其粮尽逃跑之时，我出兵追赶，必获全胜。以逸待劳，何足为忧？"

出乎文泰的意料，贞观十四年，侯君集如神兵天降，奇迹般地率大军到达高昌，麴文泰感到十分恐慌，连惊带吓，旧病复发，不等唐军攻城，就撒手西去。麴文泰的儿子麴智盛即位，准备为父亲举行葬礼。唐军到达柳谷，探马报告说麴文泰的葬礼即将举行，到时候高昌军队和要员都会集中在一处。众将纷纷要求抓住时机，全歼他们。

侯君集却说："万万不可。因为高昌骄慢无礼，天子才派遣我们替天行罚。如果乘别人丧葬发动袭击，不是问罪之师的所作所为。"于是，待其葬礼完毕，再行攻伐，将高昌城团团包围。

面对唐军的威武气势，高昌城内人心惶惶，孤立无援的麴智盛致信侯君集说："先王得罪天子，上天惩罚了他，他已经去世。我即位不久，没做对不起天子的事，还请尚书怜悯并详查。"

侯君集回复说："如果你真能悔过，我也不难为你。只要你率百官投降，我便从轻处置。"

但约定的时间已过，也不见麴智盛出门，侯君集下令攻城。士卒填平壕沟后，多辆抛石车同时抛射，飞石如雨，城内一片惶恐。侯君集又在城外筑建了一座十丈高的木楼，站在上面，可俯视城内的全部情况。城墙被撞破后，副将薛万彻跃马进城，诸将紧随而入。

无奈之下，麹智盛被迫开门投降。唐军乘胜连下二十多座城池，出兵近半年，即平定了高昌。捷报传至长安，唐太宗非常高兴，对每一位参战的将士都一一给予奖励。高昌平定之后，围绕着如何处置这个地区的问题，唐政府内部展开了一场争论。唐太宗主张在高昌地区设置州县，号称西昌州。

魏徵不同意，他说："陛下即位，高昌最先朝谒，不久，高昌见利忘义，劫掠商旅，阻碍其他部落朝贡，所以陛下派兵征伐。麹文泰已经死亡，其罪行也随之而去。应当以宽大为怀，安抚其民，扶立其子。如果设置州县，守备军队不下数千人，况且高昌与中原远隔万里，守卒数年不能更换，他们离乡背井，撇家舍业，不可能不生怨愤。陛下不能从高昌获取粒米尺帛，却要浪费人力物力守备，岂不是得不偿失？"

魏徵认为，既然难以戍守又耗费钱财，还不如立麹智盛为王，管理那个地方，还可以笼络人心。唐太宗不听，执意设西昌州。不久，又改西昌州为西州，设置安西都护府，每年调兵千人戍守。

黄门侍郎褚遂良也同意魏徵的意见，上书说："自古以来，泱泱大国，务必广求德化，不争荒野之地。今高昌诛灭，威动四夷。然而，自大军征伐之日开始，河西走廊一带供役不断，或修路筑桥，或运送粮食，青壮年供役，十室九空，造成的损失，五年也不能恢复。如今又每年派遣戍卒屯守，征程万里，山高路远，还要自备行装，仅途中死亡的就难计其数。河西是大唐的心腹之地，高昌则为偏远别壤，何必耗费中华资财去守备不毛之地呢？从前，陛下平定突厥、吐谷浑后，都立其君长，百蛮无不畏威慕德，如今平定高昌，也应该选择高昌可立为君长的人立之，召集各部首领归还本土，长期为我朝藩属，才能夷狄乐业，朝廷不扰。"但这个建议也被唐太宗否定了。

贞观十六年，唐太宗任命郭孝恪为安西都护、西州刺史，州治为高昌旧都。他还发配犯罪之人到高昌去戍守，一方面是对他们的惩罚；另一方面，可以减轻正规士兵的压力。唐太宗对这一地区的治理不仅十分重视，而且讲究策略。从当时的情况看，唐太宗在高昌设立西州是正确

唐太宗李世民传

的。由于高昌地处唐朝通往西域的必经之地，占据了高昌，实际上就保证了丝绸之路的畅通。平定高昌之后，唐太宗决定进一步打击西突厥。唐军一举攻下高昌，就为在西域的统治建立了据点，也为打击西突厥在焉耆、龟兹的势力奠定了基础。

贞观十八年，焉耆国王突骑支背叛唐朝归附西突厥，安西都护府都督郭孝恪上疏，奏请出击平叛，唐太宗应允。郭孝恪带领了三千步兵和骑兵，以西州道行军总管的身份，绕出银山道，趁夜间袭击王庭，活捉了突骑支。唐太宗听到捷报，对郭孝恪大加赞赏。不久，唐朝设置了焉耆都护府。

龟兹在焉耆的西面，经济、文化比较发达。贞观初年，与唐朝时常有使者往来。随着西突厥的强大，龟兹逐渐改变了对唐的友好态度。贞观十八年，郭孝恪进兵焉耆的时候，龟兹还曾派兵援救突骑支。为了统一西域，贞观二十二年，唐太宗命令阿史那杜尔、契苾何力、郭孝恪等将领，率领铁勒、突厥等十三部十万人共同讨伐龟兹。

第二年，阿史那杜尔攻破了龟兹都城，龟兹国王轻骑逃走，跑到拨换城，依靠险要之地固守。阿史那杜尔连攻四十天，生擒龟兹国王。又乘胜追击，一连收复了五座城市。在唐军连连获胜的情况下，七十多座城池的首领主动投降，龟兹国很快就被全部征服。为了有效地控制西域，保护商路，唐太宗将安西都护府迁至龟兹，并设立了龟兹、疏勒、于田、碎叶四个军事重镇，合称"安西四镇"，统归安西都护府管辖。至此，唐太宗基本上完成了统一西域的大业。唐太宗统一西域，使唐帝国的疆域空前辽阔，东至大海，西部直达中亚的石国，南至林邑，北抵大漠，成为当时世界上最强大的国家。

"安西四镇"的设置，创造了安定的社会秩序，为东西方来往的商旅提供了有效的安全保障。丝绸之路上，商旅不绝于途，品种繁多的大宗货物在东、西方之间传递，丝绸之路成了整个世界的黄金走廊。

# 与吐蕃进行和亲

　　吐蕃属古西羌族的一支，是西藏最早的居民，也是今天藏族的祖先。公元3世纪左右，西藏进入文明时代。吐蕃人勇敢善战，他们认为战死是光荣的，如果谁临阵逃跑，别人就拿一个狐狸尾巴挂在他的帽子上，嘲笑他像狐狸一样胆小。

　　在吐蕃语中，刚强雄健为"赞"，丈夫为"普"，所以其首领叫作"赞普"，意为雄壮而强悍的男子。其官有大相、小相，分别称为大伦、小伦。他们生活的地区，多积雪，天寒地冻，盛夏季节如同中原地区的春季。

　　赞普居住在用毛毡围成的帐篷内，叫作大拂庐，可容纳数百人。部民居住在小拂庐内，人多长寿，不乏活到百余岁的人。他们逐水草而居，过着游牧生活。

　　从魏晋至隋唐，在西藏高原上相继出现了三个割据政权，相互攻打，战乱不已。结束分裂局面，完成统一大业的，是吐蕃杰出的英雄松赞干布。

公元629年，松赞干布即位为第三十二世赞普。他即位后，先后征服了其他部落，统一了西藏高原，建立了统一的奴隶制国家。松赞干布精通骑射，力量过人。他在首都逻些的布达拉山修建宫殿，建立了强大的奴隶制帝国。

松赞干布热心接受周边各族的文化。他召集了天竺的学者、尼婆罗的手工业技师、大食的医生等，但他最倾心的是中原的唐朝。随着唐朝统一西域，声威远播，松赞干布更加仰慕唐朝的强盛国力和灿烂文化。

贞观八年，吐蕃第一次派遣使者，沿唐蕃古道来到长安，朝拜纳贡。此时，唐朝正要对吐谷浑用兵，听说强大的吐蕃位于吐谷浑之南，唐太宗就想与吐蕃结为联盟。于是，派冯德遐到吐蕃回访，双方正式开始了政治交往。

松赞干布见到冯德遐，惊喜万状，他听说突厥和吐谷浑等国可汗都迎娶唐朝公主为妻，也派遣使臣随冯德遐入朝，带着大批礼物，上表求婚。此时，唐朝已经征服吐谷浑，加之吐蕃距离遥远，唐太宗没有答应和亲之请。

吐蕃使者没能完成使命，回吐蕃后怕松赞干布斥责，便谎报说："我刚到唐朝时，唐朝待我很好，并许嫁公主。正在这时，吐谷浑的使者入朝，挑拨离间，大唐才转而冷淡，不答应许嫁公主。"

松赞干布听后大怒，率军出击吐谷浑。吐谷浑挡不住吐蕃的攻击，于是败退到青海湖以北地区。

随后，松赞干布又向唐朝施加压力，带兵二十万进犯松州，并派遣使者带着金甲再次来唐朝迎接公主，声称："如果不许嫁公主，当亲率精兵，攻取唐朝，强夺公主。"

面对吐蕃咄咄逼人的态势，唐松州都督韩威出兵迎战，结果被松赞干布击败，属地的其他少数民族纷纷叛唐归附吐蕃。唐太宗闻讯，立即派吏部尚书侯君集为统帅，率领右领军大将执失思力、右武卫将军牛进达、右领军将军刘兰等三部约五万兵力，奔赴松州，抵御吐蕃。松赞干

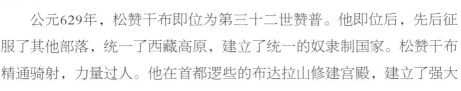

布骄傲轻敌，结果两军交战后被打得大败，只得收兵退回逻些。

松赞干布本来无意对唐朝发动战争，用兵的目的在于向唐朝施加压力以求通婚。面对唐朝的大军进逼，只得败退，然后遣使向唐太宗谢罪，第三次请婚。其实，唐太宗也不愿同吐蕃发生战争。

真可谓不打不相识，唐太宗既感到了松赞干布的友好诚恳，也了解了吐蕃的强盛国力，为了西部边境的安宁，加强与吐蕃的友好往来，这次，欣然同意了和亲请求。闻听此讯，松赞干布欣喜若狂。

和亲作为一种政治行为，由来已久。在封建社会，它是中原统治者对周边少数民族实行的和平政策。但不同时期，和亲的前提与目的意义也不尽相同。

如在汉初，由于北方匈奴强大，为了有一个稳定的社会环境，尽快发展凋敝的社会经济，汉帝国被迫与匈奴联姻，以阻止匈奴铁蹄的南侵。而唐太宗时期的和亲，是在国势强盛的背景下进行的，不是妥协的象征，而是开明民族政策的表现。

唐太宗在处理民族关系方面，提出了"爱之如一"的观念，也就是说，他改变了自古以来中原统治者对少数民族的轻蔑态度，能够平等地对待他们，把少数民族看作大唐的一员予以关爱。

大唐公主下嫁，是对少数民族首领的恩赐。对于少数民族首领而言，能够成为大唐的女婿，是无比荣耀的事情。为此，他们要多次遣使者入朝，还要奉送大量的聘礼。

贞观十四年，松赞干布派宰相禄东赞率领一队骑士，携带黄金五千两及大量珍宝，到长安请求通婚。唐太宗在太极殿隆重接待了禄东赞，答应把宗室女文成公主嫁给松赞干布。

于是，历史上留下唐太宗"八难"吐蕃智相禄东赞的传说：一难丝线穿曲孔宝珠，二难百匹马驹认母，三难吃肉揉皮，四难饮酒不溢不醉，五难辨认圆木的根梢，六难漆黑夜晚认住所，七难母鸡与雏鸡的关系，八难辨认真假公主。

后来，《西藏王统记》《西藏王臣记》以及藏戏《文成公主》等著

唐太宗李世民传

述中，都生动地记录了此传说。下面是一个流传甚广的"三难婚使"的故事。

据说当时到长安求婚的有五个国家的使臣，他们都带着贵重的礼品，想要迎娶唐朝的公主。究竟把公主嫁给谁呢？唐太宗决定出个难题，来考一考这些使臣，看谁聪明能干，凭此再作决定。

唐太宗把各位使臣请到宫殿里，拿着一颗九曲明珠和一束丝线，对他们说："你们当中有谁能把丝线穿过明珠中间的孔，就把公主嫁给谁的国王。"

原来，这颗明珠有两个相通的珠孔，孔眼一个在旁边，一个在正中，由于中间的孔道弯弯曲曲，所以叫九曲明珠。这样的明珠，要想用一根软软的丝线穿过去，非常困难。

几位使臣都拿着丝线直发愁。但禄东赞很快就想出一个办法，他找到一只蚂蚁，拿一条马尾鬃拴在蚂蚁的腰上，把蚂蚁放在九曲明珠的孔里，然后不断地向孔里吹气。一会儿，这只蚂蚁就拖着马尾鬃从另一端的孔中钻出来了。禄东赞又把丝线接在马尾鬃上，轻轻地一拉，丝线就很快地穿过了九曲明珠。

唐太宗又出了第二个题目。他让人把使臣带到御马场，御马场左右有两个大圈，一边是一百匹母马，一边是一百匹小马驹，唐太宗要求使臣们把它们的母子关系辨认出来。其他几个使臣都束手无策，只有禄东赞想出了办法。他用吐蕃人民在游牧方面的丰富经验，不让人给马驹吃草和饮水。

过了一天，他叫人把母马和马驹同时放了出来，只听见母马嘶叫，马驹哀鸣，小马驹一个个跑向自己的母亲那里去吃奶，母子关系就这样被禄东赞辨认出来了。

禄东赞对唐太宗说："马的母子关系已经辨清，现在陛下可以将公主嫁给我们的赞普了吧？"但唐太宗说："还要再考察一次，然后才能决定。"

当天夜里，皇帝传召各国使臣入宫。使臣们都急忙穿戴整齐，赶到宫里。只有禄东赞想得周到，因为初来长安，不熟悉路途，他担心回来的时候找不到路，就让随从带着红颜料，在去皇宫途中的十字路口上都做了记号。

到了宫中才知道，唐太宗是请各国使臣到宫里看戏。看完戏后，唐太宗对他们说："你们各自找回去的路吧，谁最先回到住处，就把公主嫁给谁的国王。"

禄东赞因为留有记号，很快就回到了住处。其他使臣则由于不熟悉路途，摸来找去，直到天亮后才回到住处。

经过这三次考验，禄东赞都顺利通过。唐太宗非常高兴，心想：松赞干布的臣子都如此聪明机智，松赞干布的才华就可想而知了。于是，就这样决定将文成公主嫁给吐蕃赞普。

这个故事的版本还不止一个，见于另一个版本的题目是：唐太宗将文成公主混在三百位打扮得一模一样的美女里面，令使臣们找认，认出者公主可随之而去。

禄东赞先找服侍过文成公主的人，打听公主的模样和特征，得知公主眉心有一颗朱砂红痣，终于认出公主。

贞观时期著名画家阎立本的名作《步辇图》，描绘的就是唐太宗接见禄东赞的情景。

画面上，唐太宗祥和地坐在步辇上，由一群宫女服侍着徐徐前行。一个身穿红袍的礼官，引导身着藏袍的禄东赞上前朝见。禄东赞神色恭敬，十分认真，身后还跟随着一位穿白袍的翻译。

整个画面气氛亲切和谐，表现了唐朝和吐蕃的友好关系。等到文成公主的陪嫁物品备齐以后，唐太宗命族弟江夏王李道宗送公主入藏。

贞观十五年正月十五日，文成公主在长安欢庆元宵佳节的喜庆气氛中，冒着凛冽的寒风，依依不舍告别亲人，离开繁华热闹的故土，踏上了远嫁吐蕃的漫漫征程。

文成公主一行，出长安后由西而南，经青海到西藏。一行人走的路被后人称为唐蕃古道，是唐朝与吐蕃的使者走的路线。其路线从长安

唐太宗李世民传

出发，经今甘肃天水、兰州，转入青海，经民和、乐都、西宁、湟源、日月山等，再由黄河北岸西上，过鄂陵湖、扎陵湖，然后渡黄河，经玉树地区，再往西南，经今藏北黑河到拉萨。这条路迂回曲折，绵延数千里，仅青海境内就有一千余公里。

文成公主的随从，有乳娘、宫女、乐队、工匠、官属，还有江夏王率领的卫队。

他们带着华贵而丰厚的妆奁，其中有金银、珍宝、绸帛等，显示了唐朝的富有和强大；经史、诗文、佛经、佛像、历法、医药等，显示着唐朝高度发达的文化；先进的生产工具、谷物种子和农业、手工业技术人员，显示了唐朝高度的文明。

当时，住在青海的吐谷浑首领已接受唐朝河源郡王的封号，并娶弘化公主为妻，所以当文成公主途经青海时，受到热烈的欢迎。

贞观十五年，松赞干布亲自到柏海迎接文成公主。在河源遇到江夏王李道宗等，松赞干布见到唐朝士女俊爽风流，中原文物典雅华美，十分高兴，他穿上汉族的服装，以子婿之礼拜见了江夏王李道宗，然后派人送他回唐朝复命。

松赞干布将文成公主接到吐蕃后，对亲近大臣说："我祖、我父都没有与大国通婚，我却得以娶唐公主，实在是三生有幸啊！"

为了让文成公主能安心在吐蕃生活，松赞干布让随同公主入藏的汉族工匠建造唐式房屋，让文成公主居住。

文成公主入城的那一天，逻些城内外，到处洋溢着欢乐的气氛，万人夹道，争相目睹大唐公主的风采。文成公主进入吐蕃后，为吐蕃的发展和汉藏团结做出了很大贡献。

在唐太宗答应和亲，松赞干布派禄东赞赴长安送聘礼的时候，由于禄东赞机智干练，深得唐太宗赏识。唐太宗不仅授予他右卫大将军之职，而且还把自己的外孙女段氏许配给了他，表明了唐太宗对吐蕃的好感。而文成公主入藏，则奠定了唐和吐蕃友好关系的基石。

文成公主入藏，促进了吐蕃社会经济的发展。当时的吐蕃，生产力比较低下。而唐朝则是最发达、最繁荣的国家，拥有世界上最先进的生产技术。因此，通过汉藏联姻，中原的生产方式传入吐蕃，对吐蕃社会经济的发展产生了极大的促进作用。

文成公主入藏时，带去了一些谷物种子和各种各样的工匠。相传当地藏族农民在文成公主的影响下，学会了平整田地、筑垄挖沟、施肥除草等技术，提高了耕作水平。

文成公主还教藏族妇女纺织、刺绣。在有些地区，汉族工匠装置上碾硙，用水力来研磨青稞，使吐蕃人学会了使用水力的技术。制陶、制墨、冶金、农具制造技术等也都传入吐蕃。

文成公主入藏，改变了吐蕃落后的生活习俗。文成公主入藏前，吐蕃人以毡为盘，用手饮酒，以手抓食。文成公主带去制陶的工艺，使这一状况有所改变。

土木建筑传入吐蕃后，吐蕃上层人物一定程度上改变了住帐篷的习惯。当时，吐蕃有以赭色涂面的习惯，文成公主认为不文明，松赞干布便下令禁止。唐朝还给吐蕃送去了蚕种，用以养蚕，改变了吐蕃单调的毛皮衣料，还传授给他们酿酒技术等。

文成公主入藏，促进了吐蕃思想文化的发展。文成公主平时信奉佛教，松赞干布在她的影响下，也提倡佛教，还修建了大昭寺，把公主带来的释迦牟尼像供奉在那里。

文成公主带去的乐队，也大大丰富了藏族的音乐。从那以后，松赞干布还派遣吐蕃首领的子弟到唐朝的国子监读书，学习汉文化。他们回到吐蕃后，对吐蕃文化的发展做出了很大的贡献。

唐朝许多有学问的人也被聘请到吐蕃掌管文书。吐蕃原本无文字，以刻木结绳记事，文成公主入藏后，劝告松赞干布创制文字。松赞干布派人到天竺留学，这些人回来后，参考梵文和古和田文，创制了二十个藏文字母，吐蕃从此有了自己的文字。

吐蕃原来没有历法，不知节气，以每年麦熟为一年的开始。文成公主入藏时带去了天文历法书籍，吐蕃人参考汉历创制了藏历。

文成公主入藏后，松赞干布对大唐的仰慕之情有增无减。文成公主作为汉族人民的友好使者，在吐蕃生活近四十年。其间，唐和吐蕃没有发生大的冲突。

贞观十九年，唐太宗征伐高丽归来，松赞干布让禄东赞上书唐太宗说："陛下平定四方，日月所照，无不称臣。高丽自恃地处偏远，不尽应有的礼节，天子亲率大军征讨，凯旋之日，指日可待。大雁在天上飞，也没有这么快。鹅和雁是同类，臣特意用黄金冶制一只鹅，献给陛下，略表寸心。"

据《旧唐书》记载，那只金鹅高七尺，可盛酒三斛。用黄金之多，可想而知。其实，唐太宗征高丽，虽然费尽心机，但最终大败而归。松赞干布称其指日凯旋，送献金鹅庆贺，不过是对唐太宗的奉承。

贞观二十二年，唐太宗派王玄策出使西域，西域各国都奉送大批贡品，王玄策回国途中被天竺劫掠，逃到吐蕃求援。松赞干布当即发精兵一千二百人，归王玄策指挥，一举将天竺军队击败。

贞观二十三年，唐太宗病逝。松赞干布遣使吊祭，贡奉金银珠宝十五种。并写信给长孙无忌，表示效忠初即位的唐高宗。唐高宗为了嘉奖其忠心，授松赞干布驸马都尉，封他为西海郡王。

永徽元年，松赞干布病逝，唐高宗为其举哀，派右武侯将军鲜于臣前往逻些城吊祭。

松赞干布是西藏历史上最重要、最广为人知的藏王。他在西藏高原实现了统一，正式建立吐蕃王朝。为巩固政权，松赞干布曾采取了一系列有效措施：

迁都拉萨并建造布达拉宫，把西藏划为六大行政区域；推广佛教，创制文字；与唐王朝和尼泊尔联姻，迎娶文成公主和尺尊公主；并建成大、小昭寺；统一席量衡制度；鼓励众民开垦荒地，保护水利资源；开山修路以促进贸易等等。

这对发展吐蕃的经济、文化、佛教、医药等起了很大的促进作用。藏族历来十分敬重松赞干布，他不仅被视为观音的化身，而且是与赤松

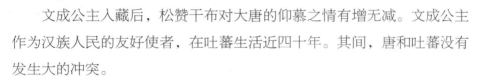

德赞和赤祖德赞并称的三大法王之一。

松赞干布逝世后，文成公主继续在吐蕃生活达三十年，致力于加强唐朝和吐蕃的友好关系。她热爱藏族同胞，深受百姓爱戴。永隆元年，文成公主在吐蕃逝世。由于她始终不渝地贯彻了唐太宗开明的民族政策，为汉藏友好和吐蕃的文明进步做出了重要贡献，她受到了汉藏人民的衷心爱戴和尊敬。

吐蕃人民为她举行了隆重的祭奠仪式，将她的塑像与松赞干布的塑像供奉在一起。为了纪念她，把她入逻些的日子，也就是藏历四月十五日，作为她的诞辰。唐代诗人陈陶在《陇西行》一诗中说："自从贵主和亲后，一半胡风似汉家。"

唐太宗李世民传

# 长眠昭陵

　　含风殿顿时紧张起来，空气沉闷得令人窒息。寝殿内飘散出来的汤药味，与除臭的安息香混合成刺鼻的怪异气息，熏得人迷迷糊糊。太子治昼夜守在父皇身旁，甚至不进饮食，急白了好些头发。李世民又欣慰又悲伤，双眼噙着泪花，袭过阵阵揪心的沉痛与伤感情调。

　　"你很孝顺，充满爱心，我虽然一死，也没有遗憾啦。"

　　好汉只怕病来磨，旷世英雄在疾病缠身的时候，意志也变得相当的脆弱。忧悒在李世民身上激起的已经不是眼泪，而是愁眉锁眼的沮丧。御医在药房配药熬汤，由武媚娘端来汤药交给太子，太子小心翼翼地喂给李世民服下……

# 皇子争权纷争再起

　　和蕃取得了良好的效果，国内一派歌舞升平，李世民非常兴奋，脸上的皱纹溢着笑意，眼睛闪耀着光芒，不时得意地用手掠一掠翘起的胡髭。他命太子李承乾监管国事，留守首都长安，并留下右仆射高士廉辅佐太子，自己带着文武官员巡幸洛阳。

　　父皇不在身边，李承乾仿佛解开了捆在身上的绳索，公开放肆地玩耍起来。东宫充满了郑、卫等淫靡之音，闹得乌烟瘴气。他喜欢强烈刺激，又喜欢讲排场，不顾妨碍农耕，征招农民服徭役，修缮东宫，扩建殿堂。

　　东宫光天殿左侧的宜春院，如今俨然成了突厥的草原。李承乾命上百名奴婢穿着突厥的服饰和模仿发型打扮，裁剪彩帛缝制舞衣，没日没夜地表演胡人的歌舞和杂耍。

　　这时，太子卫士纥干承基兴冲冲地走进殿堂，禀报说："汉王回到京城来了，我在路上碰见了他。他说到大安宫跟母妃打个照面，马上就到东宫来。"

"汉王有勇有谋，可算得一个智多星。有他在，把握就更大喽。"赵节眼睛微眯着，嘴上露出了笑容。他是当年攻取河东时，被隋将尧君素斩杀的赵慈景的儿子，母亲是李世民的姐姐长广公主，他袭承了父亲的开化公爵位，担任洋州刺史。

杜荷见赵节如此推崇汉王李元昌，似乎贬低了他的主导作用，心中很不是滋味。他是贤相杜如晦的儿子，娶李世民的女儿城阳公主为妻，是堂堂的驸马都尉。

杜荷终于忍不住了，扬起眉毛，顶撞赵节道："汉王足智多谋，却从来没有办成一件大事。"

"今上像大石磨一样压着他，他敢出头露面吗？汉王有没有智谋，太子殿下比谁都清楚。"

"闲话少说，咱们还是到宜春院去，边等汉王边做游戏。"李承乾一直把叔叔汉王李元昌当作贴心知己，对他印象极佳，听说他回来了，比谁都高兴。

长久失修的大安宫早已残破不堪，风和日丽的春天，它却显得比冬天还冷寂。院内空荡荡的，阴森得令人恐惧。大安宫内，尹德妃正与李元昌交谈。

尹德妃是高祖李渊的妃子，李元昌是李渊的第七子。尹德妃对于李元昌把筹码压在太子李承乾身上，并不放心，甚至提心吊胆，因为她非常清楚，唐太宗非常喜欢那个小名叫"青雀"的四子李泰。

李元昌刚从浴室走出来，坐到母妃身旁，竭力宽解道："承乾虽然是稻草人一个，但他毕竟是太子，任何人奈何他不得。当然啰，人都不可能十全十美，都有优势和劣势。正由于他没有心计，也就不得不依赖我，听从我的摆布，设法保住他的太子地位。"

"青雀心怀鬼胎，今上又明显倾向于他，承乾的太子之位保得住吗？"尹德妃的脸上露出狐疑的神色。

"依我看，对承乾威胁最大的，不是青雀，而是雉奴。"李元昌认为唐太宗的第九子李治更有可能成为未来的天子。

“为什么？”

“常言道，爹亲叔大，娘亲舅大。长孙无忌只喜爱雉奴，到时候只怕皇上也会犟不赢他。”

“你怎么不耐心地等待一下，看准了再下注不是更好吗？”

“母妃有所不知，儿臣就是看不惯今上那样子，他从来没有把我们母子放在眼里。有他在，我们休想过上好日子。”

“你是要通过承乾把他搞垮，或者说气死他，是不是？”

“那还有更深层次的含义，嘿嘿，搅浑水捉鱼，乱中夺权。首先促使承乾把他父皇的位子夺过来，然后我再取代承乾。我也是高祖的儿子，二哥能即位，我也照样可以做皇帝。”

李承乾在东宫正殿显德殿召见了右仆射高士廉和左仆射房玄龄等大臣以后，退回内殿，跟一直在等候他的李元昌搂在一起，互诉了一番离别之苦。宫女奉上香茗，李元昌端起茶杯吹了吹，呷了两小口，故意慢条斯理地问道：“听说青雀延揽了一帮士人，在编撰《括地志》，殿下可知晓？”

“他是要以此哗众取宠，进而取得父皇的好感，把我比下去，顺理成章地取代我的太子之位。哼，蛇蝎心肠，用心何其毒也！”

一阵狂野的冲动攫住了李承乾，他双手挥舞着，眼里喷出火光，灼灼地环顾四周，恍若要找出魏王李泰来，狠狠地咬住他的咽喉。李元昌见三言两语便挑起了太子的怒火，心里像有只小鸟儿在唱歌一般快乐。

李元昌装作打抱不平的样子，感慨道：“人们都以为体胖的人心就会宽，而他却刚好相反，又阴险，又毒辣。”

“狼心狗肺的家伙，兄弟中就数他最坏，脚板儿生疮，头上流脓，坏透了顶。”

“殿下，”李元昌的身子向李承乾靠了靠，“我元昌永远紧跟你，当你的打狗棍，谁也休想动你一根毫毛。”

“叔王真是好人。”李承乾感动得热泪盈眶，“有你保护我，我就什么都不怕了。"

"别叫叔王，我比你只大那么两岁，叫元昌顺口些，亲切些。"

"尊卑长幼还得要嘛。"

"你我彼此彼此，共裤连裆，不要讲客气。"

"行，行，我就叫你元昌，你就叫我承乾，互相都取消称呼，更亲近些。"

"唔，你的兵马训练得怎么样了，到时候能不能派上用场？"

"你去梁州上任后，没有人敢跟我对垒，玩得不开心，停止了。"

"这既是游戏，又练了兵，要坚持下去。"

"马上恢复，说干就干，走。"

李承乾把左右侍从和禁卫召集到宜春院前面的广场上，分作两班，身披用毛毡缝制的甲胄，手拿竹枪竹刀。他和李元昌各领其中一班，各自摆下战阵，大声嘶喊，冲锋厮杀，像交战一样枪刺刀砍，流血受伤，用来取乐。

年底，李世民从洛阳返回了长安。过了年，头一次上朝，魏王李泰便迫不及待地进呈《括地志》一书："承蒙父皇垂爱，特准儿臣开设文学馆，招徕学士俊才，数载寒暑，众志成城，编撰了该书，呈献父皇，敬请斧正。"

"好书，好书。"李世民接书在手，像测定分量一样掂了掂，"我大唐幅员辽阔，有待充分开发利用，正需要有莫大参考价值的权威性著述。"

《括地志》又名《魏王泰坤元录》，五百五十卷。它实际上就是唐初各州府的地理志，也是一本历史地理名著。由司马苏勖提议，李泰召集当时著名学者萧德言、颜胤、蒋亚卿和许偃等人编纂而成，风行一时，造成了一定的影响。

受到李世民的嘉许，李泰开心得不得了，扭动着水桶般的腰身，挺凸着圆鼓鼓的肚皮，趁势奏请道："儿臣想扩大文学馆的规模，广延贤达，乞请父皇增拨一些薪俸费用。"

"正当的开支，朕不会吝啬，可以再增加一些津贴，由你掌握使用。"

"谢谢父皇恩典。"

李泰做出叩谢的样子，然而身躯肥硕，跪拜显得相当困难。李世民慈爱地笑了笑，宽厚地说：

"免啦，免啦。看你胖成个熊样子，腰腹浑圆，趋拜颇难，行走也不便。朕特许你乘小舆至朝所，不必拘礼。"

宠异超常，朝臣们都深感诧异。

李泰放开手脚，大开馆舍，广泛延揽天下鸿儒硕士和时俊贤才。魏王府人才济济，门庭若市，每月的用费甚至超过了太子宫。

朝廷上下议论纷纷，谏议大夫褚遂良上殿奏道："圣人制定礼仪，用以尊嫡卑庶，太子的供给，可以跟君王相同。庶子不管如何受宠爱，也不能超过嫡子，为的是遏制夺嫡的邪念，斩断祸乱的根源。如果该亲近的人反而疏远，应当尊贵的人反而卑贱，那么是非便会颠倒过来。魏王作为藩王，应该用礼义进行约束，勉励他谦虚谨慎，勤俭节约，就是所谓在圣人的训导下，严格要求，成为品德高尚、操守方正的人。"

李世民表示采纳，让魏王的俸禄和魏王府的拨款恢复原状，然而又允许他迁到武德殿居住。特进魏徵得到消息，连忙赶到大内，上殿谏阻道："陛下喜欢魏王，要常常考虑他的安宁，最好抑制其骄傲奢侈，别把他放到一个使人猜忌的位置上，那样对他不但没有好处，反而会因此损害他。"

"青雀搬进大内，"李世民辩解说，"离朕近些，随时都可以管教，规范他的行为。再者，武德殿宽敞，能够容纳更多的人才切磋学问，著书立说。"

"武德殿与东宫仅一墙之隔，海陵王元吉曾经住过，虽然时间和情形不同于过去，怕只怕魏王本人也不会安心。"

李世民口头上接受，心里却一直深爱着李泰，处处袒护。有人密奏许多大臣轻视魏王，李世民很难过，也很气愤。早朝下来，他把三品以上的官员召到两仪殿，拐弯抹角地说："隋文帝在位时，一品以下的官员多多少少都受过亲王们的殴打或者侮辱。朕不准皇子们胡作非为，你们就翘尾巴，连魏王也不放在眼里。要是朕不管教他，他岂不是照样可以打骂、羞辱你们？"

大臣们吓得打起寒战，冷汗淋漓。房玄龄跪下谢罪道："臣等知错必改，请陛下宽恕。"

众人都跟着跪了下来，表示认错改错。魏徵却坐着不起身，慷慨陈词道："皇上别误会，朝臣中并没有人看轻魏王。从礼制上说，臣下与皇子们属于同等地位。《春秋》中记载，君王派出的使节，地位虽低，但在排班时，位列封国的国君之上。三品以上的官员，都是国家的重臣，陛下也十分尊重礼让，魏王怎么可以殴打凌辱？杨坚放纵儿子，让他们做出那些蛮横无理的事情来，最终导致国破家亡，切切不可效法。"

"还有，"马周把话接过来，"三品以上官员遇到亲王时，都要下车侍立道旁，不合礼节。"

李世民皱起眉头怔了半天，没好气地说："你们都以为自己很高贵，看不起我的儿子，是不是？"

魏徵又顶了上来："三品以上的官员均是九卿、八座，给亲王们下轿行礼，实在不恰当。"

"人生寿命长短，本来难以预测。万一太子不幸早亡，必然会有亲王当上你们的主子。我看还是尊重一些为好。"李世民拖长了声音，语含警示。

李世民已经萌发了废弃李承乾改立李泰的意图，脱口说出了深藏在心底的话。魏徵始终把握住儒家的正统伦理观念，振振有词地反驳说：

"自周代以来，都是子孙相承，不以兄弟继位，为的是杜绝庶子觊觎皇位。英明的国君，必须遵循古制。"

从中朝退下来，左仆射房玄龄和右仆射高士廉走在一起，瞧见了忙忙碌碌的少府少监窦德素，就问道："北门近来在营建些什么？"

"我是执行皇上的旨意。"窦德素藏头露尾地回答说，"要问请直接问皇上。"

房玄龄和高士廉碰了个软钉子，面面相觑。少顷，房玄龄自我解嘲地笑了笑："看样子今上不想让人知道，我们不该多嘴。"

"今上用不着瞒我们呀，"高士廉抖了抖袍袖，"问一问有什么不可以？"

"我就不想惹麻烦。"

"一味地息事宁人，日子长了，会变成个和事佬。"

"今上天纵明断，该和稀泥的还得和，和为贵嘛。"

"确切地说，主要还是怕，怕今上生气，怕加罪于你。"

"我真佩服魏徵，他既敢直谏，又能说服今上。"

"魏徵跟今上商讨政务，诘问辩难，前后两百余次，多达数十万言。他奉劝君王改正过失，谏止君王的不法命令，都能就眼前事件引用例证，渊博精深，而又非常贴切。前代所有言官，都做不到。其实，魏徵立足于道义之上，发出规劝君王的心声，持身严正，心怀公平，上不辜负君王，下不阿附权贵，中不偏袒亲朋，外不结党营私，不恃宠而骄矜自许，不因位高而改变节操。即令是西汉的刘更生，曹魏的徐邈，晋朝的山涛，他们的才能口舌确是非凡，但跟魏徵的忠贞相比，都相形见绌，相差甚远。直到当代，在所有的谏官中，称得上公正体国、无私无畏的，只有魏徵一人而已。"

"常言道，盖棺论定。魏徵还活着，而你对他已作出了高度的评价。高老夫子的眼光与学识，也可谓千古一人啊。"

"不，"高士廉摆了摆手，"我不敢称千古一人。能在历史上站住脚、流芳百世的，今上不愧千古一帝的明君，魏徵不愧千古一人的直臣。"

"你老人家培养出了长孙皇后和长孙无忌，也算得上空前绝后，前无古人，后无来者。"

"好是他们自己的造化。人的命运和是非功过，往往都掌握在自己

唐太宗李世民传

的手里。当然，也不可排除环境的影响，着意栽培和潜移默化。"

"时势造英雄，英雄造时势。我们躬逢盛世，实在三生有幸。"

"说老实话，我最担忧的是贞观之治能否长期维持下去。文景之治以后，出了个汉武帝，把西汉的繁荣富强推向了顶峰。今上归天后，太子能不能袭承大统，会不会有所作为，看来还是一个谜。"

"今上也为皇储的事而苦恼咧。"

"当断不断，反受其乱。要是再来一次兄弟阋墙，禁门喋血，对国家必将带来莫大的损失。"

高士廉和房玄龄边走边说，步出顺天门，坐上各自的八抬大轿，穿过横街，由顺天门街走到了尚书省。

窦德素把房玄龄和高士廉的问话奏报了李世民。李世民的脸色带腮连耳都红了，竖起两道连鬓眉，眼睛睁得大大的，把两位重臣召到甘露殿御书房，带着责备的语气说："你们只管执掌南衙政事，北门一点小小的营建，跟你们有什么相干？"

房玄龄赶紧磕头请罪："陛下息怒，臣等以后不再过问大内的杂务了。"

魏徵和褚遂良走进门，用胳膊互相触了一下。魏徵忍不住说："臣不知陛下何以责怪他们，玄龄又为什么要请罪？他们身为陛下的股肱耳目，对宫内宫外的事岂有不该掌握的道理？假使北门的建筑合理，应辅佐陛下完成；若是不当营建，则要请求停止。他们向主管官员打听，本来很正常，没有什么出格的地方。"

李世民、房玄龄和高士廉都感到脸上热辣辣的，互相难为情地缩了缩脖子。

李世民用目光找到了史官杜正伦，自我解嘲地笑了笑："你可又记上啦？"

"记录陛下的言行，"杜正伦朴直地对答说，"是臣的职责。即使是过失，也要如实记下。所以，陛下的言谈举止，恐怕还要影响到后世噢。"

"今天的事也要记？"

"当然。不过陛下知过则改也同样要记下来。"

杜正伦话音刚落，李世民又把目光转向了褚遂良："你还在兼任起居郎，起居注所作的记载，可不可以给朕看看？"

"史官记载君王的一言一行，不管是善是恶，总希望君王不敢为非作歹，臣未听说过君王自己可以观看的。"

"看又不准看，"李世民做了个滑稽的动作，"能不能包涵一点点儿？"

"先头杜正伦说啦，史官必须秉笔直书，否则便是失职。"

高士廉接过褚遂良的话，捋着拂胸的白髯，高亢激昂地说："哪怕褚遂良他们不记，天下人也会记下来的。"

唐太宗李世民传

北门的建筑竣工，李世民诏令从即日起皇太子动用国库的经费，有关衙门不必加以限制。由养尊处优堕落到了奢靡腐化的李承乾，变本加厉，随心所欲，大肆开销，挥霍无度。

左庶子张玄素实在看不下去了，上书切谏说："周武帝平定山东，隋文帝统一江南，勤俭养民，均成为一代明主，可是儿子不肖，致使社稷倾覆。圣上与殿下乃是至亲父子，又治理同一国家，所以对殿下所需的东西，不加限制。然而恩旨未逾六十天，消费已超过七万钱，骄纵奢侈，都达到了极点。东宫属官与正直之士都不在太子身旁，一群淫荡乖巧的侍从充斥左右。从外面远看，已经看到了失误，隐藏在里面的奥秘，更无法猜测。苦药利病，苦言利行。但愿居安思危，一天比一天谨慎。"

太子厌烦张玄素上书一谏再谏，派遣心腹埋伏在途中，趁张玄素上早朝，暗中袭击，用大号马鞭把他打得死去活来，几乎毙命。

张玄素躺在病床上，李承乾倒觉得耳根清净了许多，他放开胆子和李元昌等人忘乎所以地鬼混去了。

# 忠臣魏徵魂归九天

　　李世民天天忙于料理政务，似乎没有觉察太子的荒唐。朝臣们都一味顺从，不像魏徵那样敢于发表见解，直言谏诤，于是他想起了在家养病的魏徵。他仰着面孔默了默神，御笔亲书了一道手谕，说："得知爱卿身患疾病，朕至为挂念。几日不见，朕的过错又多了起来。本想亲自探望，又恐增添搅扰。你要是听到或看到了什么，可以用亲启密奏。"

　　魏徵心头一热，两行泪水扑簌簌地流到又黄又瘦皱纹深深的脸颊上，滚进了白花花的胡子里。他凝神思索了片刻，用颤抖的手指握住笔管写了一道奏本："近来弟子冒犯老师，奴婢忽视主子，下属多瞧不起长官，风气不正常，必然有原因，不可坐视不管。"

　　思路一转，魏徵笔锋直接指向了李世民："陛下临朝呼政，常常将'公正'二字挂在嘴边。退朝后的所作所为，却未免有所偏颇。有时害怕别人发现不恰当的事情，借故大发雷霆，欲盖弥彰。臣以为有害无益，值得留心在意。"

李世民得知魏徵的住宅没有厅堂，便停止了一座偏殿的建筑，吩咐把材料运送到皇城东侧丹凤门南永兴坊魏徵的家里，日夜加班，五天时间便给他落成了一座厅堂。魏徵清廉刚正，两袖清风，没有积蓄。李世民顺应他俭朴的习惯，赐给他素色屏风、素色被褥以及几案和手杖等，保证其生活必需品。魏徵上表谢恩。

李世民手书敕文，说："朕如此对待你，为的是百姓与国家，岂止单为你一人，何必过于客气。"

这时候，李泰与李承乾的明争暗斗也愈演愈烈，甚至达到了不择手段的程度。李泰潜怀夺嫡的念头，派遣杜楚客等人用金银珠宝等去贿赂朝臣，又网罗到了柴绍之子、驸马柴令武和房玄龄之子、驸马房遗爱，亲信达到了二十多人。

李世民虽然采取置若罔闻的态度，放纵魏王的行径，但是并没有明确表态更换太子，仍旧犹犹豫豫，举棋不定。他试探着询问身边的侍臣："当前国家哪一件事最紧急，你们各自谈谈看法？"

沉默了好久，才慢慢有人搭腔。这个说要"勤政爱民"，那个说要"安定边防"，又有人说"礼仪为先"。说来说去，李世民都不中意。

褚遂良从沉思中抬起头来，毫无矫饰地说："如今四方仰德，歌舞升平，一派蓬蓬勃勃的兴旺景象。然而太子的行为不够检点，魏王自作聪明，二人各树朋党，互相倾轧。长久下去，必然引发祸端。当务之急，太子和亲王之间的名分，宜尽早确定下来。"

"不错。"李世民颔首道，"朕年将五十，已觉衰怠，明显出现了力不从心的感觉。既然以长子守器东宫，就得扼制其他亲王的非分之心。"

"往昔圣人拟订制度，尊嫡卑庶，不可逾越。承乾乃陛下的嫡长子，已经确立为储君，就得坚持维护他的太子地位，防微杜渐，以免颠倒黑白，发生祸乱。"

"朝廷的文武百官，正直没有人能超过魏徵，朕让他来做太子的师傅，来排除猜忌和疑虑，众卿以为如何？"

　　在场的人都拍手叫好，表示拥护。魏徵接到让他担任太子太师的圣旨，觉得不堪负荷，背上了包袱。病情稍稍好转，他就蹒蹒跚跚上朝辞让。李世民望着他那凸出的前额显露的暗淡的光泽，听他说话发音低沉而且嘶哑，喉头像是蒙着丝帕一样，深为他的健康担忧。然而又万般无奈，只得以相求的口吻婉转地说："周幽王、晋献公，废除嫡子立庶子，造成国家危亡。汉高祖差一点儿也废掉了太子刘盈，幸亏商山四位白发隐士下山辅佐，才得以保住太子之位。朕信赖你，用意和他们完全一样，保护承乾。爱卿有病在身，可以坐在家里，躺在绳床上，边休养边关照一下东宫事务。"

　　"臣不胜惶恐，怕只怕辜负了陛下的一片心意。"

　　"只有把你推出来，才能使天下人相信，朕没有夺嗣换宗的打算。"

　　魏徵不好再推托了，勉强接受了成命。李世民诏命魏徵辅佐东宫，李承乾乐得嘴角都咧到了耳朵边。他本来厌恶进谏的人，可是魏徵另当别论，倔老头是开创贞观之治的大功臣，享有崇高的威望："有他在，青雀绝对莫奈我何。"

　　李承乾吃了定心丸，对前途充满了信心，又扬起了希望之帆。魏徵不遮不掩的陈述和直截了当的开导，他听起来不但不厌烦，而且很顺耳，甚至像听世间最美妙的音乐一样。虽然恶习难改，但也收敛了许多，不再过分放纵自己了，甚至狠下决心改过自新，重新做人。

　　几次接触之后，魏徵也觉得太子并非朽木不可雕也，只要循循善诱，让他走上正道，自强自立，可以承续皇统，成为一代有作为的新君。他回想起李承乾八岁被册立为太子时的情景，那么活泼可爱，弥漫着稚气的大眼睛滴溜儿转着，直如两颗熠熠闪光的黑珍珠。浅浅一笑，面容好像花一样开放，那么甜蜜、纯朴、神采飞扬，宛然昭示着未来的辉煌灿烂。高祖驾崩，今上服丧期间，太子代替父皇处理国政，再一次展示了他的聪明和才干。

　　"看来太子放荡不羁不是秉性所为，而是受魏王干扰，自信心不足而产生的后遗症。只要今上不偏向于魏王，太子摆正自己的位置，很有可能恢复被扭曲的心态，走上正道。"魏徵这样想着，心境豁然开朗，脸上也绽出了些许欣慰的笑容。

李承乾的转变也给李世民带来了一片光明，他满心舒展，公开对文武官员说："外面传言太子的脚有毛病，走动不便，而魏王聪颖悟性高，又时常伴驾游幸，某些别有用心的人开始揣度朕意，捕风捉影，追潮赶浪。要知道，太子的脚虽有病，但并不妨碍行走。《礼记》中说，嫡子死，立嫡孙。太子的儿子像已经五岁了。朕终究不会以庶子取代嫡子，开启夺嫡的祸源。"

群臣听罢，高兴得手舞足蹈，山呼万岁，声震殿宇，引起强烈的共鸣。魏徵辅佐太子李承乾，果然产生了神奇的效应，一下便挽回了夺嗣换宗的局面。可是，天不假年，太子太师魏徵的病情急转直下。李世民接连不断派人前去慰问，赏赐药饵，奔走在路上的车马往来不绝。又派中郎将李安俨住在魏徵家里，随时奏报魏徵病情的变化。魏徵弥留之际，李世民率太子李承乾等驾幸魏府，至病榻前攥住魏徵的手，说："爱卿，你不能离开朕，一定要把病治好。"

"臣舍不得离开陛下，然而大限已经到了，神仙也救不了我的命啦。"魏徵唏嘘啜泣，眼泪与鼻涕流湿了衣襟。

"卿家有什么话，尽管对朕说。"

"臣一生坎坷，晚年幸遇英主，得以寿终正寝，心已满足，别无他求。唯愿陛下龙体安康，坚持嫡长继承制，不再动摇。"

李世民受了感动，眼圈也红了，用手指着衡山公主说："朕欲将小女许配给贵公子叔玉，无忌和太子可为媒妁。"

魏徵激动得张开了嘴："叔玉，赶快谢恩。"

"臣谢皇上隆恩。"魏叔玉跪到李世民的膝下，行了叩拜大礼。

"贤婿平身！"李世民温言软语地说，"你和太子既为兄弟，朕就让你留在太子左右，减轻你父亲的劳累。"

魏徵胸脯一起一伏，完全沉浸在激动里，心满意足地合上眼皮，与世长辞了。时维贞观十七年正月十七日，行年六十四岁。

李世民诏命九品以上文武百官全都参加葬礼，并赐予手持羽毛的仪仗和宫廷鼓吹班送葬，陪葬昭陵。魏徵的夫人裴氏推辞说："亡夫平生节俭朴素，现在用正一品高官安葬时才可以使用的羽葆仪仗，不是他的意愿。"坚辞不受。而只用有篷盖围幛的灵车，装载灵柩出殡。

李世民登上禁苑西门门楼，遥望上山的灵车，痛哭流涕。他亲自撰写了碑文，表彰魏徵的功德。"人生感意气，功名谁复论。"魏徵《述怀》诗中的两句话，正好成了他一生的写照。李世民难忘魏徵，常常登高远眺西北的九嵕山，寄托自己的哀思。又常常用深切怀念的心情和诚挚的语气对身边的大臣说："人以铜为镜，可以正衣冠；以古为镜，可以知兴替；以人为镜，可以明得失。魏徵逝世，朕失去了一面镜子。"

"魏徵忠勤可嘉，"长孙无忌宽解道，"皇上给予他的荣耀，也已经高到了极限。倘若他地下有知，应该可以含笑九泉了。"

房玄龄、高士廉、马周和褚遂良等也一齐上前相劝，才止住李世民的悲伤。思前想后，李世民决计将二十四位开国功臣的图像画在凌烟阁，以资纪念，并供后人瞻仰，激励后人继承他们的意愿与遗志，为国建功立业，争取图画于凌烟阁的最高荣誉。

凌烟阁绘制功臣像，同时也说明了唐朝的政权业已巩固，新的贵族政治体制逐渐形成。此后要想跻身朝堂，尤其是想成为出人头地的显贵，不但必须惨淡经营，更需要出身门阀的背景。光有真才实学不够，做官还得五官端正、仪表堂堂。高宗朝的钟馗，考取了进士，其貌不扬，皇榜上便没有他的名字，只能饮恨终身。

凌烟阁矗立在太极宫的东北部，甘露殿以东，神龙殿的背后。阁内的功臣像，是画在各室的白壁上的，亦即壁画，皆出自当时大画家阎立本之手，为时人所称颂。每一幅图像旁边还题有赞词。后来李世民特意登凌烟阁，观魏徵画像，赋诗祭悼，以志哀思。

# 一举废除谋反太子

魏徵的死，恰好处于一个历史的转折时期。他的死，也引起了朝廷上下的震动。当然，受震动最厉害的首推太子李承乾。他刚刚鼓起来的一点劲头，一下子又撒了气，那对灰黄的眼珠子失神地望着终南山披雪的山峰，脸上如同挂了霜一般，心头笼着一层乌云，空虚和压抑的感觉在他周围扩展，包围了他，吞噬了他。

李承乾喝得醉醺醺的，对身边的人说："我假装是可汗，不幸翘了辫子，你们仿效突厥的风俗，来操办丧事。"说罢，身子一倒，像死人一样僵卧在地上。

众人一起放声哭喊，骑上马环绕着"尸体"奔走，然后贴近他，用刀划他的脸。隔了一阵，李承乾霍然坐起来，煞有介事地说："我一旦拥有了天下，当率数万骑军，到金城以西狩猎，玩个痛快，满载而归。然后解开发髻做突厥人，投靠史思摩可汗。假如给我一个将军的职务，举着马刀冲锋，决不会落到别人的后面。"

"承乾，"李元昌从马和人的缝隙中钻了出来，"你真会玩，玩得多开心。"

"呃，元昌，我正要找你。道士带来了没有？"

"早来啦。不好打扰你的雅兴，安排他们在集贤馆歇着。"

"叫什么名儿来着？"李承乾弯曲着手指敲打自己的额头。

"贵人多忘事，只怕就是指你这号人。"

"快告诉我，少啰唆。"

"一个叫作秦英，一个叫作韦灵符。他们道术高深，还有魔法。嘻，乐童称心也来了。"

"走，走，一起见他们去。"

李承乾和他们一见如故，没日没夜地在一起厮混，变着法子取乐。李世民愈来愈不喜欢李承乾。李承乾也明白父皇在生自己的气，于是横了心，干脆声称有病，不进宫朝见。

一天深夜，李承乾与自己的几个谋士悄悄谋划政变。

侯君集双手拍了拍："天快亮了，闲话少说，言归正传。魏王得到今上的宠爱，眼下要谨防太子遭受隋朝太子杨勇那样被废为平民的灾祸。太子殿下，今上召见你时，要加强戒备啊。"

李元昌看出火候到了，适时地建议道："凡是同谋者都要割破手臂，用帛擦血，烧成灰烬，和在酒里饮下，发誓同生死共患难，准备率军进入皇宫。"

众人饮干血酒，赌咒发愿后，杜荷更加壮了胆，他凑到李承乾跟前说："天象发生了变化，得赶快行动以应天象。殿下只需称得了急病，生命垂危，今上必然会亲自来探视，乘此机会可以得手。"

天亮后，密探向李承乾禀报了齐王李祐在齐州叛乱的消息。李承乾又庆幸又扬扬自得，对纥干承基等人说："东宫的西墙与大内的东墙就是一垛墙，东宫跟大内相距不过几十步，和卿等谋划大事，可谓举手之劳。我们的优势齐王怎么能相比！"

齐王李祐当真起事了，举兵反叛朝廷。告急文书雪片一般飞向京都长安。李祐系李世民的第五子，授封齐王，担任齐州都督。他的舅舅、宫廷尚乘局直长阴弘智出谋划策说："王爷兄弟太多，陛下千秋万岁之后，你应当有壮士来保护自己的安全。"

李祐轻狂浮躁，却很相信他的舅舅。阴弘智推荐了妻兄燕弘信。李祐非常满意，赏赐燕弘信大量的金银财宝，让他偷偷地招募壮士。李祐亲近小人，又喜好打猎，长史权万纪屡次劝谏，他都不听。最终矛盾激发，李祐派人射杀了权万纪，公开造反。

李世民得到奏报，即命兵部尚书李勣等人征发怀、洛、汴、宋、潞、滑、济、郓、海等九州的兵马，共同讨伐。最终李祐被押解到长安，赐死在内侍省。

在处理李祐叛乱事件时，牵连到了纥干承基，原来他还给齐王李祐做密探，被逮捕后，囚禁在大理寺狱中，依法当判处死刑。纥干承基死中求生，上书告发太子李承乾谋反。

李世民惊得天旋地转，立马召集大臣们前来商议，打算先听听他们的意见，再斟酌处理。

尉迟敬德两只眼睛暴突出来，炸开喉咙吼道："谁敢动皇上一根毫毛，我跟他没完！"

"用不着多考虑，让俺程某去把他抓起来，不就得啦。"程咬金一边说一边站了起来，准备往外走。

长孙无忌把他拖住了，佯嗔道："就你性情急躁，皇上还没有开口，你就要行动。"

"事久多变，真正闹起来了，可就麻烦了。"

"现在无凭无据，凭什么抓人？"

"纥干承基不是告发了吗？"

"真是个冒失鬼！"长孙无忌摇了摇头，"十个纥干承基说太子谋反，没有证据，也等于零。"

"对。"李靖颔首道，"必须先行查实，才能进行处理。"

"派谁去呢？"

大臣们都把目光集中到了李世民的身上。李世民扬起下巴想了想，吩咐道："长孙无忌、房玄龄、杨师道、萧瑀、李勣，由你们五人先行按察，查清楚以后，再就事论事处理。"

"臣遵旨。"

长孙无忌等五人叩头后，刚刚站立起来，东宫传来太子李承乾得了急症，命在旦夕，请皇上快去看看。

李世民心里"咯噔"了一下："太子身体有些小毛病，可是从来没有得过急症。他是不是听到了风声，狗急跳墙，想骗我落进他的陷阱？到底去不去呢？"他自问自答，"看来不去不行。不去，难免落下口实，说我不关心太子；去呢，相当危险。"

唐太宗内心充满了矛盾，剧烈地斗争着，搓着手，在御案旁来回走了一通，然后眉头耸立起来，拿定了主意："不管真病假病，不管危险不危险，不去不行，而且必须去。真病，得不惜一切代价给他医治；想谋害我，正好将计就计，一网打尽。"

李世民停止了走动，转过脸来，决断地说："不管是真是假，我都得走一遭。"

"不！"房玄龄抬起前额，"皇上，你不能去。那是一处是非之地，凶多吉少。"

"房爱卿，你不必阻拦，朕自有安排，你就等候佳音吧。"

李世民连续下达了一道道密令。调度完毕，挨到半夜过后，才起驾出宫。

称病在东宫承恩殿等候父皇到来的李承乾，从下午等到晚上，等了又等，仍不见父皇的影子，不禁感到失望。他焦急得心里像油煎，通身流汗，时而瘸着一条腿走到殿门口听听动静，或者望着深幽无比的天宇出一会儿神，时而走回来，跟厮守在殿堂的同谋咕哝几句。

侯君集没有来，他带着家兵家将监视魏王府去了，只等李世民一落网，就立刻破门而入逮住魏王李泰，当即处死，不留后患。

听到接驾的传呼，李承乾和在场者不禁又疑惑又欣喜。他们疑的是子夜都过去了，李世民为什么才来？喜的是他毕竟来了，而且护驾的人不多，只有雷云吉和雷云兆两员保驾将军和几十名贴身侍卫。

"太子，你的病好啦？得的什么病？"李世民随口问着。他耸了耸眉毛，两道如剑锋般冷峭的目光从跪在甬道上接驾的人身上一一掠过。

李承乾见了父皇，油然而生一种悚惧心理，两腿像弹棉花一样战栗得几乎站不起来，上牙磕打着下牙，战战兢兢连话也对答不上来了。

"窝囊废！"李元昌心里骂了一句，霍然挺立起来，牵动嘴角挤出一丝笑纹，皮笑肉不笑地说，"外面风大，皇上，进里面来说吧。"

殿内充满了杀气。李世民带兵打仗出身，一眼就判断出来了。"秘密调动的兵马是不是赶到了？"他想拖延一下时间，又想直接观察清楚，"到底有哪些人参与了叛逆？谁是幕后操纵者？主谋是谁？"

李世民抽了抽鼻子，向上卷翘的唇髭咧了咧，装作退缩的样子，说："既然太子的病好啦，朕就不必久留啦。"

"你来得了，告诉你，可就回不去了！"李元昌凶相毕露。

"你要干吗？"

"请你禅位给太子，自己当太上皇。"

"事情不难嘛，拟好了禅位诏书没有？"

"你走进殿里，一切都会明白的。"

"朕不进去呢？"

"那就休怪无情！太子殿下，"李元昌厉声喊道，"下令先拿下他。"

心慌意乱的李承乾张大嘴直喘粗气。他惧怕父皇的威严，进而联想到了父子之情，又怕背上弑君的罪名，胸口乱跳，发不出声来。

李元昌急了，把右手的两根指头伸进嘴里，打了个呼哨，埋伏在承恩殿夹壁中的武士乱哄哄地闯了出来，在李安俨、杜荷和赵节的带领下，成马蹄形向着李世民逼过去。

雷云吉和雷云兆遮护着李世民，猛喝道："谁敢动手？！快退回去！"

"上！"李元昌伸出一只胳臂，好像长矛一样地开路，"跟我上，一齐上！"

雷云吉和雷云兆见来势凶恶，便一齐抽出佩刀，直取李元昌。李元昌举剑相迎。斗了两个回合，李元昌感到体力不支，乱了剑法。李安俨挺枪接应上来，敌住雷云吉。枪竖刀横，绞着一团杀气。刀枪相碰，撒开点点寒星。

武士和侍卫都好像中了魔似的，看傻了眼，他们吊刀在手，屏住呼吸，犹若钉在了地面上。李安俨、李元昌与雷氏兄弟杀到哪儿，他们的眼睛就跟到哪儿。

星月交辉，加上从大殿透出来的亮光，照射着两拨界线不甚分明的人群。刮起一阵大风，天空仿佛黑了一下，打斗忽然停顿下来。然而就在令人胆寒的沉寂时刻，不知谁喊了一声："冲啊！活捉李世民者，重赏千金，封万户侯！"

混战开始了，双方展开了激烈的厮杀。武士们都是花重金收买来的，是不惜以生命作为代价的亡命之徒。贴身侍卫即百骑团团护住李世民，在顽强的猛击下显得似乎力不从心，边战边退。

地面扬起尘雾，在夜色暗淡的光照下，俨然云阵一般遮盖着拼杀的人影，如同皮影戏一样晃来晃去。打斗的嘶叫声、兵器铿锵的撞击声和战鼓号角的吹奏声，喧嚣地交织在一起。

李世民身处刀光剑影中，情态异常镇定，眼睛紧盯着像海水一样激荡的人潮。李安俨觑着一个空当儿，手起一镖投向李世民。说时迟，那时快，程咬金挥舞板斧从墙头飞身而下，挡掉了飞镖。

秦叔宝、李道宗和尉迟敬德带领飞骑冲到当场，隔开了双方的搏斗。李靖和李勣的人马包围了承恩殿。武士们缴械投降后，长孙无忌、房玄龄和杨师道把李世民请进承恩殿。李世民吩咐将太子李承乾和李元昌等一一押了下去，听候发落。

长孙无忌、房玄龄、杨师道、萧瑀和李勣五人，会同大理寺、中书省、门下省一起审问，很快查明了太子李承乾谋反的来龙去脉及其参与者。

满朝文武百官在太极殿举行大朝会，李世民端坐在御榻上，态度严肃地问道："太子承乾谋反，众卿畅所欲言，该如何处置？"

群臣都低着头，浑如木雕泥塑一般僵僵地立在殿下，没有人开口对答。通事舍人来济在沉默中理顺了一下思路，越出班部丛中，拜罢起居，奏道："陛下已尽到了慈父应尽的责任，没有任何缺失。太子自作自受，让他享尽天年，就算不错啦。"

李世民额头上显出深深的皱纹，拧着眉头没有吭气。前不久才处死第五子李祐，接着又将以叛乱罪处死长子李承乾，他有些于心不忍，不禁十分赏识来济思路的清晰和表达的得体。来济从此在他的心目中留下了深刻的印象。

李世民采纳了来济的奏请，下诏废黜太子李承乾，贬作平民，幽禁在右领军府。同时，李承乾的长子象也被剥夺了皇太孙的地位。李世民又故作姿态地要免除汉王李元昌的死罪，群臣都竭力反对，于是赐他在家中自尽。

# 重新确立继承人

外面闹腾得风风火火，沸沸扬扬，李治却置若罔闻，全不把它当回事，仿佛与己无关似的，一个人关在书房里看书写字，吟诗作赋，自我消遣，自寻其乐。

李治性格孤僻、怯弱，喜欢清静，不爱抛头露面，更不愿意干预朝廷事务，插手权力之争。他是一个十六七岁的小青年，从外表上看，文弱、清秀，相貌很像母亲长孙皇后，或者说像舅父长孙无忌，而气质却远不及母后和舅舅那样矍铄、刚毅、绵里藏针、坚韧不拔。

李治身材瘦高，长条形脸，窄额头灰暗无光，两颊没有血色，脸面和白猿差不多，嘴唇红殷殷的，目光逢人便低垂下来，很少正面看人。胸脯浑若发育不良，显得单薄，微耸着两肩，肩胛骨从衣衫底下拱了出来。走路时，胳膊软软地耷拉着，一副淡漠和无精打采的样子。

当年长孙皇后生怕养不活这个儿子，对他特别关切，母性的爱往往偏向于他，从不严加管教，十分松懈。在众多的兄弟姊妹中，他最不显眼，也很少引起父皇的注意。

李世民连他快长大成人了似乎还不觉得。他性格内向，沉默对于他来说就是美，就是休养生息，好比韬光养晦，在沉默和沉思中积蓄力量，不断地充实自己，厚积薄发。

长孙无忌可谓独具慧眼，一直以来就非常看重他，有空便来陪他消遣，给他讲解经史典故，评点古今得失，间或还要议论一下朝廷大事。

李承乾被废掉太子之位后，魏王泰每天进宫侍奉父皇，讨他的欢心。李世民对李泰愈看愈中意，愈看愈顺眼，当面许诺立他当新太子。中书侍郎岑文本和黄门侍郎刘泊顺从李世民的意愿，出面奏请立李泰做储君。

魏王泰及其党羽十分开心，喜上眉梢，乐得心里直痒痒，自以为如愿的日子为期不远了。

唐太宗李世民传

然而，怎么也没料想到，眼看水到渠成，却突然出现了一道障碍，像堤坝一样拦腰斩断，挡住了水流的去路。他就是位列开国二十四功臣之首、李泰的舅舅、权势最大的外戚、授封赵国公、官拜司徒的长孙无忌。

满朝文武都得看长孙无忌的眼色行事，连李世民也对他礼让三分。他老成持重，城府很深，沉默时自有一种凛然的威慑力，开口说话则言简意赅，斩钉截铁，一语破的。

德高望重的他，同时具备毅力和魄力，果决干练，鹰视狼顾，虎步腾腾，高屋建瓴，显示出一派冷峻而凌厉的气势。他不表态，李世民也无可奈何，不敢率尔从事。

长孙无忌偏偏看不上魏王泰，把他当作秦二世和隋炀帝："一旦登上天子的宝座，他必然会残害兄弟，诛戮功臣，闹得乌烟瘴气，国家惨遭不幸。"

大唐的体制业已确立，政权已经巩固，以长孙无忌为代表的皇亲国戚和文武百官都是既得利益者，他们所关心的是国家的长治久安和子孙后代的幸福。

在他们的心目中，理想的天子不再需要霸气。相反，要的是才气，举止文雅，心气平和，讲究礼仪。君则敬，臣则忠，长期维持朝廷上下的正常秩序。

保持了一段时间的相对平静，当李世民以试探性的口吻提出确立新太子时，坐在御座一侧的魏王泰挺了挺胸脯，肉鼓鼓的胖脸显得容光焕发，光彩照人，眉宇间流露出志在必得的神气。

殿堂上却显得异常寂静，鸦雀无声，空气沉闷得令人窒息。长孙无忌环视了一下众人的表情，迈着庄重的步子走出班部丛中，开口打破了沉默。

“现在江山一统，四海安宁，创业的艰难已成过去，守成难提上了议事日程。偃武修文，以文德治理国家，是守成之计。皇储乃国之根本，必须与守成相适应。依臣看来，除了晋王治，再没有第二人可当储君，其他亲王都无法跟他相比。”

赛如一把猛火烧开了锅里的水，百官活跃起来，交头接耳，传递眼色，很快议论开了。许多人受了启发，觉得言在理中，产生了同感。然而对于魏王泰来说，长孙无忌一番冠冕堂皇的言辞，好比晴天霹雳，炸得他两只眼睛一阵发黑，手足无措，几乎震呆了。

李世民也惊奇得全身怔住，半晌才回过神来。晋王治忠厚孝顺，文质彬彬，是他的长处；然而体质荏弱，性格内向，多愁善感，正是他的致命弱点。

作为一代天子，君临天下，日理万机，驾驭群臣，没有强壮的体魄、顽强的意志和过人的胆识，那是很难胜任的。

李世民陷入了困顿和惶惑之中，像醉了酒一样，眼睛发花，心头茫然，举棋不定，左右为难，只得宣布退朝。魏徵的死，给李世民带来了不可估量的损失。正如他本人发自内心的感叹，失去了一面对照得失的镜子，许多的事把握不准了，拿不定主意了。

魏王一计不成，又心生一计。他了解小弟李治体弱胆小，受刺激便会吓出老毛病来。一旦病倒，太子就不会再往他身上考虑了。即使要立他当太子，他也会哭丧着脸表示不会僭越胞兄。由李治把他推出来，想必众人再也无话可说了。

李泰内心盘算好了，兴冲冲地从延康坊魏王府乘轿出门，径直来到立政殿，找到李治，屏退左右，故弄玄虚地附耳吓唬道："雉奴，你过去跟元昌非常要好，他犯大逆罪被赐死了，你难道不担惊受怕？"

"我，我……"李治紧张得面色如土，不禁打了个寒战，浑身起了一层鸡皮疙瘩。

"还有，承乾和元昌跟你说过些什么话，怎么还不向父皇自首？要知道，装疯卖傻是瞒不住的。瞒病必死嘞！"

李泰觉得目的已经达到，不等对方回答，阴冷地瞥了他一眼，挺胸凸肚地走开了。

一场惊吓，触发了李治的眩晕症。他眼前一阵金星乱飞，脑袋直如在颈脖上摇晃、旋转，一屁股坐到地上，煞像捅破了泪泉似的，呜呜直哭。

李世民以为他病了，来到立政殿，把他拉到怀里，亲切地问道："雉奴，怎么啦？快说，快说，告诉父皇。"

连问了好几遍，李治都不肯说，自顾自地哭着，一把眼泪一把鼻涕，把李世民的衣襟都打湿了。李世民不耐烦了，气得胡须都翘了起来，李治才吞吞吐吐地说出来。

对于李泰卑劣的小伎俩，李世民特别恼火而又失望，后悔不该说出立他当太子的话来。他对李泰的品性产生了怀疑，为了检验自己的看法，直接到右领军府单独召见了李承乾。

从东窗事发到被幽禁，跌进绝望深渊的李承乾表情阴郁，满脸寒气，瘦得落了形。李世民的心中涌动着几分同情，又有几分恶心。他收回目光，平静地问道："到底是为什么，你居然不计后果，想到了反叛？"

"儿臣身为太子，还要贪图什么？无奈遭受青雀的暗算，不得不时常跟臣属商量如何自救，心怀不轨之徒便乘机教唆我犯上作乱。可惜人只有后悔，没有前悔。父皇呀，请听罪臣一言，若是立青雀当太子，正好落进了他的圈套。"李承乾的话语，透露出面临死亡的人的率直和无所顾忌，又一次从侧面揭发和证实了李泰的卑鄙龌龊、狼子野心。

向来以"兼明善恶"而备受人们称颂的李世民，却长期被自己的儿子蒙骗着，不辨真伪，不识虚假，几乎弄得骑虎难下。他的自信心一下子崩溃了，悔恨交加，汗颜满面，脸上热辣辣的，像是挨了一记耳光。次日朝会完毕，群臣退出。

贞观十七年四月七日，李世民正式颁发诏书，确立晋王李治为皇太子。御驾登上顺天门楼，大赦天下罪犯。

赐酺三天。饮宴中，李世民带着告诫的语气对身旁的大臣说："朕如果让青雀当太子，那就表明太子的位置是可以施展阴谋夺得到的。往后，但凡太子失德，亲王钻营，一律罢黜。子子孙孙，永远遵守。"

# 亲征高丽而失败

正在唐太宗为王储问题心力交瘁的时候，新罗王国的使节来到长安，拜见李世民，启奏说："百济王国攻打我们的国家，占领了四十余座城池。又与高丽王国联盟，准备切断新罗向中国朝贡的道路。请陛下发兵救援。"

新罗对唐朝称臣，每年都进献贡品，唐朝必须保护它的安全。它来求救，唐朝不可等闲视之。李世民和大臣们商议，决计派遣秦叔宝和程咬金两员大将携带诏书，出使高丽，一则以他们的声威和大将风度对高丽施加影响，二则探视其虚实。

临行前，李世民吩咐秦叔宝和程咬金说："你们对高丽提出警告，新罗是大唐的藩属国，朝见进贡，从不间断，我们负有保护的职责和义务。高丽与百济都得休兵罢战。要是再打新罗，明年大唐就将兴师讨伐他们。"

宣布新的太子后，已经将近新年，身心劳倦的李世民车驾前往骊山温泉避寒。李世民在温暖的泉水中浸泡了十来天，返回了长安。春节过后，他又来到了骊山，沐浴在暖意融融的温汤里。温泉浴实在是一种最美好的享受，又好似一剂良药，有效地医治着李世民心灵的创伤。他流连忘返，每天就在骊山的行宫举行早朝，处理政务。

这时候，出使高丽王国的秦叔宝和程咬金抵达了高丽的都城平壤，而莫离支盖苏文正在进攻新罗王国，攻下了两座城池。国王高藏派人召他回来，盖苏文才班师回朝。秦叔宝传谕他不得再攻打新罗。盖苏文根本不理会他们。秦叔宝和程咬金返回朝廷，据实奏报。李世民气得七窍生烟，扭歪了脸：“盖苏文弑杀其国君，迫害同僚，虐待百姓，而且侵暴邻国，又胆敢违抗朕的诏令，不可不加讨伐。”

“陛下麾旗所指则中原清晏，眼睛一转便四夷归服，声威德望无与伦比，而今却要渡海远征小小的高丽。倘若很快攻克传出捷报还可以，万一遭遇挫折，损伤威望，再引起百姓的反抗，国家的安危就难以预测了。”

褚遂良的谏阻，李世民没有听进耳。“你是只知其一，不知其二。朕心中有数，不需多言。”他仰起鼻子，操着嘲讽的语调反驳说。

其实，隋朝灭亡的主要原因，唐初的君臣都相当清楚，不外乎三条：一是炀帝本身穷奢极欲，暴虐不仁；二是大兴土木，营造宫室，开挖运河，修筑长城；三是三次亲征高丽，都以失败告终。尤其是亲征高丽，直接导致了天下大乱。李世民受制于外戚长孙无忌，迫使他册立懦弱的雉奴当太子。他愈来愈不称意，准备改立吴王恪，又被长孙无忌阻住。李世民心怀怨恨，却又说不出口，只想找个地方出气，发泄郁积心头的无名火，并且又可以重振昔日的雄风。

李世民打算亲自统率三军远征高丽。褚遂良和长孙无忌心灵相通，再次出面谏阻道：“天下犹如一个人的身体，两京好比心脏，州县如同四肢，四方蛮夷乃身外之物。高丽罪大恶极，无疑应该讨伐。然而用不着启动圣驾，只要派出两三员骁将，调集四五万兵马，仰仗陛下的神威，就可以彻底打败它。”

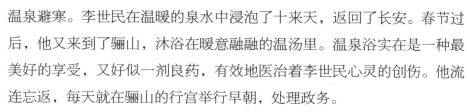

长眠昭陵

"朕带兵打仗出身，知道仗该怎么打。"李世民显得颇为自负。

"陛下的神勇武略，微臣曾亲眼所见，岂有不知之理。臣的意思是，而今太子确立不久，还没有成年，其他藩王大都幼小，一旦离开京师，冒着横渡沧海的风险，以天下万王之王的尊贵，轻率地发动绝域战争，臣等深觉忐忑不安。"

李勣手捧牙笏，出班奏道："当年薛延陀进犯边塞，陛下准备出军穷追猛打，因魏徵阻止而作罢，以致留到今天仍在北方制造灾祸。那时如果履行陛下的决策，北边早已平安无事了。"

"那确实要算魏徵的失算。"李世民颔首道，"朕随后即感到后悔，只不过不愿意说出来，怕堵塞众人进言之口。"

行宫殿堂上议论纷纷，文武官员多数都不赞成御驾亲征高丽王国。他们哪里知道李世民肚里怄了气，要摆脱长孙无忌等大臣的挟制，同时又想向世人展示一下他超迈秦皇汉武的雄才大略，不愿意放弃远征机遇。李世民的额头皱起三道抬头纹，用不容置喙的腔调决断地说：

唐太宗李世民传

"八尧九舜，也不能在冬天播种。可是乡村的农夫，无论年长年幼，春种便有秋收，便是得其时令。上天有它的运行规律，人的行为必须与之相符合，才有效应。盖苏文欺凌国君，暴虐臣民，人们翘首企盼援救，正是高丽必然灭亡的征候。众卿议来论去，只是看不到这一点。"

朝臣们见李世民不肯像以往那样广采众议，倾听谏诤，都不再言语了。李世民对待高丽，其实一直持慎重的态度。早在贞观十五年，他就曾派遣魏徵出使高丽。魏徵为侦察该国的山川形势及民情风俗，所经过的城镇，都送给城主一些绫罗绸缎，然后装作饶有兴致的样子说："我平生最喜爱游山玩水，贵城的一草一木，都想观赏观赏。"

城主高兴，引导他四处游览。果然随处都可以见到中原人，他们主动告诉他老家在某郡某县，隋末从军东征，留在高丽娶妻生子，跟当地人杂居，人口各占半数。

他们顺便询问亲人的消息，魏徵回答说："周边国家和部落尊奉唐天子李世民为天可汗，唐朝国富民强，政策宽松，万民安居乐业，都平安无事。"众人止不住流下了眼泪，互相转告。数日后，中原人见到魏征，都拥过来哭诉思乡之情。

魏征回国，奏报李世民说："高丽国王听到高昌灭亡，非常恐惧，频频去馆舍中问候，特别殷勤。"

"高丽就是汉武帝所设置的四郡。"李世民心有所动，"朕只要动员数万将士攻打辽东，高丽必然要倾国相救。然后以水师出东莱，从海道直趋平壤，水陆合围，攻取高丽不会太难。"

"辽东早晚是要收回的，不过要看准时机。"

"对，目前山东各州县的凋敝状态还没有改善，朕不忍心驱使百姓劳苦。"

第二年，营州都督张俭上奏朝廷说："高丽东部大人盖苏文，弑杀了国君高建武。"盖苏文性情凶暴，不守法度，臣民受其欺凌压榨，困苦不堪。

唐俭出使高丽回来，奏请在怀远镇增加戍边兵力。魏征以为费力不讨好，李世民也就否决了唐俭的主张。后来他改变了主意，打算诏命契丹部落和靺鞨部落对高丽发起骚扰性的攻击。长孙无忌忖度了片刻，一手捻着花白的胡子，提出了异议："盖苏文自己也知道罪行严重，害怕中国讨伐，必定严加防备。陛下最好是稍稍容忍一下。他自以为安全了，会更加骄横，更加无恶不作。以后再去讨伐，也不算晚。"

"嗯，那就依你说的好啦。"

李世民自从对长孙无忌产生了看法，就不再随便听他的话了，表面上虚应着，内心却坚持自己的主张，进行备战，准备向高丽发起致命的一击。御驾返抵长安，李世民任命左卫将军薛万彻暂时代理右卫大将军。他对身边的大臣说："现有的著名将领，只剩下李勣、李道宗和薛万彻三人而已。世勣、道宗打仗时，不会有惊天动地的胜利，也不会惨败；万彻喜欢冒险，不是大胜就是大败。"

南风轻拂，气温缓缓上升，宫廷映照着初夏和春末交替的阳光，一个匆匆来临，一个姗姗离去。随着季节的转换，朝廷上下渐渐忙了起来。李世民驾临内朝殿——两仪殿，太子治在一旁侍奉。李世民闪动龙目扫视了一下殿堂，煞有介事地询问群臣道："太子的品行，外面的人可曾听说过？"

"太子虽然不出宫门，"司徒长孙无忌立即上前奏陈，"可他的道德情操，天下人无不景仰。"

"呵呵，"李世民嘴角边撇出一丝狡黠的难以捉摸的笑意，"我在太子的年龄时，相当调皮捣蛋，而太子从小宽和敦厚。古谚说：'生男如狼，犹恐其羊。'希望他长大后，能够刚强一些。"

长孙无忌心头微微一怔，随即又平静下来，措辞圆滑地辩驳说："陛下圣明神武，是拨乱反正的创业英主。太子仁慈宽厚，具有守成的美德。志趣爱好虽然不同，但是各当其职分，显然是皇天赐福大唐，用以安抚天下苍生。"

"太子合乎天心民意，朕亲征高丽，再没有后顾之忧了。"李世民如释重负般地往后靠了靠，显露出一种轻快的表情。长孙无忌没有料到李世民会投下一颗棋子，诱使他当众把话说绝，一下便把他"将"死了，不好再反对他御驾亲征高丽了。

太极宫地势低洼，夏天闷热。李世民为了养精蓄锐，强壮体魄，移驾前往九成宫避暑。九成宫距麟游县城西五里路远近，碧水青山，是一处风光旖旎的疗养胜地。它原是隋朝营造的仁寿宫，贞观五年扩建，更名九成宫。

秋天到了，山水、田庄和林木都染上了一层成熟的色调，显得苍郁、深沉而丰满。李世民在舒适的环境中运筹帷幄，谋划也日益成熟了，敕令将作大匠阎立德等人去洪、饶、江三州，造船四百艘用来载运军粮。接着又下令营州都督张俭等率幽州和营州两个都督府的兵马，并动员契丹、奚和靺鞨部落，先在辽东发起攻击，试探高丽王国的虚实。又命太常寺卿韦挺做馈运使，民部侍郎崔仁师做副使，黄河以北各州都受韦挺节制，随时听从他调遣。又命太仆寺少卿萧锐输送河南各州粮草，由海道运往北方。

时光像洪水一样滔滔奔流，天气不知不觉地凉爽起来，行宫周围的颜色又加深了一些。夕阳西沉，天边披上了色彩浓丽的霞帔。暮色悄悄地降落，远山近树的轮廓渐渐模糊起来。

李世民回到京城，进行了一番人事调整。散骑常侍刘洎升任侍中，行中书侍郎岑文本升任中书令，太子左庶子、中书侍郎马周擢升守中书令。谏议大夫褚遂良升任黄门侍郎，参与朝政，成为实质宰相。这时，朝廷收到了安西都护郭孝恪的奏本，请求出军讨伐焉耆王国。焉耆位于高昌的西面，疆域横六百里，纵四百里，是一个颇具影响的重要国家。

高昌灭亡，西突厥势单力薄，极力拉拢焉耆，共拒唐朝。焉耆以前偏向于唐朝，双方关系相当融洽。西突厥重臣屈利，给弟弟娶了焉耆王龙突骑支的女儿为妻，焉耆又转向西突厥，对唐朝的贡赋开始短缺。李世民气恨焉耆的反复无常，诏令郭孝恪担任西州道行军总管，集中三千步骑从银山道进军。

焉耆王龙突骑支的弟弟龙颉鼻兄弟三人路过西州，郭孝恪便让龙颉鼻的弟弟栗婆准当向导。焉耆国都焉耆城四面环水，龙突骑支仗恃地势险恶，没有设防。郭孝恪昼夜兼程急行军，夜晚到达城下，命将士们泅水渡河。将近拂晓时，便攀上了城楼，俘虏了龙突骑支，生擒及斩首七千人。留下栗婆准管理国政，唐军凯旋。

三天后，西突厥屈利率军援救焉耆，迟了一步，仅囚禁了栗婆准。亡羊补牢，屈利亲率五千精兵追赶郭孝恪。追到银山，郭孝恪进行反击，大败屈利，反追数十里。唐朝对焉耆的胜利，间接打击了西突厥的气焰，稳定了西方的局势，也可以说是出兵高丽前的一次威力的展示。李世民难以掩饰满心的喜悦，乐得眉开眼笑，褒奖郭孝恪说："功立威行，不负重托。"

贞观十八年十月十四日，李世民诏命司空房玄龄留守长安，右卫大将军、工部尚书李大亮做副留守，御驾离开京城，统率三军从长安城东面的春明门出发。

李世民检阅了大、小三军，进行战前动员，然后敕令各种类别的军马以及新罗王国军、百济王国军、奚部落军、契丹部落军，分道出击，向高丽王国发起进攻。先行出发的李勣军，很快到达了离洛阳一千六百里的幽州。

李世民的车驾进抵离幽州四百里的定州，传令三军休整数日。他看见患病的士卒，便召到御榻前安抚慰问，交付给州县进行治疗，无人不受感动。有些姓名没有列入东征军簿籍的人，自愿以私人装备从军，动辄一千多人，上书乞请说："我们不求得到皇上的封爵赏赐，只愿为国效忠，死而无憾。"李世民怕影响后方的农事和社会秩序，竭力解劝阻止。

这时，李勣军离开营州治所柳城，大张声势，佯装要穿过怀远镇，主力却秘密向正北行进，直指甬道，出乎高丽的意料。跨进夏季，唐军从通定渡过辽河，挺进到玄菟。

唐太宗李世民传

高丽王国像碰上了横扫一切的飓风，只觉得天旋地转，所有城池都紧急关闭城门，严令死守。辽东道副大总管、江夏王李道宗率数千人马抵达新城，折冲都尉曹三良引十余骑直压城门。城中引起了骚乱，却没有人敢出来应战。张俭带领胡族部落军做前锋，也渡过了辽水，袭击建安城，攻其不备，大败高丽军。

李世民从幽州出发时，把军需粮草、物资器械和文书簿录等全都交给岑文本管理。岑文本夙兴夜寐，勤勉不怠，亲自料理调度，算盘笔墨从不离手，心力耗竭，以致言谈举止都跟平常大不一样了。

李世民分外担忧，对左右侍臣说："岑卿操劳过度，与我同时启程，只怕难与我一起返回。"当天，岑文本暴病身亡。

夜晚，军中传来击鼓声。李世民悲怆地说："文本不幸累死了，鼓声就像一下一下敲击着我伤痛的心坎，叫他们停止吧。"当时右庶子许敬宗正在定州，和高士廉等共掌机要事务。李世民急召他前来，任命他以本官检校中书侍郎，接管岑文本的公务。许敬宗跟岑文本相反，层层划分任务，明确职责，本人只督促检查，游刃有余。李世民十分赏识其才学与精干，却没有重用。直到高宗朝，他年过花甲，依附武则天，才坐上相位，执掌政权，扬眉吐气，寿终正寝。

李勣和李道宗联合攻打盖牟城，亲临城下督战，将士冒着矢石用云梯登上城墙，以摧枯拉朽之势攻陷了城池，俘虏二万余人，获取粮食十多万担。

张亮的水师从东莱北上，由黄海驶入渤海海峡，袭击卑沙城。该城面临大海，周遭悬崖绝壁，只有西门可以攀登。右骁卫将军程名振领军于夜间摸到西门，副总管王大度先行登城，一鼓作气攻破，俘虏男女八千口。张亮分遣总管丘孝忠等进抵鸭绿江阅兵，炫耀军威。

李世民御驾抵达辽泽，进入宽阔二百余里的泥沼地带，人马无法通行。将作大匠阎立德指挥用茅草和布匹铺在泥泞下架桥，运干土垫道，军马没有受阻，穿过了辽泽，继续向东进军。

李勣军南下到辽东。高丽遣四万步骑援救辽东，李道宗准备以四千骑军截击敌军。

将士们有些怯战，畏畏缩缩地说："双方兵力悬殊太大，不如挖深壕沟，增高营垒，等候随皇上同行的大军到来。"

"敌人仗恃人多，"李道宗力排众议，"有轻视我们之心。兵法说，骄兵必败。而且他们远道赶来，不免疲顿，我军以一当十，可以击溃他们。"

"万一失利，怎么办？"

"失利不失利，都得打。"李道宗斩钉截铁地说，"我们作为前锋，自当扫清通道，躬迎圣驾，怎么能把敌人留给君王？"

李勣权衡利弊，赞同李道宗的意见。

果毅都尉马文举挺起胸脯说："不碰上强劲的对手，硬碰硬，如何能显示壮士的勇敢？"他讨了将令，一抖征裙，跨上战马，直冲敌军阵地。刹那间，喊杀声震天动地，刀枪撞击出千万朵耀眼的火花，两军展开了激烈的厮杀。

高丽军也打得很顽强，有进无退。他们利用人多的优势，四面出击。行军总管张君义挡不住敌军的冲杀，节节后退。

李道宗提枪上马，高举帅旗，把冲散的兵马召唤拢来。他登上高处观望，发现西北角敌军阵营混乱，即率数十员骁骑杀进敌阵，左冲右突，奋勇砍杀。李勣亲自出马，投入后备人马支援李道宗，形成内外合击之势，战败高丽军。

逢山开路，遇水架桥。李世民御驾渡过辽河，拆毁桥梁，以破釜沉舟的态势激励三军将士一往无前，不打胜仗不生还，不顾一切干到底。唐军在马首山扎营，李世民慰劳三军将士，重赏李道宗，越级擢升马文举做中郎将，斩张君义。

李勣情绪很高，奏请道："陛下亲临一线，鼓舞人心，士气都调动起来了。臣准备调集军马，强攻辽东。"

"好！"李世民扬起一边眉毛，"赶快行动，部署完毕就发起猛攻，朕亲自给你观阵。"

辽东守军不敢迎战，龟缩在城内死守。唐军围住城池，取土填塞护城河。李世民由尉迟敬德、秦叔宝、程咬金和数名"百骑"护驾，亲临城下，他见一士卒背负泥土过重，便从他背上提出一些放到自己的马上。

程咬金和随行人员跟着抢运泥土，群情激奋，争先恐后，来回飞奔，形成了一种热火朝天的热烈氛围。

"尉迟兄，快看，火烧鬼图表现，只想得到皇上的夸奖。"秦叔宝拉了拉尉迟敬德。

"他背了两草袋泥土，腰都压弯了。"尉迟敬德回复道。

程咬金扭过头来："煤炭鬼，你们在叽叽呱呱说些什么？依俺看，说得好不如干得好。"

"你说得不好，干得也不好，明明是呆子担重担。人家来回搬运了六趟，你三趟还没走完。"

"俺是第四趟。"程咬金气哼哼地说，"别埋没俺的功劳。"

尉迟敬德和秦叔宝一人从他肩上取下一袋泥土："皇上快累垮啦，

你去帮他去。"

李勣趁热打铁，下令昼夜不停地强攻四门，连续攻了十二天没有攻下来。李世民亲率精卒合围，把辽东城紧紧包围了百十层。战鼓声、呐喊声，惊心动魄，震撼山岳，直冲云霄。

南风陡起，"呜呜呜"嘶叫，刮得飞沙走石。李世民即命勇士爬上冲竿的顶端，趁着大风纵火焚烧西南城楼。火仗风势，风助火威，大火很快蔓延到了城内。高丽军民手忙脚乱救火，唐军乘乱攀登。尉迟敬德、秦叔宝、程咬金带着雷云吉和雷云兆兄弟登上城头，砍倒守将。

唐军将士蜂拥而上，密如蚁群一般布满了城墙。高丽军在顽抗中败退下去。雷氏兄弟从马道跑下城楼，打开城门，迎接大军进城。辽东城陷落，唐军阵斩高丽军一万余人，俘虏将士一万余人以及平民四万多人。

李世民进城，重赏尉迟敬德、秦叔宝、程咬金、雷氏兄弟等三军将士，在辽东城设置辽州。

唐军攻打白岩城，右卫大将军李思摩中箭，李世民亲自给他吸出瘀血。将士们激动得高呼万岁，热血沸腾。乌骨城派出一万多兵马救援白岩，右骁卫大将军契苾何力率八百骁骑阻击。他带头杀入敌阵，腰部被长矛刺中，险些坠落马下。薛万彻之弟、尚辇奉御薛万备单枪匹马杀入敌阵抢救，从千军万马中救出了契苾何力。

契苾何力包扎好伤口，按捺不住怒火，愤然跃上马背，奔上战场，和薛万备一起带领随从的骑卒奋勇进击，击溃高丽援军，追杀几十里，直到天黑才鸣金收兵。

李勣乘胜从西南面进攻白岩城，李世民带着尉迟敬德、秦叔宝和程咬金赶赴城西北观战，激励将士。

城主孙代音见唐军来势凶猛，动了真格的，吓得灵魂出窍，浑身哆嗦，遣心腹到唐营请求投降，约定唐军临近城池，投下刀斧作信号，并且说："城主愿意投降，但也有人不肯，阻力不小。请相信孙城主，别错过时机。"

"你们当真投降的话，就把它插到城楼上。"李世民把唐军的旗帜交给来使。孙代音如约照办，城中守军以为唐军已经登城，跟随孙代音一起投降了唐军。

唐军攻陷辽东时，白岩城曾请求投降，中途又变了卦。李世民恼怒他们反复无常，咬牙切齿地说："攻破城池，男女老幼和财产，全都分赏给将士们。"

现在孙代音再次请降，李世民又接受了。李勣带着数十员将领来到御帐，奏请说："将士们之所以冒着乱箭飞石，不顾死活，正是贪图抢夺男女和金银财宝。而今城池唾手可得，为什么还要接受他们投降，使众人失望？"

"将军所言属实。"李世民抱歉地说，"不过，放纵士卒抢劫，掳掠他们的妻室儿女，朕于心不忍。将军手下立功的将士，朕用国库里的东西赏赐。希望因为将军的饶恕，拯救一城的生灵。"

"皇上处处以天下苍生为念，委实感天动地。"李勣等将帅退回去了。唐军收降白岩城，共得城中男女一万多人。李世民靠水边设立御帐，举行受降仪式，仍然赐给他们饮食，八十岁以上的老人还多少不等赐给绢帛。其他城池派到白岩城协防的军马，李世民也加以抚慰，供给粮草，去留听便。

先前辽东城长史被部下杀死，侍从护送其妻小投奔白岩城。李世民怜悯侍从讲义气，赐帛五匹，并造灵车载运长史的尸体，让他们送回平壤。

唐朝在白岩城设置岩州，任命孙代音做刺史。契苾何力伤势严重，李世民亲自给他敷药疗伤。后来他查出了刺伤契苾何力的高突勃，交付给契苾何力处死。

契苾何力从病床上坐起来，平心静气地说："他为他的国家，冒犯刀锋作战，刺伤了我，乃忠勇之士也。我与他素不相识，没有私人冤仇。请求皇上放了他，饶他一命。"

"何力呀何力，襟怀恢宏，豁达大度，真是好汉气概！"李世民竖起了大拇指。

"值得学习，不错，好样的。"程咬金跟着竖起了大拇指。

"废话。"尉迟敬德操着调侃的语调说，"皇上奖谕过了，你的话还有什么作用？"

"说明皇上赞扬何力符合实际，也代表了俺的心声。"

"又是废话。"

"煤炭鬼，你今天怎么老和俺过不去，俺又没有得罪你。"

"我看不惯你献殷勤的样子，迎合皇上的心意说话，逗皇上开心，讨皇上喜欢。"

"皇上骂俺最多，却从来不责备你，处处袒护你。不信，可以问皇上，看他最器重谁，谁是他的爱将？"

"你们都是朕的爱将，一个都不能少。"李世民脸上闪现出舒展的笑容，"朕离不开你们，你们也离不开朕。"

李勣攻下盖牟城，俘虏了盖苏文从加尸城调来驻防的七百民军。他们自愿跟随唐军效力。

李世民反复想了想，摇着头说："你们的家都在加尸城，假如帮我军作战，盖苏文会处死你们的家人。得一人而毁其一家，违背了仁义道德。"即命送给他们口粮，一律放归。唐朝在盖牟城设置盖州。

唐军耀武扬威，一路顺风，节节胜利，不断向纵深推进。李世民从辽东南下，进抵安市城下，挥军攻城。高丽北部傉萨高延寿、高惠真率领高丽和靺鞨十五万兵马救援安市。

李世民连夜把各军将帅召进御营，秘密谋划。由李勣率领一万五千步骑在西岭布阵，正面拒敌。长孙无忌率领一万一千精锐，出奇兵从山北穿越峡谷，冲击高丽军的后营。

李世民带着尉迟敬德、秦叔宝和程咬金率领四千步骑，携带战鼓号角，藏起旗帜，登上北山，现场指挥。吩咐各路人马，听到战鼓号角声起，一齐发动攻击。

李世民精神焕发，神采飞扬，他对自己的军事才干和神机妙算非常自信，翘起的髭须抖动着，龙目闪耀着光彩，显示出挥手目送风云的必胜姿态。他命许敬宗、雷云吉、雷云兆和军政司的官员在行宫朝堂旁边搭建牌楼，支起帐篷，准备举行受降仪式。

高延寿发现李勣构筑阵地，紧急勒令兵马备战，迎战唐军。李世民怀抱令旗令箭，立定山头，纵目远望，望见长孙无忌军队扬起了尘土，即命擂动战鼓，吹响号角，竖起大旗。各路人马跟着鼓噪呐喊，以迅雷不及掩耳之势同时展开进攻。

高延寿张皇失措，打算分兵拒敌，可是阵营已乱，调度失灵。唐军猛冲猛打，高丽兵奋勇抵抗。两军拼杀了一气，杀得烟尘四起，飞沙走石。

北山战鼓齐鸣，号角愈吹愈响。李勣从西岭直冲而下，追杀败兵。绕到敌军后方的长孙无忌军队挡住了高延寿的退路。李勣军队与左右冲杀出来的唐军相互呼应，冒雨进击，围剿高丽兵马。高丽军大败，阵亡二万余人。

高延寿和高惠真拖着残部溃退三十里，靠山扎营，固守不战。李世民调集各路军马围住山岭。长孙无忌奉命拆毁所有桥梁，截断通道，以断绝其归路。

高延寿、高惠真万般无奈，率部众三万六千八百人乞请投降。二人进入唐军营门，跪地膝行到御座前，磕头请罪。李世民不屑地睥睨了对方一眼，揶揄地说道："你们这些东夷小子，年幼无知，在海滨横行霸道，倒也威风。至于摧毁坚固的堡垒，战场上一决雌雄，当然不如老年人咯。嘿，今后还敢与大唐天子较量吗？"

"不敢，不敢。"高延寿和高惠真匍匐地面，全身瑟瑟发抖。

李世民挑出傉萨以下酋长三千五百人，授予军职，将他们迁居内地。其他官兵全部释放，让他们返回平壤。高丽将士一齐双膝跪下，叩头谢恩，呼喊万岁的声浪远传好几里。

李世民深恨靺鞨参战，对生擒的三千三百名靺鞨将士，统统坑杀。安市歼灭战，总共获得五万匹战马、五万头牛、一万件铠甲以及上万种军用器械。

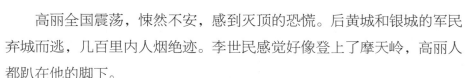
高丽全国震荡，悚然不安，感到灭顶的恐慌。后黄城和银城的军民弃城而逃，几百里内人烟绝迹。李世民感觉好像登上了摩天岭，高丽人都趴在他的脚下。

唐太宗陶醉了，沾沾自喜，不可一世，飘飘然，欣喜若狂，用驿马传送文书通告太子。又写信给高士廉等人："朕做将军，带兵打仗，怎么样？"把驻扎过御营的那座山改名叫作驻跸山。命令在阵亡将士的尸体上标注姓名，以便班师时运带回去。任命高延寿当鸿胪卿，高惠真当司农卿。

秋天到了，李世民将御营迁到安市城东岭驻跸。唐军攻城与野战，屡战屡胜，打出了威风。深入敌境，安营扎寨，从不构筑堡垒，也不挖掘壕沟，只大量派出斥候，侦探敌军动静。即令逼近城池，高丽畏惧唐军，都不敢出城反击。

唐军攻克白岩城时，李道宗跟李勣商议说："我听说安市地势险要，城池坚固，守军精锐，城主杨万春勇略兼备，深得人心。盖苏文政变，他拒不承认，盖苏文强攻不下，只得让他占据安市。而建安城兵弱粮少，如果出其不意突然袭击，必能攻克。攻下建安，等于把安市吞进了肚里，正符合《孙子兵法》所说的'城有所不攻'的道理。"

"建安在南，安市在北，"李勣提出了异议，"我方军需粮草在东北的辽东。越过安市去打建安，倘若敌军切断粮道，那可就麻烦啦。不如先攻下安市，一鼓作气便可轻取建安。"

略显疲惫的李世民未加深思，把脸偏向李勣，含蓄地说："你是统兵主帅，怎么能不尊重你的谋略，只要不耽误我的军机大事就行啦。"

安市守军望见大唐天子的伞盖，在城墙上跳起脚来击鼓诟骂。李世民气得五官挪位。李勣脸色一阵红一阵白，额头上青筋暴起，咬着牙说："攻下城池，男女老少全部坑杀！"

安市军民更坚定了守城的决心，顽强抗拒。唐军久攻不下，高延寿和高惠真向李世民建议说："我们既然把性命都托付给了大唐，不敢不献出诚心，促成陛下早成大功，好与妻儿老小团聚。"

"有话尽管说。"李世民停止了踱步，坐了下来。

"安市人顾惜家庭，人人誓死守卫城池，不容易立马攻克。"

"粮草供应愈来愈困难，必须速战速决呀。"

"我等曾经率领高丽兵十多万，碰到唐军的旌旗即遭溃败，高丽闻风丧胆。乌骨城城主老迈昏庸，很难坚守。如果大军转移目标，抽调主力指向乌骨，早晨到达，晚上即可攻克。沿途剩下来的一些小城小邑，必定望风瓦解。然后广收其军资粮秣，擂动战鼓乘胜进击，平壤绝对守不住。"

"陛下，张亮的人马在卑沙城，下令调动，两天即可抵达。趁高丽慌乱之际，合力拿下乌骨城。然后渡过鸭绿江，直捣平壤，如秋风扫落叶一般，可以大获全胜。"

李道宗补充完善了高延寿和高惠真的计谋，李世民也动了心。分兵攻打乌骨城与先取建安的谋略大同小异，都是想出奇兵取胜。

长孙无忌独自斟酌了一番，抬起头来，反对说："天子御驾亲征，跟普通将领征战不同，不可以侥幸冒险。而今建安、新城的敌兵仍有十万之众，我们移师乌骨城，就怕他们抄袭后路。倒不如先攻下安市，取得建安，再长驱直入，才是万全之策。"

听了长孙无忌的话，李世民犹豫了。这时的唐太宗，已经失去了早年做秦王时纵横天下的气魄，复杂的谨慎心占了上风。他听从了长孙无忌的"万全之策"，放弃了分兵攻打乌骨城、奇袭平壤的方略，继续强攻安市城。

围城日久，城里的烟火逐渐减少了。李世民在城下巡视，听到城内有猪和鸡的叫声。他从坐骑上偏过头去对李勣说："他们宰杀禽畜，定是犒劳将士，准备夜晚偷袭，要严密防范。"

李勣骑马返回中军帐，刻不容缓地作了部署，传令三军加强戒备。当夜，果然有数百名高丽兵从城墙上缒下来。唐军紧急集合，围住剿杀，斩数十人。其余的高丽兵逃回了城中。

江夏王李道宗督促将士在安市东南角堆筑土山，愈来愈逼近城墙。安市的守军也不断增高城墙相对抗。唐军轮番出击，每天会战六七次。闯车和石炮投射出去的石头撞开城垛，守军随即竖立木栅栏堵塞缺口。李道宗扭伤了脚，李世民亲自给他针灸。唐军昼夜不停地堆土筑山，花了六十天，五十万人次。土山顶相距城墙仅隔几丈远，站在土山顶上可以向下俯瞰城中的动静，一览无遗。李道宗命果毅都尉傅伏爱率军驻扎在山顶，提防敌军突然袭击。土山霍然坍塌，压向城墙，城墙跟着崩倒。就在间不容发的关键时刻，正赶上傅伏爱私自离开了营所。唐军无人指挥，乱哄哄跑散了。几百名高丽将士抢先从缺口杀出，夺下土山，挖掘沟堑，反客为主，反过来攻击唐军，反败为胜。

李世民气得头发直竖，将傅伏爱斩首示众，传令诸将带兵发起猛攻。攻了三天三夜，没有攻下。李道宗打着赤脚到御营纛旗下低头请罪。李世民矛盾的心情像一条毒蛇咬啮着他的脏腑，惋惜、同情、烦躁、无可奈何，恰似打翻了的五味瓶子，酸甜咸苦辣一齐涌了出来。

"你的罪状本该处死，但是朕想到汉武帝杀死大将王恢，倒不如秦穆公二次重用孟明，又念你攻破盖牟和辽东立了功劳，所以特别赦免。"

"谢皇上不杀之恩。"李道宗跪下磕头。

"你下去吧，让我清静清静。"李世民脸上露出疲乏的样子，一手托着下巴，歪在御座上。心情像是下沉的石头，感到无限失望。

辽河流域属于湿润和半湿润的季风气候，冬冷夏暖，雨季集中在六七月间，八九月至次年二三月是寒冻期。尉迟敬德和秦叔宝发觉辽东一带早寒，草木枯黄，河水结冰，士卒马匹都不宜久留，而且粮草快要吃光了。二位大将略一提示，立刻引起了李世民的警觉，不得不于九月十八日下令班师。

朝鲜半岛三国之间的内部纷争，唐朝大可不必介入。唐太宗一意孤行，御驾亲征高丽王国，最终失败。李世民兴师动众，主要原因不外乎步入老境以后，走上了好大喜功、扬威异域的道路，把大臣的苦谏都当作耳旁风，主观臆断，一意孤行，执意在有生之年偿此东征的夙愿。

亲征失败，李世民悲天悯人，思绪万千，不禁想起了贞观十六年君臣问对时，魏徵的一席肺腑之言："陛下圣德微妙高远，居安思危，伏愿陛下能够经常控制自己，以保全坚持到最后的美名，那么千秋万代都能得到好处。"

李世民深感惭愧，懊恼不已，既悔恨自己放弃了求谏致治，又责怪臣工以曲相谀悦代替了直言规谏。可是又不便发泄牢骚，也不愿意公开认错，于是以委婉的音调绕着圈子叹息说："哎，要是魏徵还在世的话，无论如何也会进行阻拦，不让朕御驾亲征。"

长孙无忌感到脸上无光，垂下了双肩，默不作声。

唐太宗李世民传

李世民睨视了他一眼，解释说："朕的感想，纯粹发自内心，主要是针对自己说的，也可以说是对国家大计的一番反思。位居尊极的天子拥有绝对的权力，却并非绝对正确。智者千虑，必有一失。人君离不开忠良辅弼，离不开臣下的匡正。"

"兴师征辽，臣与褚遂良一谏再谏，皇上就是听不进耳。"长孙无忌有些不服气，又想洗清自己。

"你们的话，软弱无力，说理不充分，远不如魏徵深谋远虑，据理力争，切中要害。他呀，雅有经国之才，性情耿直，无所屈挠，品格高尚，身正而心劲，上不负人主，下不阿权贵，中不移亲族，外不结朋党，不以逢时改节，不以图位卖忠。"

"我朝谏臣济济，其中最杰出的当推魏徵。"李道宗附和说。

"对。魏徵不愧为直臣、良臣，而且也是一位大大的忠臣。我们不应该无端地猜疑他、贬低他，或者攻其一点，不及其余。而要凭事实说话，肯定他的功劳和政绩，恢复其本来面貌，把他的良好形象牢固树立起来。"

李世民命令李道宗乘驿马昼夜兼程前往魏徵墓地，用少牢祭祀，重新竖立以前推倒毁坏的墓碑。征召其妻子儿女到行宫，予以抚慰赏赐。

# 一代英主长眠昭陵

　　大军返回营州，唐太宗下诏收集辽东征战阵亡将士的尸骨，安葬在柳城东南，用太牢祭奠。李世民亲撰诔文哀悼亡灵，痛哭流涕。

　　死者的家人听到传闻，纷纷表示："儿子战死辽东，天子亲自哭祭，还有什么遗恨？"

　　年轻时屡战屡胜的常胜将军，竟以最后一次征战失败来结束自己的戎马生涯。虽然在战场上并没有吃败仗，但是损失惨重，劳民伤财，用血的代价换来的却是无限的伤感和遗憾。

　　"太子亲自来迎接圣驾，快要到了。"长孙无忌奏报说。

　　"朕正想早点见到他，我们一起走吧。"

　　李世民和长孙无忌奔入临渝关，在中途与李治相遇。李世民从定州出发时，曾指着身上穿的褐色长袍对李治说："等到再见面时，我才换下它。"

　　在辽东，即令盛夏酷暑，汗流浃背，李世民也没有更换。到了秋冬，长袍既破又脏，穿着漏风，秦叔宝和程咬金请求他换掉。

李世民不肯："将士们一身破烂，唯独我穿新衣，行吗？"

"儿臣已给三军将士备好了寒衣，"李治奏报说，"到幽州都可以换上新的。"

"那朕就到幽州跟将士们一起更换。"

"父皇必须先换。"李治强调说，"归化唐朝的高丽人，都在幽州等着你咧。"

唐军所俘虏的高丽百姓一万四千多人，先集中在幽州，准备分别赏赐给将士们做奴仆婢女。李世民怜悯他们父子夫妻离散，诏令有关官署按照他们的性别、年龄和体质等评估价格，由国库拿出银钱、谷米或布帛赎为平民。

高丽人谢恩的声浪经久不息，持续了三天之久。李世民御驾抵达幽州，高丽人在城东欢迎，焚香跪拜，舞蹈欢呼，扬起的尘土弥漫开来，像浓密的雾霭一样遮掩了半边天。

从定州出发时，李世民由于劳累过度，身上长了痈，靠不得背，无法安眠，非常痛苦。不能骑马，只得乘坐软轿缓行。到达并州时，李治用嘴给父皇吸脓，扶着轿子步行护送。数日后，李世民痊愈，文武百官跟着松了一口气，十分欣幸。

李世民得知薛延陀汗国南下侵扰河套等地，决计留下秦叔宝、程咬金和尉迟敬德对边防进行部署。侍中刘洎留在定州辅佐太子，仍兼任左庶子、检校户部尚书，总理吏、礼、户三部尚书事。

李世民的病体并没有完全康复，打算安静休养，朝中军国大事一并交付皇太子李治裁决。李治每隔一天便在东宫显德殿处理政务，事毕即到大内甘露殿来陪伴父皇，嘘寒问暖，不离左右。即使李世民要他出去走动一下，也不愿意走开。

李世民只好在寝殿旁边另辟一个院落，让李治居住。可是，他哪能猜透太子的心思，李治守着甘露殿不肯离开，一半无疑是尽忠尽孝，还有一半却是因为惦记着唐太宗的一个妃子·武媚娘。

唐太宗李世民传

一天凌晨，李世民感染了恶性痢疾，上呕下泻，病势急转直下。他一下子模样大变，瘦削得落了形，眼窝凹下去了，腮帮子塌下去了，颧骨和眉棱骨凸现出来，脸上泛出可怕的青灰色，皱纹像工匠新近雕刻过的一样，显得又深又清晰。

含风殿顿时紧张起来，空气沉闷得令人窒息。寝殿内飘散出来的汤药味，与除臭的安息香混合成刺鼻的怪异气息，熏得人迷迷糊糊。太子治昼夜守在父皇身旁，甚至不进饮食，急白了好些头发。李世民又欣慰又悲伤，双眼噙着泪花，袭过阵阵揪心的沉痛与伤感情调。

"你很孝顺，充满爱心，我虽然一死，也没有遗憾啦。"

好汉只怕病来磨，旷世英雄在疾病缠身的时候，意志也变得相当的脆弱。忧悒在李世民身上激起的已经不是眼泪，而是愁眉锁眼的沮丧。御医在药房配药熬汤，由武媚娘端来汤药交给太子，太子小心翼翼地喂给李世民服下。

宫女们已经心慌意乱，手足无措，坐立不安，她们都害怕皇上驾崩，然而又无精打采，悲观失望，万念俱灰。李世民遗言，凡受过宠幸而未生育的妃嫔宫女，一律入庵受戒做尼姑，替他祈祷冥福。

皇天不负有心人。长孙无忌下山找崔敦礼去了，李世民命他带着天竺僧赶到翠微宫来进献长生药。黄昏时分，李世民服下汤药后，静静地睡着了，鼾声均匀，没有什么异常的反应。

太子总算松了一口气，武媚娘陪伴他走到一片树林下，停了下来。傍晚的风光恬美而幽静，尖峰上空五彩炫目的云霞给山坳和谷涧抹上了一层绚丽的色调。

南望终南群峰，如翠屏环列，似芙蓉插云；北望秦川，莽莽苍苍，壮丽山河，尽收眼底。西天逐渐暗淡，最后的微明与降临的薄暗交织成模糊一团，什么都看不真切，捉摸不定了。

松柏蓊郁，泉水叮咚，别具情趣。空气清新，小虫在草丛里鸣唱，归鸦聒噪地飞叫着。远处的悬崖峭壁，绕着一条紫蓝的光带，暮霭在那里腾挪、飘荡。

崔敦礼和天竺僧那罗迩娑婆寐随同长孙无忌赁夜赶上山，李世民从病榻上坐起来，召见了他们。

天竺僧经过近一年的反复烧炼，用奇药异石炼出了"祛病延年"的丹药。李世民喜不自禁，表示病好以后一定重赏。那罗迩娑婆寐乐得嘴角咧到了耳朵旁，伺候李世民服下了丹药。

隔了一阵，李世民开始感到肚内像火一样焚烧，热得大汗淋漓；继而又像发疟疾一样感到冷彻骨髓，四肢冰凉。病情急剧恶化，御医束手无策。

五月二十四日，李世民进入了弥留状态，酷似油灯熄灭前闪闪烁烁，然而意识相当清醒。他不想死，惧怕死，谁都知道人死不能复生。太子懦弱，使他放心不下。高丽还没有打下来，非把它制服不可。还有许多未竟之志，他雄心不灭，决计把贞观之治推向更加辉煌的明天。天不假年，痛心疾首。他觉得死神在向他步步逼近，强打起精神单独召见了长孙无忌。

长孙无忌跪倒御榻跟前，李世民示意他坐拢来，伸手摸着他的脑袋，泣不成声。长孙无忌百感交集，心潮翻滚，回想起少年时代的友谊、长期相处的美好情景以及人生意气和君臣大义，眼泪扑簌簌地成串滚下，哭得哽咽难言，悲痛欲绝。

君臣二人都无法抑制激动，煞似做梦一样，思绪混乱，心里涌起了千言万语，可是一句也说不出来。悲痛不已的李世民挥了挥无力的手，让长孙无忌退了出去。

隔了一天，二十六日，李世民回光返照，急召长孙无忌和中书令褚遂良至含风殿托孤。

"现在，朕将后事全都托付给你们。太子仁慈孝顺，你们都了解，希望好好辅佐他成为一代守成天子。"

殿内的空气仿佛凝固了一样，布满了死亡的气氛。殿外很少有人走动，静悄悄地待在原地长吁短叹，好些感情脆弱的人连眼圈都红了，甚至流出了泪水。

李世民的目光转到太子身上，带着鼓励的口气安慰说："只要有无忌和遂良在你身旁，大唐的江山就没有忧虑。"

"儿臣谨记父皇的圣谕。"

李治连连点头，继续跪在御榻侧边。李世民的呼吸艰难异样，让内侍扶起他，靠到垫高的枕头上，喘息了一下，又对褚遂良补充说："无忌跟朕风雨同舟，忠贞不渝，我能登上帝座，他有不可磨灭的功劳。朕死以后，要竭力防止小人进谗言，挑拨离间他们的君臣关系。"

"臣遵旨。"褚遂良就地跪了下来，"一定和赵公同心同德，辅佐太子继承大统，肝脑涂地，永不叛心。"

李世民又用眼光把李治和长孙无忌召拢来："今后你们虽为君臣，但不可忘记又是甥舅。娘亲舅大，雉奴离不开舅舅的扶持。无忌要忠心辅主，把我们共同开创的贞观之治发扬光大。"

太子治柔肠百转，涕泪交流，呜呜咽咽哭个不停。李世民伸出一只手，搁到他的肩上，语重心长地告诫说："接管朝廷，治理天下，朕的体验是，虚己求谏，则功业兴隆。然而忠言逆耳，并不那么顺心遂意。一旦言路闭塞，任情恣性，必然走上穷途末路，导致国破家亡。"

"儿臣牢记在心，一定慎之又慎。"

"任贤纳谏，是成败得失的关键，也是朕的最后遗言。"

李世民喉咙管呼噜呼噜地响，极不舒服地扭歪了脸，示意大小杨妃抽出垫高的枕头，把他放平躺下，令褚遂良草拟遗诏。

默认遗诏后，李世民有气无力地合上了眼睛，像是睡着了一样永远地睡过去了。誉满九州内外的明君、天可汗，走完了人生的历程，走进了历史，享年五十二岁。

"呜呜，皇上驾崩啦！"

听到御医和内侍撕心裂肺般的哭喊声，太子治惊骇得如五雷轰顶，抱住舅父长孙无忌的脖子失声哀号，几乎昏厥。长孙无忌拭去眼泪，敦请太子立即接管朝廷，安抚内外。太子悲伤得如万箭钻心，不能自持，止不住痛哭。

长孙无忌眉峰一耸，正色道："皇上将宗庙社稷交付给殿下，殿下怎么能跟常人一样，只会哭泣？"

褚遂良等替李治擦掉泪痕，扶着他坐下来。他们商议了一通，决计封锁李世民薨逝的消息，秘不发丧。李世民的遗体用兰汤洗抹干净，又照样仰放在御榻上，由李治和长孙无忌、褚遂良等大臣守灵。

次日，长孙无忌等人请求太子先行返回京师长安。飞骑、精锐禁卫和保驾将军，俨然临阵一般全身披挂，护送车驾从太和谷翠微宫启程。途中，又增加了持戟佩剑的六府将士四千名，排列成方阵，护卫太子。太子进入京师，大行皇帝的遗体依旧使用他的御驾，卤簿仪仗都跟平时一样，紧随其后进城，停放在两仪殿。

接着以李世民的名义颁发诏书，擢升太子左庶子于志宁做侍中，少詹事张行成兼侍中，右庶子、检校刑部尚书兼吏部侍郎高季辅代理中书令。

二十九日，以太极宫正衙太极殿做殡馆。殿内悬挂黄龙锦帐，外披白绫围幔，梓宫停放在当中。灵前设置铺着黄缎绣龙褥子的花梨木宝榻。宝榻前面设花梨木供案，上置银香鼎、烛台和花瓶。供案前排开三个花梨木香几，中间的几上放置着银烛檠羊角灯，两旁分设莲花瓶案和谥册宝印案，以及早、晚膳案和供果案。殿门外陈设仪仗器物，左侧置金缎绣龙的引幡。

安置完后，正式发布李世民驾崩的噩耗。宣读遗诏：太子李治即皇帝位。军国大事，不可停顿。朝廷日常事务，委托有关官署衙门处理。取消远征辽东及规划中的土木工程项目。

王公大臣身穿孝服，步入太极门，进殿瞻仰大行皇帝的遗容，随同嗣皇帝李治行大殓礼。诸王在外地担任都督、刺史的，允许前来奔丧。但濮王李泰例外。

四外各国和少数民族在朝做官的，以及前来朝廷进贡的国家和部落的首领或使节，好几百人，闻听天可汗山陵崩，心如刀绞的疼痛，难过得肝胆欲裂，哭得天愁地惨。

唐太宗李世民传

六月，李治正式登极称帝，大赦天下。敕命长孙无忌为太尉、检校中书令，并掌管尚书、门下二省事。长孙无忌固辞尚书省事，李治准许，仍命他以太尉身份兼任同中书门下三品。下诏擢升叠州都督李勣做特进、检校洛州刺史兼洛阳宫留守。

举国为李世民服丧期间，正当夏末秋初，烈日猛照，长安城浑若烧红了的砖窑一般，暑气蒸腾，热浪滚滚。然而人们仿佛觉得天际低垂着沉重的铅灰色浓云，昏昏蒙蒙，迷离恍惚。贞观之治已经过去，往后将是一个什么样子，是由大治走向大乱，还是承前启后，开创更加流光溢彩的美好前景？

八月十八日，举行太宗文皇帝李世民大葬典礼。出殡时，军民臣等排列沿途送葬，万人空巷，规模空前。路上还设有祭坛，由王公、功臣、大臣、僧道和乡绅致祭。

最后，梓宫抬到昭陵，置放在享殿中。昭陵在礼泉县城东北四十五里的九嵕山上，贞观十年落葬长孙皇后时开始营建，至李世民葬下为止，历时十三年。

昭陵选取凿山建陵的法子，修筑在主峰。昭陵南面与终南山诸峰、太白山诸峰隔着关中平原遥相对峙，渭水环绕于陵山之前，泾水萦回于陵山之后，地势开阔而又险峻挺拔。

陵园以垣墙围绕，周匝一百二十里，封域面积三十万亩。四隅建角楼，东南西北开四门。园内广植苍松翠柏和长杨巨槐，林木参天，称作"柏城"。

玄宫在半山腰南麓因山凿石而成，前后置石门五座。依山势傍靠石崖架梁修栈道，悬绝百仞。盘山二百余步，始可抵达玄宫正门。陵内设东西厢房，并列置石函，内装珍贵殉葬品。供冥主灵魂游乐的神游殿，建在玄宫顶门内。

山下正南面是朱雀门，进入门阙，通过长长的甬道，便到了庄严肃穆的南大殿献殿。它建在陵前，供上陵谒拜或举行祭献典礼之用。在山下离开陵墓的南方偏西约十里处，建筑下宫，作为冥主灵魂饮食起居的生活寝宫。

李世民在初建寝陵时，曾经诏示"功臣密戚"以及"德业佐时者"陪葬昭陵，坟墓依文武分成左右。以后又允许臣僚申请陪葬，子孙从父祖而葬。

昭陵居高临下，列侍两厢的陪葬墓像众星拱月似的，拱卫着一代明君、天可汗的陵寝。银红的曙光与斑斓的晨霭交融在一起，点染山山水水。一抹金晖正自温馨地抚摸着崇山的尖峰。

苍鹰在山腰盘旋，鸟雀的啼鸣愈来愈高扬起来。细软如纱的烟流飘飘袅袅，悠悠然舒徐漫卷。明霞赛如火花般喷涌，一片铬黄，一片青紫，斑驳陆离，变化多姿，颜色自浓而淡，与天壁镶大理石纹缕般的云海相互映衬，夹带着几许玄秘，几许怅惘，几许峥嵘，仿佛幻成了一帧意象悠远而空灵的雕版画。

唐太宗李世民传

# 附：唐太宗李世民大事年表

隋开皇十九年（公元599年），李世民出生于武功。

隋大业十一年（公元615年），隋炀帝被突厥始毕可汗率兵围困在雁门，年仅十六岁的李世民应募勤王，崭露头角。

大业十三年（公元617年），李渊被任命为太原留守，李世民随从来到晋阳（今山西太原）。

大业十三年（公元617年）十一月，李渊在晋阳起兵以后，李世民与其兄李建成分统左、右两军，并肩作战，攻克长安。

武德元年（公元618年），李渊称帝，是为唐高祖。唐朝建立，国号"唐"。李世民以功被拜为尚书令、右武侯大将军，晋封秦王。

武德元年（公元618年）三月，盘踞金城的薛举、薛仁杲父子率部进犯关中，李世民奉命率兵征讨，将其击败。薛仁杲投降后被处死。

武德二年（公元619年）十月，马邑人刘武周叛乱，率众南下，相继打败了李元吉、裴寂等唐将，几乎占领河东全境，关中震动。李世民主动请缨，并率兵三万，东渡黄河，一举击败了刘武周的精锐部队宋金刚部，并收降了骁将尉迟敬德和寻相等。

武德三年（公元620年）四月，李世民麾军北进，歼灭了刘武周，收复了河东全境。七月，李世民率兵挺进中原，势如破竹，相继收复了河南的多数郡县，将王世充围困在洛阳孤城之中。接着，又果断地采取围城打援的作战策略，生擒了窦建德，迫降了王世充，相继平定了隋末以来两个势力最强的集）团。

武德九年（公元626年）六月四日，李世民率秦王府幕僚长孙无忌、尉迟敬德等，在宫城的北面玄武门内，一举杀死了太子李建成和四弟齐王李元吉，这就是"玄武门之变"。

武德九年（公元626年）六月六日，唐高祖下诏将李世民立为太子。

武德九年（公元626年）八月，唐高祖禅位而为太上皇，李世民登上帝位，是为唐太宗。

贞观元年（公元627年）正月初一，改元贞观。

贞观元年（公元627年）正月，唐太宗下制，令今后中书省、门下省以及三品以上官入阁商议国家大事，都要有谏官跟随，遇有不当之处，谏官立刻进谏。

贞观元年（公元627年）正月，唐太宗命吏部尚书长孙无忌等与学士、法官等人重新议定律令。放宽绞刑五十条为砍断脚趾，唐太宗仍嫌这种肉刑太残酷，蜀王法曹参军裴弘献请再改为加役流，徙三千里，居作三年，诏从之。

贞观元年（公元627年）正月，唐天节将军、燕郡王李艺（即罗艺）据泾州反。

贞观元年（公元627年）二月，并省全国的州县，将全国分为十道，即关内道、河南道、河东道、河北道、山南道、陇右道、淮南道、江南道、剑南道、岭南道，废郡为州，故每道各辖若干州。

贞观元年（公元627年）十月，岭南酋长冯盎遣子入朝。

唐太宗李世民传

贞观元年（公元627年）末，吏部侍郎刘林甫奏请以后四时听选，随阙注拟，人以为便。太宗诏命一部分人到洛州参选。太宗说"官在得人，不在员多"。命房玄龄并省中央官员，只留下文武官额六百四十三人。

贞观二年（公元628年），诏各地置义仓。薛延陀首领夷男受唐封为可汗，建汗廷于漠北。

贞观二年（公元628年）三月，大理寺少卿胡演向太宗上报每月囚徒的账目。太宗命令后大辟罪由中书、门下省四品以上官和尚书省议定，以免冤滥。接着又逐个带进囚徒，轮到岐州刺史郑善果时，太宗认为善果虽有罪，官品不低，不应予于囚徒之列。于是，又命以后三品以上官犯罪，不用带进，可在太极宫承天门左右朝堂听判决。

贞观二年（公元628年），关内发生旱灾，百姓缺粮，有许多人卖儿卖女以换取衣粮。四月，太宗诏出御府金帛赎回被卖儿童，交还父母。又因去年久雨，今年又遭受旱灾、蝗灾，大赦天下。

贞观二年（公元628年）四月，突利小可汗派使来唐请求援助。太宗召集大臣讨论，兵部尚书杜如晦请出兵攻突厥。贞观三年（公元629年）十二月，突利小可汗入朝，太宗任命他为右卫大将军，赐爵北平郡王。

贞观二年（公元628年）九月，中书舍人李百药请再出宫人。唐太宗命尚书左丞戴胄和给事中杜正伦在掖庭西门简选宫人，前后放出宫女又达三千余人。

贞观二年（公元628年）末，派遣游击将军乔师望从小路带着册书拜夷男为真珠毗伽可汗，赐给他鼓纛。夷男非常高兴，派使入贡。

贞观三年（公元629年）三月，太宗以房玄龄为左仆射，杜如晦为右仆射，以尚书右丞魏徵守秘书监，均参与朝政。房玄龄善谋略，杜如晦善决断，为唐朝名相，并称"房杜"。

贞观三年（公元629年）四月，唐太宗重新申明旧的制度，于是很少发生错事。

贞观三年（公元629年），大旱，太宗诏求直言，马周代常何向太宗提了二十多条意见。太宗大喜，召马周入见，令他宿值门下省，不久以马周为监察御史，终至拜相。

贞观三年（公元629年）八月，命兵部尚书李靖为行军总管、张公瑾为副总管，前去征讨突厥。突厥俟斤九人带领三千骑兵降唐，拔野古、仆固、奚等酋长也率部众降唐。

贞观三年（公元630年）正月，李勣在白道败突厥，李靖在阴山大败颉利可汗。

贞观三年（公元630年）闰十二月，东谢酋长谢元深、南谢酋长谢强朝唐。东谢、南谢是"南蛮"的分支，分布在黔西。唐太宗下诏以东谢之地为应州，南谢之地为庄州，隶属于黔州都督。

唐太宗李世民传

贞观三年（公元630年）闰十二月，牂牁酋长谢能羽及"兖州蛮"向唐入贡。太宗诏以牂牁之地为牂州。党项酋长细封步赖降唐，唐以其地为轨州境。

贞观四年（公元630年）正月，李靖率三千骑自马邑进驻恶阳岭，夜袭定襄，大败突厥。颉利可汗大惊，迁牙帐于碛口。颉利的亲信康苏密以隋炀帝后萧氏及其孙杨政道降唐。

贞观四年（公元630年）三月，各族君长都到长安请唐太宗称天可汗，唐太宗笑道："我为大唐天子，难道又为可汗之事吗？"但此后唐太宗赐给西北各族君长的玺书都用"天可汗"的称号。

贞观四年（公元630年）三月，唐行军副总管张宝相突至苏尼失兵营，俘颉利，送往长安。

贞观四年（公元630年）九月，伊吾城主到长安朝唐。先是伊吾内属，隋于其地设置伊吾郡；隋末，城主向突厥称臣；颉利被唐朝攻灭后，伊吾城主率他所属的七城降唐，唐朝在伊吾设置西伊州。

贞观四年（公元630年）十一月，太宗阅读中医著作《明堂针灸书》后，认为人的五脏都归结在背部。于是下令，此后审讯犯人，不得鞭击背部。

贞观四年（公元630年），全国丰收，流散到各地的百姓回归故里，米每斗不超过三四钱。一年仅判处了二十九人死刑。

贞观四年（公元630年）八月，日本遣使犬上三田耜（也作御田锹）、药师惠日等来唐，是为日本第一次遣唐使。

贞观五年（公元631年），开党项之地为十六州。林邑、新罗遣使到唐。

贞观五年（公元631年）十二月初二日，唐太宗制："判决死罪，要在两天内五次申奏，下各州的要三次申奏；行刑当天，尚食局不得进酒肉，内教坊及太常寺不得奏乐。门下省还要再检查，有依法应当死而处境堪怜者，另外写状上奏。"五次申奏是指行刑前两天到行刑之日共上奏五次，人命关天，以示慎重。只有犯恶逆罪的人只奏一次。

贞观六年（公元632年），太宗增置三师官。太宗与侍臣论安危之本。长孙皇后贺太宗喜得谏臣。焉耆王遣使入贡，唐太宗派鸿胪少卿刘善因前去册立泥孰为奚利邲咄陆可汗。

贞观六年（公元632年）十一月，契苾部落酋长契苾何力率所部六千余家到沙州向唐政府归降。

贞观七年（公元633年），太宗赦死囚。李淳风改进浑天黄道仪。

贞观八年（公元634年），李靖等赴诸道察情。

贞观九年（公元635年），唐高祖李渊卒。唐平吐谷浑。

贞观十年（公元636年），唐建南北衙。

贞观十年（公元636年）六月二十一，皇后长孙氏卒，年三十六岁。

贞观十一年（公元637年）八月，侍御史马周上疏朝廷，建议政府应重视州县地方官吏的选任。太宗闻奏，深以为是，决定以后刺史由他亲选，县令则由京官五品以上各举一人。

贞观十二年（公元638年），立薛延陀小可汗，太宗建百骑。

贞观十三年（公元639年），太宗停世袭刺史。

贞观十四年（公元640年），流鬼国遣使入贡。侯君集灭高昌，唐置安西都护府于交河。礼官改礼制。唐文成公主入藏。

贞观十五年（公元641年），唐蕃和亲。席君买平吐谷浑之乱，册封百济王。李勣败薛延陀。

贞观十六年（公元642年），魏王泰上《括地志》。太宗徙死罪者实西州，禁自伤肢体。郭孝恪败西突厥咄陆可汗。

贞观十七年（公元643年），魏徵卒。李世民命画功臣像于凌烟阁。太子承乾造反，被废，立晋王治为皇太子。

贞观十八年（公元644年），太宗亲征高丽。

贞观十九年（公元645年），铁勒九姓大首领率众降唐。玄奘取经回国。张亮、程名振拔高丽卑沙城，李勣攻高丽辽东城，契苾何力等勇击高丽，高丽白岩城降，太宗破高丽安市救兵。太宗下诏从高丽班师。

贞观二十年（公元646年），薛廷陀咄摩支降唐，敕勒诸部朝唐。

贞观二十一年（公元647年），唐发兵攻龟兹。太宗哭高士廉。骨利干入贡。王波利造船攻高丽。突厥车鼻可汗向唐朝入贡。西赵首长赵磨内附。

贞观二十二年（公元648年），薛万彻等率军击高丽。李百药卒。结骨入朝。"松外蛮"附唐。契丹首领曲据内附。阿史那贺鲁降唐。王玄策破中天竺。房玄龄卒。

贞观二十三年（公元649年），徒莫祗等部内附。

贞观二十三年（公元649年）五月，唐太宗病危。临终前，他召见长孙无忌和褚遂良，让他们辅佐太子李治听政。是月，太宗病逝于翠微宫含风殿。太子即位，是为高宗。

唐太宗李世民传

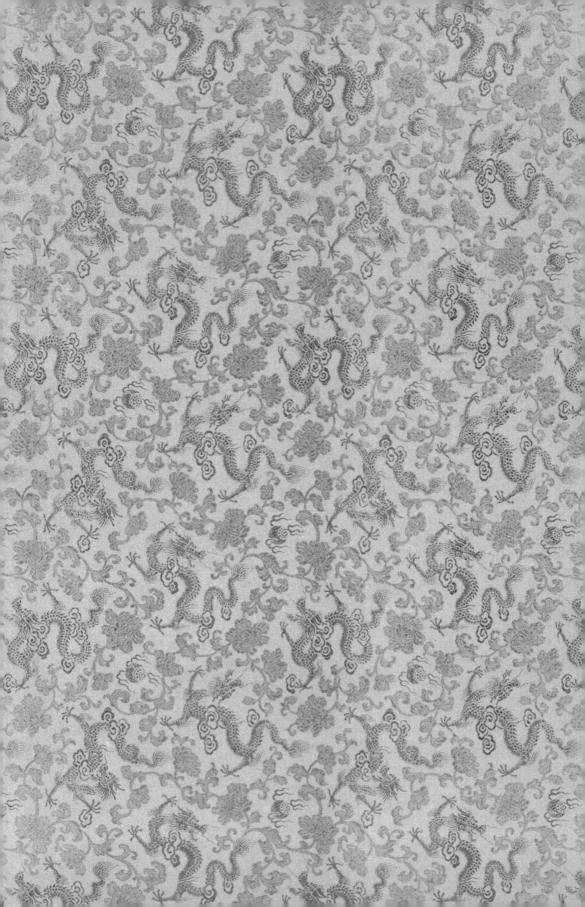